Theo Hirsbrunner · Igor Strawinsky

Große Komponisten und ihre Zeit

Theo Hirsbrunner

# IGOR STRAWINSKY

# IN PARIS

LAABER-VERLAG

Umschlag: Gemälde von P. Gartmann
(Archiv für Kunst und Geschichte, Berlin)

ISBN 3 9215 1862-8

# Inhalt

# Vorwort

Das vorliegende Buch ist als Fortsetzung und Ergänzung von *Debussy und seine Zeit* desselben Autors gedacht. Wieder ersteht auf diesen Seiten ein Bild des kulturellen Lebens in Paris, das sich um den Ersten Weltkrieg und in der Zeit bis zum Ausbruch des Zweiten Weltkrieges entfaltete. Vom Fin de siècle Debussys, dessen Wurzeln im früheren 19. Jahrhundert aufgezeigt wurden, bis zu Strawinskys Emigration nach Amerika bei Kriegsausbruch spannt sich ein kontinuierlicher Bogen von Ereignissen auf gesellschaftlich-kulturellem Gebiet, der nicht willkürlich abgebrochen werden kann. Debussy und Strawinsky gehören zusammen als Repräsentanten dessen, was man schlagwortartig die *alternative Moderne* nennen könnte, die, weltoffen, kosmopolitisch, in Paris entstand und eine ganz andere Entwicklung der musikalischen Sprache aufweist als die von Schönbergs Wiener Schule exponierte Moderne. Die Umwelt mit all ihren Zeitgenossen ist hier manchmal so ausführlich dargestellt, daß Strawinsky darin zu verschwinden scheint, um dann um so deutlicher als singuläre Erscheinung wieder aufzutauchen. Dokumente aus Strawinskys Wirken in Paris sind ausführlich zitiert, da sie authentischer und lebendiger wirken als eine trockene Abhandlung und, soweit es sich um Prosa von einem gewissen Kunstcharakter handelt, werden sie auch zweisprachig gebracht, während sonst nur die deutsche Übersetzung gedruckt wird, in den Anmerkungen aber wird auf das französische Original verwiesen in den Fällen, wo nicht eine autorisierte Übersetzung vorliegt.

Strawinskys Wirken in Paris, das von 1910 bis 1939 reicht, ist vom kompositionsgeschichtlichen Standpunkt aus nicht eine homogene Epoche, doch sie kann zeigen, wie ein doch im wesentlichen russisch orientierter Komponist dem Westen Anregungen vermittelt, und wie dann die ganze westliche Musiktradition, namentlich diejenige von Paris, wieder auf den Fremdling Einfluß nimmt. Strawinsky lebte während dieser Zeit meistens nicht in Paris, sondern im Süden oder in den Bergen Frankreichs, wenn nicht gar, wie während des Ersten Weltkrieges, in der

Schweiz, doch Paris blieb das Zentrum seiner Aktivitäten, dort wurden die meisten Uraufführungen seiner Werke veranstaltet, ganz abgesehen davon, daß der Lebensstil der Pariser Aristokraten, Künstler und Intellektuellen für ihn selber zum Vorbild wurde.

Dank für die Vermittlung des Bildmaterials gebührt Théodore Strawinsky, dem ältesten Sohn des Komponisten, und Jean-Michel Nectoux von der Bibliothèque Nationale, Paris.

Bern, im November 1981                                    Theo Hirsbrunner

# Chronik 1882–1939

Die Chronik wurde zusammengestellt aus 1) E. W. White: Stravinsky. The Composer and His Works, London 1966, 2) I. Stravinsky. La carrière européenne, Katalog der Ausstellung im Musée d'Art moderne de la ville de Paris, 14. Okt. – 30. Nov. 1980, und 3) R. Siohan: Stravinsky, Paris 1959.

1882 – 17. Juni: Geburt von Igor Feodorowitsch Strawinsky in Oranienbaum (heute Lamonosow) bei Sankt Petersburg als Sohn von Feodor Ignatiewitsch Strawinsky, Baß an der Oper von St. Petersburg, und Anna Kholodowsky.
– Uraufführung von Wagners *Parsifal* im Festspielhaus von Bayreuth.
– Rimsky-Korssakoff schreibt *Snegurtotschka* und Fauré *Les Berceaux*.
1883 – Tod von Richard Wagner und Edouard Manet, Geburt von Anton Webern.
– Chabrier komponiert *España*.
1884 – Debussy schreibt *L'Enfant prodigue*.
1885 – Geburt von Alban Berg.
1886 – Tod von Franz Liszt.
– Camille Saint-Saëns schreibt die Symphonie mit Orgel.
1887 – Rimsky-Korssakoff: *Capriccio espagnol* und Debussy: *La Damoiselle élue*.
– Geburt von Chagall.
1888 – Rimsky-Korssakoff: *Ouverture zur russischen Ostern* und *Scheherazade*.
– Fauré: *Requiem* und Debussy: *Ariettes oubliées*.
1890 – Richard Strauss: *Tod und Verklärung* und Debussy: *Cinq Poèmes de Baudelaire*.

1891 – Strawinsky nimmt Klavierunterricht.
– Geburt von Prokofieff.
– Fauré: *La bonne Chanson*.
1892 – Geburt von Darius Milhaud und Arthur Honegger.
1893 – Gala an der Kaiserlichen Oper von Petersburg, an dem Strawinsky die Gestalt Tschaikowskys erblickt, Tod des Bruders Roman.
– Debussy: Streichquartett und *Proses lyriques*.
– Geburt von Juan Miro.
1895 – Aufenthalt von Strawinsky in Interlaken.
– Geburt von Paul Hindemith, Tod von Emmanuel Chabrier.
– Richard Strauss: *Till Eulenspiegel*.
– Debussy vollendet die erste Fassung von *Pelléas et Mélisande*, Ravel: *La Habanéra*.
1897 – Geburt von Herbert Eimert, dem zukünftigen Schöpfer der elektronischen Musik.
1898 – 14. Oktober: Strawinsky komponiert die Tarantelle für Klavier.
– R. Strauss: *Don Quijotte* und Debussy: *Chansons de Bilitis*.
– Serge Diaghilev gründet die Kunstzeitschrift *Mir Iskustwa*.
– Tod von Stéphane Mallarmé.
1899 – Geburt von Georges Auric und Francis Poulenc.
– R. Strauss: *Ein Heldenleben*, Ravel: *Pavane pour une infante défunte*, Arnold Schönberg: *Verklärte Nacht* und Debussy: *Nocturnes*.
1900 – Schönberg beginnt die *Gurrelieder*.
– Pablo Picasso malt im Stile von Toulouse-Lautrec.
1901 – Tod von Giuseppe Verdi.
– R. Strauss: *Feuersnot*, Paul Dukas: *Klaviersonate*, Ravel: *Jeux d'eau*.
– Picasso: Beginn der blauen Periode (bis 1905).
1902 – Strawinsky studiert die Rechte an der Universität von Petersburg, wo er dem Sohn von Rimsky-Korssakoff begegnet, er komponiert ein Scherzo für Klavier und eine Romanze.
– Sommer: Aufenthalt von Strawinsky in Deutschland, wo er Rimsky-Korssakoff seine Kompositionsversuche zeigt. Rimsky ermutigt ihn und erklärt sich bereit, seine satztechnischen Übungen zu prüfen.

- 4. Dezember: Tod von Igors Vater.
- Debussys Drame lyrique *Pelléas et Mélisande* an der Opéra-comique, Paris, uraufgeführt.
- Ravel: *Streichquartett*.
- Kandinsky: impressionistische Periode.

1903 – Strawinsky komponiert eine *Klaviersonate in fis-moll*, Rimsky wird sein Lehrer für Analyse, Orchestration und Komposition.
- Schönberg: *Pelleas und Melisande*, Erik Satie: *Morceaux en forme de poire*.

1904 – 17. Februar und 6. März: Aufführung von Strawinskys Werken bei Rimsky, darunter eine Kantate zum 60. Geburtstag seines Lehrers.
- Debussy: *Fêtes galantes*, de Falla: *La Vida breve*, Alban Berg: Lieder, Florent Schmitt: „*Psalm XLVII*".

1905 – 9. Februar: Niklaus Richter spielt bei Rimsky die ihm gewidmete Sonate von Strawinsky, Ende des Rechtsstudiums und Verlobung mit Ekaterina Nossenko (14. August).
- 24. September: vollendet in Ustilug den Klavierauszug seiner ersten *Symphonie in Es*.
- Generalstreik in Moskau und Petersburg.
- Schönberg: *Erstes Streichquartett*, Debussy: *La Mer*, Berg: *Sieben frühe Lieder*, R. Strauss: *Salome*.
- Diaghilev organisiert eine Ausstellung russischer Kunst in Paris am Salon d'automne.
- Picasso: Beginn der rosa Periode.

1906 – 24. Januar: Hochzeit von Igor Strawinsky mit Ekaterina Nossenko. Das Paar läßt sich in Petersburg nieder und verbringt die Sommerzeiten in Ustilug, dem Besitz der Nossenko, wo ein Haus nach Igors Plänen gebaut wird. Er komponiert *Le Faune et la bergère*, das er seiner Frau widmet.
- Tod von Paul Cézanne.
- Berg: *Klaviersonate*, Schönberg: *Kammersymphonie op. 9*, Ravel: *Histoires naturelles* und Beginn der Komposition von *Daphnis et Chloé*.
- Roter Sonntag in Petersburg.

1907 – Geburt von Théodore, dem ersten Kind von Igor Strawinsky.

- 27. April: private Uraufführung der *Symphonie in Es* (Rimsky gewidmet) und des Zyklus *Le Faune et la bergère*.
- Juni: Arbeitet in Ustilug am *Scherzo fantastique*, schreibt *Pastorale* für Gesang und Klavier.
- Dezember: Komponiert *Chanson de printemps*.
- Fauré: *La Chanson d'Eve*, Schönberg: *1. Streichquartett*, Ravel: *Rapsodie espagnole*, Prokofieff: *1. Klaviersonate*, Dukas: *Ariane et Barbe-bleue* an der Opéra-comique uraufgeführt, F. Schmitt: *La Tragédie de Salomé*, Rimsky: *La Légende de Kitèje*.
- Picasso von afrikanischer Kunst beeinflußt: Epoque nègre (Les Demoiselles d'Avignon).

1908
- Öffentliche Uraufführung der *Symphonie in Es* unter der Leitung von Felix Blumenthal (22. Januar).
- Mai bis Juni: Strawinsky komponiert in Ustilug *Feu d'artifice* zur Heirat von Nedezhda Rimsky-Korssakoff und Maximilian Steinberg.
- Juni: Tod von Rimsky-Korssakoff, Strawinsky komponiert einen Trauergesang.
- Juni bis Juli: die vier *Etüden für Klavier* entstehen in Ustilug, Geburt der Tochter Ludmilla.
- Geburt von Olivier Messiaen.
- Debussy: *Trois Chansons de Charles d'Orléans* und *Ibéria*, Schönberg: *2. Streichquartett* (Übergang zur Atonalität), Ravel: *Gaspard de la nuit* und *Ma Mère l'Oye*, Béla Bartók: *14 Bagatellen*, Webern: *Passacaglia für Orchester op. 1*, Schmitt: *Klavierquintett*, Rimsky: *Der goldene Hahn* uraufgeführt.
- Picasso geht zum Kubismus über.
- Diaghilev läßt in Paris Mussorgskys *Boris Godunow* mit Schaljapin in der Titelrolle aufführen.
- Paul Klee geht zur ungegenständlichen Malerei über.

1909
- 6. Februar: Diaghilev hört in den Ziloti-Konzerten in Petersburg Strawinskys *Scherzo fantastique* und *Feu d'artifice*, er fragt den Komponisten, ob er die *Nocturne* in a-moll und die *Valse brillante* in e-moll von Chopin, so wie *Kobold* von Grieg orchestrieren wolle für die erste Ballettsaison, die er in Paris organisieren wird.

- Sommer: Beendet in Ustilug den ersten Akt der *Nachtigall* (1907 begonnen).
- Herbst: Erhält in Petersburg den Auftrag von Diaghilev, für die nächste Saison in Paris den *Feuervogel* zu schreiben.
- November:Beginnt die Arbeit am *Feuervogel*. Der französische Kritiker R. Brussel, der in diesem Winter Petersburg besuchte, wurde von Diaghilev eingeladen, das Stück zu hören: „*Der junge, schlanke und scheue Komponist, mit träumerisch nachdenklichen Augen und klar gezeichneten Lippen im energischen Gesicht, war am Klavier. Doch im Augenblick, als er zu spielen begann, erstrahlte der bescheidene und schwach beleuchtete Raum in funkelndem Feuer. Am Ende der ersten Szene war ich besiegt, bei der letzten verloren in Bewunderung. Das Manuskript auf dem Notenständer, mit feinen Bleistiftzügen geschrieben, offenbarte ein Meisterwerk.*"
- Fauré: *10. Nocturne*, Strauss: *Elektra*, Schönberg: *Fünf Stücke für Orchester op. 16*, de Falla: *Nächte in spanischen Gärten*, Bartók: *Drei Burlesken*, Berg: *Lieder op. 2*.
- Erste Saison des Russischen Balletts in Paris mit den Tänzern Nijinsky, Pawlowa, Karsawina usw., man spielt u. a. *Les Sylphides* und *Cléopâtre*.
- Chagall malt *Das Begräbnis*.
1910 - März: Strawinsky beendet den Klavierauszug des *Feuervogels*, er nimmt in Petersburg an jeder Probe des Werkes teil. Die Karsawina berichtet: „*Oft kam er früh, vor dem Beginn einer Probe, ins Theater, um für mich immer und immer wieder eine speziell schwierige Stelle zu spielen. Ich war dankbar nicht nur für die Hilfe, die er mir gewährte, sondern auch für die Art und Weise, wie er sie gab. Denn er war nie ungeduldig, wenn ich nur langsam begriff, nie zeigte er die Herablassung eines Meisters seiner Kunst gegenüber meiner dürftigen musikalischen Bildung. Es war interessant, ihn am Klavier zu beobachten. Sein Körper schien mit seinem eigenen Rhythmus zu vibrieren, die Struktur seiner Musik machte er mir mit Kopfbewegungen klar, die die Staccatos punktierten, besser als es das Zählen von Takten getan hätte.*"

- April: Orchestriert den *Feuervogel,* erste Idee zu *Le Sacre du printemps.*
- Mai: Aufenthalt in Ustilug.
- Ende Mai: Erste Reise nach Paris, wo er Debussy, Ravel, Satie, de Falla usw. begegnet.
- 25. Juni: Uraufführung des *Feuervogels:* „*Der erste »Feuervogel«: Ich stand im Dunkel des Saales der Grand Opéra während acht Orchesterproben, die Pierné leitete. Die Bühne und das ganze Theater glitzerte bei der Première, und das ist alles, an das ich mich noch erinnern kann."*
- Juli: Familienaufenthalt in La Baule, komponiert die *Zwei Lieder nach Gedichten von Verlaine für Bariton und Klavier.*
- Ende August: Aufenthalt in Chardon-Jogny bei Vevey, dann in Lausanne, wo er Diaghilev und Nijinsky den Beginn eines Werkes mit konzertierendem Klavier spielt, das *Petruschka* werden wird. „*Während ich die Musik komponierte, hatte ich das genaue Bild einer Puppe im Kopf, die plötzlich lebendig wird und die Geduld des Orchesters mit teuflischen Kaskaden von Arpeggi auf die Probe stellt. Das Orchester gibt zurück mit Trompetengeschmetter. Was dabei herauskommt, ist ein fürchterlicher Lärm, der seinen Höhepunkt erreicht und mit dem traurigen und komischen Kollaps der armen Puppe endet."*
- 23. September: Geburt von Soulima in Lausanne, erster Aufenthalt in Clarens, im Hôtel du Châtelard.
- Herbst: Läßt sich in Beaulieu bei Nizza nieder.
- Weihnacht: Kurze Reise nach Petersburg, wo er mit Diaghilev und Benois das Szenario zu *Petruschka* zusammenstellt.
- Fauré: *9. Barkarole, 5. Impromptu,* Debussy: *Trois Ballades de François Villon* und erstes Buch der *Préludes,* Webern: *6 Orchesterstücke op. 6,* Berg: *Streichquartett op. 3,* Skrjabin: *Prometheus,* Prokofieff: *Quartett op. 3,* Roussel: *Suite für Klavier.*
- Picasso: Kubismus, *Der Mandolinenspieler,* Chagall: erster Aufenthalt in Paris, Kandinsky: erste abstrakte Bilder.

1911  – Ende Januar: Rückkehr nach Beaulieu über Italien.
     – Februar: Nikotinvergiftung in Beaulieu.

- April: Trifft Diaghilev und Benois in Rom und arbeitet verbissen an *Petruschka*.
- 26. Mai: Vollendet *Petruschka* im Albergo d'Italia. Benois schreibt: *„Das Finale fiel ihm nicht plötzlich ein, und er suchte und probierte verschiedene Kombinationen aus. Er vollendete die Komposition der Musik nur einige wenige Wochen vor der Aufführung. Wir lebten für nahezu einen Monat im selben Hotel in Rom, und ich hörte jeden Morgen von meinem Zimmer aus ein Durcheinander von Tönen, das durch lange Pausen unterbrochen wurde. Das war das Heranreifen der letzten Takte der vierten Szene."*
- 13. Juni: Uraufführung von *Petruschka* im Théâtre du Châtelet in Paris, der Ruhm Strawinskys ist damit endgültig gefestigt: *„Schade war, daß die Bewegungen der Volksmenge vernachlässigt wurden. Ich will damit sagen, daß sie dem Gutdünken und der Improvisation der Aufführenden überlassen wurden, anstatt choreographisch in Übereinstimmung mit den genau definierten Erfordernissen der Musik geregelt zu sein. Ich bedaure das um so mehr, als die Gruppentänze der Fuhrleute, Ammen und Stallknechte und die Solotänze zu den schönsten Schöpfungen Fokines gezählt werden müssen."*
- Juli: Aufenthalt in Ustilug und bei Smolensk, als Gast der Fürstin Tenishava, wo er in Zusammenarbeit mit Nikolaus Roerich das Szenario zu *Le Sacre du printemps* plant. Beginn der Arbeit an diesem Ballett mit dem repetierten Akkord von *Les Augures printaniers*. Komposition der *Zwei Lieder auf Gedichte von Balmont*.
- Herbst: zweiter Aufenthalt in Clarens in der Pension „Les Tilleuls".
- Weihnacht: der erste Teil des *Sacre* vollendet.
- Fauré: *9 Préludes*, Debussy: *Le Martyre de Saint-Sébastien* und *Jeux*, R. Strauss: *Der Rosenkavalier*, Schönberg: *Herzgewächse* und *Harmonielehre*, Ravel: *Valses nobles et sentimentales*, Bartók: *Herzog Blaubarts Burg*, Prokofieff: *1. Klavierkonzert*, Milhaud: *1. Violinsonate*, Satie: *En habit de cheval*.

- Chagall malt *Ich und das Dorf* und Kandinsky gründet den *Blauen Reiter.*
1912 — Anfang der Zusammenarbeit mit der vom Ehepaar Kussewitzky gegründeten Edition russe de musique, wo als erste Partitur *Petruschka* publiziert wird.
- Frühling: die *Glorification de la vierge élue* wird komponiert, und Diaghilev entschließt sich, Nijinsky die Choreographie des nun endgültig für 1913 vorgesehenen *Sacre* anzuvertrauen.
- Mai: Strawinsky bei den Vorstellungen des Russischen Balletts in Paris, das unter anderem *l'Après-midi d'un faune* nach der Musik zu Debussys *Prélude* in der damals revolutionären Choreographie von Nijinsky und Ravels *Daphnis et Chloé* aufführt.
- 9. Juni: Debussy und Strawinsky entziffern bei Louis Laloy in Bellevue die Partitur des *Sacre* am Klavier vierhändig.
- Juni: Aufenthalt in London zur Première des *Feuervogels* (18. Juni), Rückkehr nach Ustilug.
- 20. August: Besuch einer Aufführung des *Parsifal* in Bayreuth mit Diaghilev.
- 19. Oktober: Vollendet in Ustilug das erste der *Drei japanischen Gedichte.*
- Anfang Herbst: Verläßt Ustilug nach Clarens, wo er im Hôtel du Châtelard die Skizze der *Danse sacrale* vollendet (17. November).
- 20. November: Zusammentreffen mit Diaghilev in Berlin, wo die Première von *Petruschka* in Anwesenheit von Kaiser Wilhelm II. stattfindet.
- 8. Dezember: Strawinsky hört den *Pierrot lunaire* und trifft sich einige Male mit Schönberg und dessen Schülern. 18.-21. Dezember: Komponiert und orchestriert in Clarens das zweite der *Drei japanischen Gedichte.*
- Debussy: *Gigues*, Strauss: *Der Bürger als Edelmann*, Schönberg: *Pierrot lunaire*, Milhaud: *1. Streichquartett* und *Poèmes de Francis Jammes*, Dukas: *La Péri*, Roussel: *Le Festin de l'araignée*, Massenet: *Roma* an der Opéra-comique.
- Picasso: Collage-Technik, Chagall: *Der Soldat trinkt*. Miro von Cézanne beeinflußt.

1913 – 4.-15. Januar: Strawinsky in Wien und Budapest wegen der Aufführungen von *Petruschka*.
– 22. Januar: Vollendet und orchestriert das dritte der *Drei japanischen Gedichte*.
– Beginn der Proben für den *Sacre*.
– 4. Februar: Première von *Petruschka* in London.
– 8. März: Vollendung der Orchesterpartitur des *Sacre*.
– März – April: Komposition eines Schlußchors und Vervollständigung der Orchestration von *Chowanschtschina* von Mussorgsky auf Verlangen von Diaghilev, auch Ravel nimmt an dieser Arbeit teil.
– 29. Mai: Uraufführung von *Le Sacre du printemps* am Théâtre des Champs-Elysées in Paris. Der dabei ausbrechende Skandal wurde verschiedentlich beschrieben und ist auch Gegenstand des ersten Kapitels dieses Buches. Nach Carl van Vechten *„war ein Teil des Publikums erregt über das, was er als einen gotteslästerlichen Versuch, Musik als Kunst zu zerstören, betrachtete, und der voller Zorn schon bald nach dem Aufgehen des Vorhangs zu miauen begann und laut Vorschläge für den Fortgang der Vorstellung machte. Das Orchester spielte, ohne daß man es hörte, außer wenn zufällig ein wenig Ruhe eintrat. Ein junger Mann, der hinter mir in der Loge saß, stand während des Balletts auf, um besser zu sehen. Die starke Erregung, unter der er litt, verriet sich darin, daß er regelmäßig mit seinen Fäusten auf meinen Kopf trommelte. Meine Aufregung war so groß, daß ich die Schläge eine Zeit lang gar nicht spürte."* Romola Pulsky, die spätere Frau von Nijinsky, sah *„eine schön gekleidete Dame in einer Seitenloge, die einen jungen Mann ohrfeigte, der sich in die nächste Loge hinüberschwang. Ihr Gefolge stand auf, und Visitenkarten wurden zwischen den Männern ausgetauscht."* Als der Körper der auserwählten Jungfrau gegen Ende des Stückes in krampfhafte Zuckungen überzugehen begann, hörte Marie Rambert Rufe von der Galerie: *„Ein Arzt . . . ein Zahnarzt . . . zwei Ärzte . . ."* usw. Strawinsky erinnerte sich, Rufe wie *„Halts Maul"* gehört zu haben und seinen Freund Florent Schmitt, der schrie: *„Taisez-vous, garces du seizième!"* (*Schweigt, Ihr Hurenweiber aus*

*dem 16. Bezirk* [der das vornehmste Quartier von Paris war und ist!]). – Nikolaus Roerich gab kurze Zeit vor dieser denkwürdigen Aufführung Diaghilev eine Erklärung ab über den Inhalt des Balletts: „*Im »Sacre du printemps«, den ich und Strawinsky geplant haben, versuchten wir eine Reihe von Szenen irdischen Vergnügens und himmlischen Triumphes zu präsentieren, wie sie von den Slawen empfunden werden . . . Meine Absicht ist es, daß uns die erste Szene an den Fuß eines heiligen Hügels in einer üppigen Ebene versetzte, wo sich slawische Stämme versammeln, um den Frühling zu feiern. In dieser Szene finden sich eine alte Hexe, die die Zukunft voraussagt, ein Frauenraub und Rundtänze. Dann kommt der feierlichste Augenblick. Der weise Alte wird vom Dorf herbeigetragen, um seinen Kuß der neu blühenden Erde aufzudrücken. Während dieser Handlung wird die Menge von geheimnisvoller Furcht gepackt . . . Nach dieser Aufwallung von irdischer Freude bringt uns die zweite Szene ein himmlisches Mysterium. Junge Mädchen tanzen den Reigen auf dem heiligen Hügel zwischen verzauberten Felsen; dann wählen sie das Opfer, das sie ehren wollen. Kurz darauf wird sie ihren letzten Tanz tanzen vor den Alten, die in Bärenhäute gehüllt sind, um zu zeigen, daß der Bär der Urahne des Menschen war. Dann weihen die Graubärte das Opfer dem Gott Yarilo.*“

– 31. Mai: Strawinsky weilt für 6 Wochen im Krankenhaus, er kann den letzten Aufführungen des *Sacre* nicht beiwohnen.
– 5. Juni: Première von *Chowanschtschina* von Mussorgsky in der Version von Strawinsky und Ravel.
– 15. Juli: Première des *Sacre* am Drury Lane Theatre, London.
– Sommer: Rückkehr nach Ustilug, das Freie Theater, Moskau, bittet um die Vollendung der *Nachtigall*.
– Oktober – November: In Clarens, komponiert die *Drei kleinen Lieder*.
Konkurs des Freien Theaters, Moskau.
– Fauré: *Pénélope*, Webern: *Bagatellen für Streichquartett op. 10*, Milhaud: *Agamemnon* und *Protée*.
1914 – 14. Januar: Uraufführung der *Drei japanischen Gedichte* in der Salle Erard, Paris. Im Sommer 1912 hatte Strawinsky einen Band

von japanischen Hai-kais gelesen: „*Der Eindruck, den sie auf mich machten, war genau so wie der von japanischer Malerei und Druckgraphik. Die zeichnerische Lösung von Problemen der Perspektive und des Raumes, die ihre Kunst zeigte, ermutigte mich, etwas Analoges in der Musik zu finden.*"

- 15. Januar: Geburt von Milena, dem vierten Kind von Igor und Ekaterina Strawinsky.
- Februar: Strawinskys Gattin muß zur Pflege in ein Sanatorium in Leysin. Igor und seine Kinder richten sich im dortigen Grand Hôtel ein. Projekt von *David* mit J. Cocteau. Diaghilev kommt nach Leysin und schlägt Strawinsky vor, *Die Nachtigall* in Paris und London herauszubringen. Der Klavierauszug dieses Werkes wird am 27. März vollendet.
- 2. April: Ansermet dirigiert die erste Symphonie in Montreux und befreundet sich mit Strawinsky.
- April: Reise mit Diaghilev nach Paris, wo er die *Nachtigall* vorspielt und der ersten konzertanten Aufführung des *Sacre* (5. April) beiwohnt, die ein voller Erfolg wird.
- 26. Mai: Uraufführung der *Nachtigall* an der Grand Opéra, Paris, mit den Sängern im Orchestergraben und Tänzern auf der Bühne, was Strawinsky mit folgenden Worten begründet: „*Ich mag Opern nicht. Musik kann mit Gesten oder Worten vermählt werden – nicht mit beiden gleichzeitig, sonst entsteht Bigamie. Deshalb ist die künstlerische Basis der Oper falsch, und deshalb tönt Wagner am besten im Konzertsaal. Auf alle Fälle ist die Oper in eine Flaute geraten. Welche Opern wurden seit »Parsifal« geschrieben? Nur zwei, die zählen – »Elektra« und Debussys »Pelléas«.*" Später, in Amerika, kommt Strawinsky zum Schluß: „*Vielleicht beweist »Die Nachtigall« nur, daß ich recht hatte, Ballette zu komponieren, da ich noch nicht für die Oper bereit war.*"
- Ende Mai: Strawinsky komponiert die *Drei Stücke für Streichquartett* (E. Ansermet gewidmet) und *Pribaoutki*.
- 18. Juni: Nimmt an der Premiere der *Nachtigall* in London teil und entdeckt bei Aeolian Co. die Möglichkeiten des mechanischen Klaviers.

- 27. Juni: Orchestriert in Salvan eines der Verlaine-Lieder von 1910.
- 3.-13. Juli: In Ustilug und Kiew, wo er die große Sammlung russischer Volkspoesie von Kireiewsky ersteht und damit die ersten Ideen zu der *Hochzeit* hat.
- Ende Juli: Rückkehr nach Salvan über Warschau, Berlin und Basel.
- 2. August: Kriegserklärung, Strawinsky ist von seinem Heimatland abgeschnitten. Er mietet *La Pervenche*, die Villa Ansermets in Clarens.
- Herbst: Aufenthalt in Florenz mit Diaghilev, Projekt eines Balletts *Liturgie*.
- Bartók: Ballett *Der hölzerne Prinz*, Prokofieff: *Skythische Suite*, Milhaud: *2. Streichquartett*.
- Chagall geht nach Rußland und malt den *Grünen Rabbi*.

1915 – Januar – 23. März: Aufenthalt in Château-d'Oex im Hôtel Victoria, wo er die *Hochzeit* beginnt und die *Drei leichten Stücke* vierhändig vollendet.
- 14. Februar: Strawinsky wohnt der konzertanten Aufführung von *Petruschka* in Rom unter der Leitung von A. Casella bei.
- Ende März: Rückkehr nach Clarens in die Villa ,,La Pervenche", während sich Diaghilev in der Villa ,,Bellerive" in Ouchy niederläßt, wo er sich für die ersten Szenen der *Hochzeit* begeistert.
- Juni: Strawinsky zieht um nach Morges, wo er sich in der Villa ,,Rogivue" einrichtet und die Bekanntschaft von Charles-Ferdinand Ramuz macht.
- 1. September: *Souvenir d'une marche boche*.
- 2. November: Vollendet die *Katzenwiegenlieder*.
- 20. Dezember: Strawinsky steht zum erstenmal als Dirigent vor einem Orchester während eines von Diaghilev in Genf organisierten Wohltätigkeitskonzertes (Suite aus dem *Feuervogel*).
- 29. Dezember: Strawinsky dirigiert den *Feuervogel* in der Grand Opéra, Paris.
- Debussy: *12 Etüden für Klavier, En blanc et noir, Sonate für Cello und Klavier, Sonate für Flöte, Bratsche und Harfe*, Strauss:

*Alpensymphonie*, Ravel: *Tzigane*, de Falla: *El amor brujo*, Prokofieff: *Le Bouffon*, Milhaud: *Les Choéphores*.

– Tod von Skrjabin.

1916 – 4. Januar: Die Fürstin de Polignac bestellt bei Strawinsky ein Werk für Kammerorchester, er schlägt den *Fuchs* vor, sie schreibt in ihren Memoiren: ,,*Meine Absicht war es zu dieser Zeit, verschiedene Komponisten um kurze Werke für ein kleines Orchester von ungefähr zwanzig Spielern zu bitten. Ich hatte den Eindruck, daß nach Richard Wagner und Richard Strauss die Tage der großen Orchester vorüber waren und daß es schön wäre, zu einem kleinen Orchester mit gut ausgewählten Spielern und Instrumenten zurückzukehren.*"

– Ende März: Besuch von Romola und Vaslav Nijinsky in Morges, die aus österreichischer Gefangenschaft befreit wurden, um Diaghilev in New York wieder zu treffen.

– Mai: Strawinsky in Madrid mit dem Russischen Ballett, er komponiert *Española* für Klavier vierhändig.

– 1. August: Vollendet in Morges den Klavierauszug vom *Fuchs*.

– Fauré: *Le Jardin clos*, Prokofieff: *Symphonie classique*, Milhaud: *Poèmes juifs*, Honegger: *Alcools* nach Apollinaire.

1917 – Januar – Juni: Strawinsky zieht in die Villa Bornand, 2, place St.-Louis in Morges. Auf Verlangen von Diaghilev wandelt Strawinsky den 2. und 3. Akt der *Nachtigall* in eine symphonische Dichtung um.

– 4. April: Vollendung des *Gesangs der Nachtigall* und des Klavierauszuges der *Hochzeit*: ,,*Es war nicht meine Absicht, das Ritual von Bauernhochzeiten nachzuahmen, und ich kümmerte mich nicht um ethnologische Belange. Meine Idee war, eine Art von szenischer Zeremonie zu komponieren, indem ich nach meinem Gutdünken rituelle Elemente aus dem reichen Schatz von Dorfbrauchtum verwendete, das sich seit Jahrhunderten in den russischen Hochzeitsfeierlichkeiten etabliert hat. Ich ließ mich von diesen Bräuchen inspirieren, doch behielt ich mir das Recht vor, sie mit vollständiger Freiheit zu benützen . . .*"

– 12. April: Dirigiert in Rom den *Feuervogel* und *Feu d'artifice* und orchestriert den *Gesang der Wolgasschlepper*, der die kaiserlich russische Hymne ersetzen soll. Kontakt mit den italienischen Futuristen und erste Begegnung mit Picasso. Begleitet das Russische Ballett nach Neapel, wo er die Commedia dell'arte entdeckt, die für *Pulcinella* maßgebend sein wird.

- Mai: Arbeitet in Morges an der Instrumentation der *Hochzeit* und vollendet die *Fünf leichten Stücke* für Klavier vierhändig, die *Vier russischen Volkslieder* a capella und die *Drei Geschichten für Kinder* für Gesang und Klavier.
- Tod von Bertha, die Igors Kindermädchen gewesen war und mit der Familie Strawinsky in der Schweiz gelebt hatte.
- Sommer: Wohnt auf den Diablerets im Chalet „les Fougères", wo er von André Gide besucht wird: Projekt einer Bühnenmusik für dessen Übersetzung von *Antonius und Kleopatra* von Shakespeare.
- *Studie für Pianola.*
- Tod des Bruders Gury an der russischen Front.
- Publikation der neueren Werke bei Adolf Henn in Genf.
- 10. Dezember: *Wiegenlied für Gesang und Klavier*, seiner Tochter Ludmilla gewidmet.
- Fauré: *2. Sonate für Violine und Klavier*, Debussy: *Sonate für Violine und Klavier*, Ravel: *Le Tombeau de Couperin*, de Falla: *El sombrero de los tres picos*, Bartók: *2. Streichquartett*, Prokofieff: *Le Joueur*, Milhaud: *Les Euménides*, Honegger: *Le Chant du Nigamon*, Satie: *Parade*, Poulenc: *Rapsodie nègre*.
- 11. März: Ausbruch der russischen Revolution in Petersburg, 14. März: Abdankung des Zaren Nikolaus II.
- Picasso: Beginn der neoklassischen Periode, Chagall: Kommissär der Schönen Künste in Witebsk.

1918 – Der Ausbruch der russischen Revolution bringt Strawinsky in schwere finanzielle Schwierigkeiten, mit Ramuz und Ansermet plant er eine Art Jahrmarktspiel, das ohne großen Aufwand gegeben werden könnte. Strawinsky wurde besonders angezogen von einer Erzählung aus der Sammlung von Afanasiew, die mit den grausamen Rekrutierungen zur Zeit des türkisch-russischen Krieges unter Nikolaus I. zu tun hatte. Er zeigte Ramuz dieses Märchen, aus dem schließlich die *Geschichte vom Soldaten*, eine

Art Faustlegende en miniature, wurde. Strawinsky schreibt über die Instrumentation: *„Ich wußte nur zu gut, daß ich es nur mit einer kleinen Anzahl von Instrumenten zu tun haben würde. Die einfachste Lösung hätte darin bestanden, ein mehrstimmiges Instrument wie das Klavier oder das Harmonium zu benützen. Das letztere kam nicht in Frage, vor allem wegen seines Mangels an dynamischen Möglichkeiten, der keine Akzentgebung erlaubte. Obschon das Klavier mehrere und verschiedenartige polyphone Eigenschaften hat, mußte ich es aus zwei Gründen vermeiden: entweder hätte meine Partitur wie ein Klavierauszug ausgesehen – und damit hätte man uns den Mangel an finanziellen Mitteln angesehen, was nicht unsere Absicht war – oder ich hätte es als Soloinstrument brauchen können, indem ich alle technischen Möglichkeiten ausnützte. Mit andern Worten, ich hätte meine Partitur mit Absicht sehr pianistisch gestalten müssen, um daraus ein virtuoses Stück zu machen, das die Wahl des Instrumentes gerechtfertigt hätte. Es blieb nichts anderes übrig, als eine Gruppe von Instrumenten zu wählen, welche die repräsentativsten Typen der instrumentalen Familien im Sopran und Baß enthalten würden: für die Streicher Violine und Kontrabaß; für die Holzbläser Klarinette (denn sie hat den größten Umfang) und Fagott; für das Blech Cornet und Posaune; schließlich Schlagzeug, das von einem einzigen Musiker gespielt werden kann; das Ganze selbstverständlich unter einem Dirigenten.“*

- Anfang März: Das Projekt zur *Geschichte vom Soldaten* findet finanzielle Unterstützung durch Werner Reinhart, Winterthur.
- 21. März: Strawinsky beginnt in Morges den *Ragtime* für 11 Instrumente, den er am 11. November vollendet.
- 28. September: Uraufführung der *Geschichte vom Soldaten* im Théâtre municipal von Lausanne, die zu einem großen Erfolg wurde, *„doch unglücklicherweise sah ich seither keine andere Aufführung, die mich im selben Grad befriedigte“.* (Strawinsky)
- Die spanische Grippe verhindert weitere Aufführungen des Werkes.

- 11. November: Waffenstillstand von Deutschland unterschrieben.
- Tod von Debussy.
- Fauré: *1. Sonate für Cello und Klavier*, Milhaud: *L'Homme et son désir*, Poulenc: *Mouvements perpétuels*.
- Tod von Apollinaire.
- Chagall: *Kubistische Landschaft*, Paul Klee: *Plan einer Reise*.
1919 - Frühling: Während eines Treffens in Paris weigert sich Diaghilev, die *Geschichte vom Soldaten* aufzuführen, und schlägt ein Ballett nach Pergolesi vor, aus dem *Pulcinella* werden wird.
- April: Strawinsky redigiert in Morges eine Konzertsuite nach dem *Feuervogel* für reudziertes Orchester und widmet sie Ansermet und dem neu gegründeten Orchestre de la Suisse romande.
- Große Auseinandersetzung mit Diaghilev wegen Autorenrechten.
- 28. Juni: Vollendet in Morges die Arthur Rubinstein gewidmete *Piano Rag Music. Drei Stücke für Klarinette* (W. Reinhart gewidmet).
- 23. Oktober: Vollendet in Morges die *Vier russischen Gesänge* mit Klavierbegleitung. Die neuesten Kammermusikwerke werden im Konzert aufgeführt, in Lausanne am 8. November, in Zürich am 20. November und in Genf am 17. Dezember.
- 8. November: Die *Suite für Violine, Klarinette und Klavier* aus der *Geschichte vom Soldaten* wird W. Reinhart gewidmet.
- 6. Dezember: Uraufführung in Genf des *Gesangs der Nachtigall*, jener symphonischen Dichtung, die Strawinsky aus dem 2. und 3. Akt der Oper *Die Nachtigall* gemacht hat.
- Fauré: *Mirages*, R. Strauss: *Die Frau ohne Schatten*, Ravel: *La Valse*, Bartók: *Der wunderbare Mandarin*, Prokofieff: *Die Liebe der drei Orangen*, Milhaud: *Machines agricoles*, Satie: *Socrate*, Poulenc: *Le Bestiaire*.
1920 - Sechs Werke werden bei Chester in London herausgebracht.
- März: Denkt daran, die Schweiz zu verlassen und sich in Rom zu etablieren.
- Frühling: Kurzer Aufenthalt in Monte-Carlo, um mit Massine *Pulcinella* vorzubereiten.

– 15. Mai: Uraufführung von *Pulcinella* an der Grand Opéra, Paris, unter der Leitung von Ansermet, Bühnenbild von Picasso: *„Der Vorschlag, mit Picasso zu arbeiten, der die Szenerie und die Kostüme machen sollte und dessen Kunst mir besonders nah und teuer war, Erinnerungen an gemeinsame Spaziergänge und die gemeinsamen Eindrücke von Neapel, das große Vergnügen, das ich bei Massines Choreographie zu den »Lustigen Weibern« empfunden hatte – all das zusammen half meinen Widerwillen überwinden."* Obschon die Choreographie oft nicht zu dem ausgesparten Klang des Kammerorchesters zu passen schien, betrachtete Strawinsky *Pulcinella „als eine der Produktionen, wo alles harmoniert, wo alle Elemente – Sujet, Musik, Tanz und künstlerische Ausstattung – ein zusammenhängendes und einheitliches Ganzes bilden."*
– Liaison mit der Modeschöpferin Coco Chanel.
– Juni: Strawinsky und seine Familie verlassen endgültig die Schweiz und wohnen ab August in Carantec (Finistère).
– 20. Juli: Ansermet dirigiert in der Wigmore Hall, London, die erste Aufführung der *Großen Suite* aus der *Geschichte vom Soldaten*, die, im Gegensatz zu der *Kleinen Suite für Violine, Klarinette und Klavier*, alle Instrumente des ursprünglichen Werkes verwendet.
– September: Strawinsky läßt sich in der Villa „Bel Respiro", avenue Alphonse de Neuville, in Garches nieder.
– 24. September: Vollendet das dem Flonzaley-Quartett gewidmete *Concertino*.
– 20. November: Vollendet die dem Andenken Debussys gewidmeten *Symphonies pour instruments à vent*.
– 15. Dezember: Wiederaufnahme von *Le Sacre du printemps* im Théâtre des Champs-Elysées, diesmal in einer Choreographie von Léonide Massine.
– Fauré: *Masques et bergamasques*, Milhaud: *Le Boeuf sur le toit*, Honegger: *Pastorale d'été*, Poulenc: *Le Gendarme incompris*.
1921 – 18. Februar: Vollendet in Garches *Les cinq doigts*, acht kleine Stücke für Klavier. 19. Februar: Begegnet Vera Soudeikina, die seine zweite Frau werden wird.

– Frühling: Entschließt sich endgültig, *Die Hochzeit* für vier Klaviere und Schlagzeug zu instrumentieren und nicht für großes Orchester oder mechanisches Klavier, zwei Cymbali, Harmonium und Schlagzeug, an die er eine Zeit lang dachte. Orchestriert für eine Pariser Music-Hall die *Drei leichten Stücke* und fügt ihnen den Galopp aus den *Fünf leichten Stücken* an, die nun zusammen die *2. Suite für kleines Orchester* bilden. Wohnt in Anglet bei Biarritz.

– April: Das Haus Pleyel stellt ihm ein Studio an der Rue Rochechouart zur Verfügung, wo er während sechs Jahren seine Werke auf das mechanische Klavier Pleyela übertragen wird.

– 7. Juni: Nimmt an der triumphalen konzertanten Erstaufführung von *Le Sacre du printemps* in der Queen's Hall, London, teil.

– 10. Juni: Uraufführung der *Symphonies pour instruments à vent*, auch in der Queen's Hall, unter Serge Kussewitzky.

– Sommer: Überträgt in Anglet drei Stücke aus *Petruschka* für Klaviersolo auf Bestellung von A. Rubinstein.

– Herbst: Mietet die Villa „Les Rochers" in Biarritz.

– 10. Oktober: Offener Brief an Diaghilev zugunsten von Tschaikowsky, dessen Ballett *Dornröschen* am 2. November in London vom Russischen Ballett gegeben wird: *„Tschaikowskys Musik, die nicht für jedermann als spezifisch russisch gilt, ist oft tiefer russisch als das, was lange schon den Stempel von malerisch Moskowitischem erlangt hat. Diese Musik ist ebenso russisch wie Puschkins Verse und Glinkas Lieder. Obschon er nicht speziell die Seele des russischen Bauern in seiner Musik kultivierte, bezieht sich Tschaikowsky unbewußt auf die wahren, volkstümlichen Quellen unserer Rasse."*

– Fauré: *2. Streichquintett*, Bartók: *1. Violinsonate*, Berg: Ende der Instrumentation von *Wozzeck*, Prokofieff: *3. Klavierkonzert*, Gemeinschaftsarbeit der Gruppe der Sechs: *Les Mariés de la tour Eiffel* auf einen Text von J. Cocteau, Honegger: *König David*, Roussel: *2. Symphonie*.

– Tod von Saint-Saëns.

1922 – 3. März: Erste amerikanische Aufführung von *Le Sacre du printemps* in Philadelphia. 9. März: Vollendet *Mawra*, eine komische

Oper, die ihm Diaghilev aufgetragen hatte. 18. März: Uraufführung von *Der Fuchs* in der Grand Opéra, Paris, unter der Leitung von Ansermet.

29. Mai: Erste Aufführung von *Mawra* im Hôtel Continental, Paris, mit Strawinsky am Klavier.

3. Juni: Festival Strawinsky an der Pariser Oper mit *Petruschka*, *Fuchs*, *Mawra* und *Sacre*. Mißerfolg von *Mawra*, F. Poulenc hört ein Ehepaar beim Hinausgehen sagen: ,,*Wunderbar! Endlich ein Werk von Strawinskys Hand für die Ohren unserer Tochter!*"

— Juni: Begegnet Marcel Proust an einer Einladung der Prinzessin Murat.

— Ende Sommer: Aufenthalt von zwei Monaten in Berlin, wo er seine aus der Sowjetunion emigrierende Mutter erwartet. Bekanntschaft mit Souvtchinsky.

— Herbst: Beginnt in Biarritz das *Oktett für Blasinstrumente*.

— 19. November: Erste deutsche Aufführung des *Sacre*.

— 25. November: Strawinsky dirigiert im Gaumont Palace, Paris, *Feu d'artifice* und Auszüge aus der *Nachtigall* und dem *Feuervogel*.

— Fauré: *L'Horizon chimérique*, Ravel: *Bilder einer Ausstellung* von Mussorgsky orchestriert, Bartók: *2. Violinsonate*, Milhaud: *5. Symphonie, 6. Streichquartett*.

1923 — 6. April: Vollendet in Monaco *Die Hochzeit*, die er Diaghilev widmet, und nimmt an den Proben teil: ,,*Ich wollte, daß der ganze instrumentale Apparat sichtbar auf beiden Seiten aufgestellt würde, um ihn sozusagen zu einem Teilnehmer der ganzen theatralischen Handlung zu machen. Deshalb wollte ich das Orchester auf die Bühne stellen und den übrigen Platz, der noch frei blieb, den Schauspielern überlassen. Die Tatsache, daß die Schauspieler uniformierte Kostüme im russischen Stil tragen würden und die Musiker Abendanzüge, machte mir nicht nur nichts aus, sondern, ganz im Gegenteil, stimmte mit meinen Ideen über ein Divertissement vom Typus einer Maskerade überein.*"

— 20. Mai: Vollendet das *Oktett*.

— 13. Juni: Uraufführung der *Hochzeit* unter der Leitung von Ansermet im Théâtre de la Gaîté lyrique, Paris.

Strawinsky tritt mehr und mehr als Dirigent und Pianist auf.

- August: Nimmt an einer Aufführung der *Geschichte vom Soldaten* im Bauhaus, Weimar, teil, wo er Busoni, Klee und Kandinsky kennenlernt.
- 18. Oktober: Uraufführung des *Oktetts* an der Grand Opéra, Paris, unter der Leitung des Komponisten. Kussewitzky bittet ihn um die Komposition eines Klavierkonzertes, an dem er in Biarritz arbeitet.
- Dezember: Die *Revue musicale* widmet Strawinsky eine Sondernummer.
- Schönberg: Anfänge der dodekaphonen Musik in den *Klavierstücken op. 23*, Bartók: *Tanzsuite*, Berg: *Kammerkonzert*, Milhaud: *La Création du monde*, Honegger: *Pacific 231*, Varèse: *Hyperprism*.
- Picasso: *Die Badenden*.
- Chagall kommt nach Paris zurück.

1924    – Januar: Konzertreise in Belgien.
- März: Konzertreise in Spanien.
- 21. April: Vollendet in Biarritz das Klavierkonzert.
- 22. Mai: Uraufführung des *Konzerts für Klavier und Bläser* unter der Leitung von Kussewitzky mit dem Komponisten am Klavier in der Grand Opéra, Paris. Eine Woche zuvor hatte schon eine private Aufführung bei der Fürstin de Polignac stattgefunden: *„Nachdem ich den ersten Satz beendet hatte und gerade vor dem Beginn des Largo, das mit einem Abschnitt für Klavier allein anfängt, wurde ich mir bewußt, daß ich vollkommen vergessen hatte, wie es begann. Ich sagte es Kussewitzky leise, der auf die Partitur schaute und die ersten Noten summte. Das war genug, damit ich mein Gleichgewicht wiederfand und das Largo beginnen konnte . . . Ein anderes Mal, als ich das Konzert spielte, setzte das Gedächtnis aus, weil ich plötzlich von der Idee besessen war, daß das Publikum eine Sammlung von Puppen in einem Panoptikum sei. Noch ein anderes Mal gefror mein Gedächtnis, weil ich plötzlich das Spiegelbild meiner Finger im Holz am Rande der Klaviatur sah.“*
- Sommer: Beginnt in Biarritz eine *Klaviersonate*.

- Juli: Aufenthalt in Kopenhagen.
- September: Läßt sich in Nizza nieder in der „Villa des Roses", 167 boulevard Carnot.
  Rückkehr zum russisch-orthodoxen Glauben.
- Oktober: Unterschreibt mit Aeolian Co., Connecticut, einen Vertrag für 7 Jahre, um in London 28 Rollen für das Pianola zu produzieren.
- 21. Oktober: Vollendet die *Klaviersonate*, die er der Fürstin de Polignac widmet: „*Ich brauchte den Begriff »Sonate« in seiner ursprünglichen Bedeutung, wie er von »sonare« abgeleitet wurde als Gegensatz zu »cantare« und seiner Ableitung »Kantate«. Deshalb fühlte ich mich nicht an die Form gebunden, die seit dem Ende des 18. Jahrhunderts gebräuchlich war.*"
- Konzertreise nach Warschau, Prag, Leipzig, Berlin, Amsterdam, Den Haag, Genf, Lausanne, Marseille.
- Fauré: *Streichquartett,* Tod von Fauré.
- Schönberg: *Suite für Klavier op. 25,* die einheitlich in der Zwölftontechnik geschrieben ist. Prokofieff: *2. und 3. Symphonie,* Milhaud: *Le Train bleu, Les Malheurs d'Orphée, Salade,* Satie: *Relâche,* Auric: *Les Fâcheux,* Poulenc: *Les Biches,* Varèse: *Octandre* und *Ionisation.*
- Tod von Busoni und Puccini.
- 1. Surrealistisches Manifest von A. Breton.

1925  – Januar: 1. Konzertreise in den USA: New York, Boston, Chicago. 1. Plattenaufnahme für Brunswick Records: *Les cinq doigts.*
- Februar: Philadelphia, Cleveland, Detroit, Cincinnati, dann Konzerte in Barcelona, Rom und Paris.
- April: Schreibt in Nizza die *Serenade in A* für eine amerikanische Grammophonfirma.
- 17. Juni: Première des *Gesangs der Nachtigall* in der Gaîté lyrique, Paris, mit einer neuen Choreographie von G. Balanchine. Strawinsky kauft ein Auto.
- September: Von der Fürstin E. de Polignac in Venedig empfangen im Verlauf des IGNM-Festivals. Am 8. September spielt er dort im Teatro „la Fenice" seine *Klaviersonate.*
- Herbst: Projekt zu *Oedipus Rex* zusammen mit Cocteau. Auf

der Rückreise von Venedig machte Strawinsky für einige Tage
Aufenthalt in Genua, wo er ein Buch über Franz von Assisi las,
das ihm die Idee gab, den *Oedipus Rex* in lateinischer Sprache zu
vertonen, so wie der Heilige Französisch sprach, wenn sein Herz
zu voll war, um sich italienisch auszudrücken. Latein war *„für
mich nicht ein totes Medium, aber eines, das in Stein verwandelt
war und so monumentalisiert, daß es immun war gegen alle Ge-
fahren der Vulgarisation."*
Konzertreise Zürich, Basel, Wiesbaden, Winterthur, Berlin,
Frankfurt/Main, Kopenhagen.
- Weihnacht: Rückkehr nach Nizza.
- 31. Dezember: Beendigung der Orchestration von vier der *Fünf
leichten Stücke*, die nun die *1. Suite für kleines Orchester* bilden.
- Tod von Satie.
- Strauss: *Intermezzo*, Ravel: *L'Enfant et les sortilèges*, Berg: Uraufführung von *Wozzeck* in Berlin, Milhaud: *Six chansons popu-
laires hébraïques*, Honegger: *Concertino für Klavier und Orchester*, Auric: *Les Matelots*.
- Geburt von Pierre Boulez.
- Erste Ausstellung von surrealistischer Malerei in Paris.
1926 - 11. Januar: Beginn der Komposition des *Oedipus Rex* in Nizza.
- 7. April: Strawinsky teilt Diaghilev in einem Brief mit, daß er
wieder praktizierender Christ geworden sei.
- Frühling: Konzertreise nach Amsterdam, Rotterdam und Haar-
lem, dann später nach Budapest, Wien und Zagreb.
Nimmt in Padua an der Pilgerfahrt anläßlich des 700. Geburtsta-
ges des heiligen Antonius teil.
Komponiert das *Pater noster* a capella.
- Mai: Dirigiert die *Nachtigall* und *Petruschka* an der Scala in Mailand.
Arbeitet im geheimen am *Oedipus Rex* in Nizza, um ihn Diaghilev zum 20. Geburtstag der „Saisons russes" zu schenken.
- 25. November: Dirigiert in London am Lyceum Theatre eine
Wiederaufnahme des *Feuervogel* in neuen Dekors und Kostümen
von der Gontcharova.
- Berg: *Lyrische Suite*, Schönberg: *3. Streichquartett*, Bartók: *1.*

*Klavierkonzert*, beginnt den *Mikrokosmos*, Milhaud: *Le pauvre Matelot*, Honegger: *Judith*, Auric: *La Pastorale*, Poulenc: *Chansons gaillardes*, Roussel: *Suite en fa*, Varèse: *Intégrales* und *Amériques*.

1927 – 14. März: Vollendet in Nizza den Klavierauszug von *Oedipus Rex*.

– 10. Mai: Vollendet die Orchestration des Werkes.

– ca. 25. Mai: Erste Aufführung des *Oedipus* mit Strawinsky am Klavier bei der Fürstin de Polignac, die das Werk bezahlte.

– 30. Mai: Erste öffentliche Aufführung des *Oedipus* am Théâtre Sarah Bernhardt in einer Konzertversion mit den Sängern im Abendanzug vor schwarzen Vorhängen. Diaghilev nannte das ihm zugedachte Werk „*ein sehr makabres Geschenk*". Es wurde nur dreimal gegeben, da das Publikum nicht begeistert war.

– Sommer: Aufenthalt im Chalet „des Echarvines" in Talloires am Lac d'Annecy, erhält von Elisabeth Sprague Coolidge den Auftrag zu einem Ballett von 30 Minuten.

– Herbst: Komponiert in Nizza *Apollon Musagète* für Serge Lifar, den er im Juni in London tanzen gesehen hatte in *La Chatte* von Sauguet. Das Stück ist als sog. „Ballett blanc" gedacht, und Strawinsky schreibt, daß „*die Abwesenheit von vielfarbigen Effekten und allen Überflüssigkeiten eine wundervolle Frische erzeugte*". Die Partitur vermeidet auch Klangfarbenkontraste, da Strawinsky nur Streicher verwendet, die er früher ihres gefühlvollen Charakters wegen vermied. „*Kontrast erzeugt einen unmittelbaren Effekt: Gleichheit befriedigt uns nur auf lange Sicht. Kontrast ist ein Element von Verschiedenheit, doch teilt er unsere Aufmerksamkeit. Gleichheit wird aus dem Streben nach Einheit geboren . . . Wenn mich Verschiedenheit in Versuchung bringen will, wird mir unwohl von all den leichten Lösungen, die sie mir bietet. Gleichheit dagegen stellt mehr schwierige Probleme, doch bietet auch Resultate, die solider und wertvoller für mich sind.*"

– Ida Rubinstein, die schon Debussy den Auftrag zu *Le Martyre de Saint-Sébastien* gegeben hatte, bestellt bei Strawinsky ein Ballett für die Saison 1928.

– Bartók: *3. Streichquartett*, Webern: *Streichtrio*, Milhaud: *L'En-*

*lèvement d'Europe*, *L'Abandon d'Ariane* und *La Délivrance de Thésée*, Varèse: *Arcana*.
- Chagall malt *Der Traum*.

1928 - Beginnt in Paris mit Plattenaufnahmen: *Petruschka*.
- 9. Januar: Beendet in Nizza die Orchesterpartitur von *Apollon musagète*.
- Februar: Nimmt in Berlin an der Krolloper an der von Klemperer geleiteten Aufführung des *Oedipus Rex* teil.
- März: in Barcelona.
- 27. April: Uraufführung von *Apollon musagète* in Washington.
- 18. Februar und 22. Mai: Zwei Strawinsky gewidmete Konzerte in der Salle Pleyel, Paris.
- 12. Juni: 1. europäische Aufführung von *Apollon musagète* am Théâtre Sarah Bernhardt, Paris, mit einer Choreographie von Balanchine.
- Sommer: 2. Aufenthalt im Chalet „des Echarvines" in Talloires.
- 2. Oktober: Beendet die Orchestration der *4 Etüden für Orchester* nach den *Drei Stücken für Streichquartett* (1914) und der *Etüde für Pianola* (1917).
- 30. Oktober: Beendet in Nizza die Orchesterpartitur von *Le Baiser de la fée* nach Tschaikowsky: *„Ich widme dieses Ballett dem Andenken Tschaikowskys, indem ich die Fee auf seine Muse beziehe, und auf diese Weise wird das Ballett eine Allegorie, da die Muse auch Tschaikowsky gezeichnet hat mit ihrem schicksalsschweren Kuß, dessen geheimnisvolles Zeichen sich in allen Werken dieses großen Künstlers bemerkbar macht."*
- 27. November: Uraufführung von *Le Baiser de la fée* an der Grand Opéra, Paris, durch die Truppe von Ida Rubinstein. Diaghilev schreibt darüber an Serge Lifar: *„Ich komme soeben vom Theater zurück mit einem fürchterlichen Kopfweh als Ergebnis all der grauenhaften Dinge, die ich gesehen habe. Strawinskys Ballett war einzig neu, die anderen Novitäten waren noch nicht fertig . . . Es ist schwierig zu sagen, was es darstellen wollte – langweiligen, tränenreichen, schlecht gewählten Tschaikowsky, vermutlich von Igor meisterhaft orchestriert. Ich sage »vermutlich«, weil es dumpf tönte, und dem ganzen Arrange-*

*ment fehlte Vitalität . . . Doch was auf der Bühne vor sich ging, ist unmöglich zu beschreiben. Es genügt zu sagen, daß die erste Szene die Schweizer Berge darstellte, die zweite ein Schweizer Dorf in Feststimmung, begleitet von Schweizer Volkstänzen, die dritte eine Schweizer Mühle und die vierte zurück wieder zu den Bergen und Gletschern . . . Das ganze Ding ist eine Totgeburt."*

– Weihnacht: Beschließt in Nizza ein *Capriccio für Klavier und Orchester* zu schreiben.

– Messiaen: *Le Banquet céleste*, Strauss: *Die ägyptische Helena*, Ravel: *Boléro*, Bartók: *4. Streichquartett*, Webern: *Symphonie op. 21*, Berg beginnt *Lulu*, Prokofieff: *3. Symphonie*, Honegger: *Rugby*.

1929 – Februar: Dirigiert in Dresden *Oedipus Rex* in konzertanter Form.

– März: Dirigiert in Paris *Die Geschichte vom Soldaten* und das *Oktett* und spielt die *Sonate* und die *Serenade für Klavier*.

– 15.-18. Mai: Macht für Aeolian in London Aufnahmen.

– 21. Mai: Wiederaufnahme vom *Fuchs* im Théâtre Sarah Bernhardt, Paris, mit einer Choreographie von Lifar.

– 17. Juni: Spielt in Berlin sein *Konzert* unter Klemperer.

– Juli: 3. Aufenthalt in Talloires, arbeitet am *Capriccio*.

– 9. November: Beendet in Nizza die Partitur des *Capriccios*.

– 6. Dezember: Uraufführung des *Capriccios* in der Salle Pleyel, Paris, mit dem Komponisten als Solisten und Ansermet als Dirigenten. Strawinsky erhält von Kussewitzky den Auftrag, ein Werk zum 50. Geburtstag des Boston Symphony Orchestra zu schreiben.
Macht Plattenaufnahmen vom *Feuervogel*, vom *Sacre* und von Ausschnitten aus *Pulcinella*.

– Messiaen: *Préludes für Klavier*, Schönberg: *Von heute auf morgen*, Berg: *Der Wein*, Milhaud: *Konzert für Schlagzeug und Orchester*, Honegger: *Amphion*.

– Tod von Diaghilev.

1930 – Januar: Beginnt in Nizza die Komposition der *Psalmensymphonie*.

33

- 11. April: Erste amerikanische Aufführung des *Sacre* mit einer Choreographie von Massine.
- Frühling: Konzertreise nach Berlin, Leipzig, Bukarest, Prag, Winterthur, Düsseldorf, Bruxelles, Amsterdam.
- Sommer: In Charavines-les-Bains (Isère).
- 15. August: Vollendung der *Psalmensymphonie*.
- November: In Wien.
- 13. Dezember: Uraufführung der *Psalmensymphonie* im Palais des Beaux-Arts in Bruxelles unter der Leitung von Ansermet. Nach dem Konzert wurde Strawinsky von einem Kritiker gefragt: *,,Versuchte der Komponist Hebräer zu sein in seiner Musik – Hebräer im Geist, in der Art von Ernest Bloch, aber nicht zu viel von dem, was an die Synagoge erinnert?"* Strawinsky wies die Frage zurück mit den Worten: *,,Alle diese Mißverständnisse entstehen aus der Tatsache, daß die Leute sich bemühen, etwas in der Musik zu sehen, was nicht drin ist."* Ansermet erklärte viele Jahre später: *,,Da Strawinsky gemäß seiner Neigung aus der Musik nicht einen Akt von Selbstausdruck macht, kann seine religiöse Musik nur eine künstliche Religiosität offenbaren. Die »Psalmensymphonie« zum Beispiel drückt die Religiosität von andern aus – von dem imaginären Chor, zu dem der tatsächlich singende Chor ein Analogon ist, doch man muß zugeben, daß der Ausdruck eben dieser Religiosität selber vollkommen echt ist."*
- 19. Dezember: Kussewitzky dirigiert in Boston die erste amerikanische Aufführung der *Psalmensymphonie*.
- 20. Dezember: Am Théâtre Pigalle, Paris, findet ein Strawinsky gewidmetes Konzert statt, mit dem Komponisten am Klavier und Robert Siohan als Dirigenten.
  W. Strecker vom Schott Verlag bittet Strawinsky um ein *Violinkonzert* für Samuel Dushkin: *,,Ich zögerte, da ich nicht Geiger bin, und ich befürchtete, daß die wenigen Kenntnisse über dieses Instrument nicht genügen würden, um die vielen Probleme zu lösen, die im Verlaufe der Arbeit an einem größeren Werk auftauchen, das speziell dafür komponiert wird. Doch Willy Strecker zerstreute meine Befürchtungen, indem er mir versicherte, daß*

*Dushkin vollkommen zu meiner Verfügung stehen würde, um
mir alle technischen Details zu geben, deren ich bedurfte."*
- Webern: *Quartett op. 22,* Milhaud: *Christophe Colomb* und *Ma-
ximilien,* Honegger: *Les Cris du monde,* Roussel: *3. Symphonie.*
- 2. surrealistisches Manifest von A. Breton.

1931   - 28. Januar: Strawinsky spielt in der Queen's Hall, London, sein
*Konzert* unter der Leitung von Ansermet.
- 20. Februar: Spielt sein *Capriccio* in Paris unter der Leitung von
Ansermet.
- 24. Februar: Dirigiert im Théâtre des Champs-Elysées die *Psalmensymphonie,* die während der Proben von Columbia aufgenommen wird.
- März: Arbeitet am *Violinkonzert* mit der Hilfe von Dushkin:
*,,Wann immer er einen meiner Vorschläge annahm, wenn auch
nur bloß eine Erweiterung des Spielumfanges der Violine, indem
eine Phrase in die untere und die obere Oktave ausgedehnt würde, beharrte Strawinsky auf grundlegenden Änderungen. Er handelte wie ein Architekt, der, wenn man ihn darum bittet, einen
Raum im dritten Stock zu ändern, hinunterzugehen hat zu den
Fundamenten, damit die Proportionen des ganzen Baues stimmen."*
- April: In Venedig.
- 10. Juni: Beendet in Nizza den Klavierauszug des Konzerts.
- Sommer: Im Château de la Vironnière in Voreppe bei Grenoble
(Isère), Dushkin richtet sich in der Nachbarschaft ein.
- 25. September: Beendet in Voreppe die Orchestration des *Konzertes für Violine und Orchester.*
- September: Definitive Übersiedlung von Nizza nach Voreppe.
- 23. Oktober: Uraufführung des *Violinkonzertes* mit S. Dushkin
als Solisten und Strawinsky am Pult des Berliner Rundfunk-Or-
chesters, gefolgt von einer Konzertreise in Deutschland, England, Frankreich, Italien, Spanien, der Schweiz, Belgien, Hol-
land und Skandinavien.
- Herbst: Beginnt in Voreppe ein *Konzert für zwei Klaviere.*
- 27. Dezember: Beginnt in Voreppe das *Duo concertant* für Violine und Klavier.

- Messiaen: *Offrandes oubliées*, Ravel: die beiden *Klavierkonzerte*, Bartók: *2. Klavierkonzert*, Prokofieff: *4. Klavierkonzert*, Honegger: *Sémiramis*.
- Chagall: Erste Reise nach Israel.

1932 – Komposition des *Credos*.
- 15. Juli: Beendet in Voreppe das *Duo concertant:* ,,*Nach dem Violinkonzert, das sowohl orchestral wie instrumental ist, setzte ich meine Forschungen auf dem Gebiet der Violine fort und kam zu ihrer Rolle im Kammermusikensemble. Viele Jahre lang hatte ich kein Vergnügen an der Mischung von Saiten, die im Klavier angeschlagen werden, mit Saiten, die durch einen Bogen in Schwingung gebracht werden. Um mich mit dieser instrumentalen Kombination zu versöhnen, war ich gezwungen, auf das Minimum an Instrumenten zurückzugehen, d. h. zu zwei, in denen ich die Möglichkeit der Lösung des instrumentalen und akustischen Problems sah, das die Saiten des Klaviers und diejenigen der Geige darstellen. So entstand die Idee zum »Duo concertant« für Violine und Klavier. Die Verbindung dieser Instrumente scheint viel klarer zu sein als die Kombination eines Klaviers mit mehreren Streichinstrumenten, die zu einer Verwechslung mit dem Orchester tendiert.*"
- 25. August: Dirigiert in Biarritz *Petruschka*, das *Scherzo fantastique* und den *Feuervogel*.
- 28. Oktober: Uraufführung des *Duo concertant* mit dem Komponisten und Dushkin im Berliner Funkhaus, anschließend Duoabende in Danzig, Paris, München, London und Winterthur. Strawinsky dirigiert oder spielt sein *Capriccio* in Königsberg, Hamburg, Ostrova, Paris, Budapest, Mailand, Turin und Rom.
- Schönberg: *2 Stücke für Klavier op. 33*, Ravel: *Don Quichotte à Dulcinée*, Milhaud: *La Mort du tyran*.

1933 – Ida Rubinstein schlägt Strawinsky vor, einen Text von André Gide zu vertonen, den dieser vor dem Ersten Weltkrieg für sie verfaßt hatte.

- Februar: Gide unterbreitet Strawinsky den Text, der ihn annimmt unter der Voraussetzung, daß noch einige Änderungen vorgenommen werden.
- Mai: Beginnt in Voreppe mit *Perséphone*. Schwierigkeiten der Zusammenarbeit zwischen dem Dichter und dem Musiker: Gide *„hatte erwartet, daß der Text zu »Persephone« mit genau denselben Betonungen gesungen würde, die er auch zum Rezitieren verwenden würde. Er glaubte, daß meine musikalische Absicht darin bestehen sollte, die Wortstruktur zu imitieren und zu verstärken; ich hätte nur Tonhöhen für die Silben zu finden, da er der Meinung war, den Rhythmus schon komponiert zu haben. Die Tradition der Poesia per musica bedeutete ihm nichts."* Paul Valéry stellte sich in diesem Zwist auf die Seite von Strawinsky: Der Musiker darf frei über *„lose und formlose Prosodien wie diejenige von Gide"* verfügen *„und seinen musikalischen Gedanken folgen, auch wenn diese zur Verformung der Sätze oder zur Zerstückelung der Worte führen".*
- 15. Oktober: Mietet eine Wohnung 21, rue Viète, in Paris, um *Perséphone* zu vollenden und bei den Vorbereitungen zur Aufführung dabei zu sein.
- November: Sein Sohn Soulima spielt in Barcelona das *Capriccio* unter der Leitung des Vaters.
- Strauss: *Arabella,* Bartók: *5. Streichquartett.*
- Schönberg geht über Paris ins amerikanische Exil.

1934 - 24. Januar: Beendet *Perséphone* in Paris, macht aus der Musik von *Le Baiser de la fée* eine symphonische Suite mit dem Titel *Divertimento.*
- 4. April: *Ave Maria für gemischten Chor a capella.*
- 30. April: In Abwesenheit von Gide findet an der Grand Opéra, Paris, die Uraufführung von *Perséphone* statt mit Ida Rubinstein in der Titelrolle.
- 10. Juni: Wird französischer Staatsbürger.
- Sommer: Verläßt Voreppe und zieht, 125, rue du Faubourg St.-Honoré, wo er *Chroniques de ma vie* in Zusammenarbeit mit Walter Nouvel schreibt und an dem *Konzert für zwei Klaviere* weiterarbeitet.

- 11. September: Begegnet Alban Berg in Venedig anläßlich eines Konzertes im „La Fenice".
- 28. November: Dirigiert *Perséphone* in London
- 27. Dezember: Abreise zu Konzerten in den USA mit Dushkin.
- Prokofieff: *Le lieutenant Kigé*, Milhaud: *Pan et Syrinx*, Hindemith: *Mathis der Maler*, Roussel: *4. Symphonie*.

1935 – 19. April: Rückkehr nach Paris.
- Mai: Konzerte in Kopenhagen, Bologna und Rom, wo er von Mussolini empfangen wird.
- 9. November: Vollendet das *Konzert für zwei Klaviere*.
- 21. November: Vortrag von Strawinsky in der Salle Gaveau, Paris, gefolgt von der Uraufführung des *Konzerts für zwei Klaviere* mit dem Sohn Soulima.
- Winter: Wird Inspektor bei den Kursen von Nadia Boulanger an der Ecole normale de musique als Nachfolger von Dukas.
- Bartók: *Musik für Streichinstrumente Schlagzeug und Celesta*, Berg: *Violinkonzert*, Prokofieff: *Romeo und Julia*.
- Tod von Dukas.

1936 – 25. Januar: Mißerfolg seiner Kandidatur für das „Institut de France". F. Schmitt wird gewählt.
- 27. März: Leitet ein Festival in Bournemouth.
- April – Juni: Konzertreise in Südamerika: Rio de Janeiro, Montevideo, Buenos Aires.
- Sommer: Schreibt *Jeu de cartes* auf Bestellung des American Ballet, New York, das er am 6. Dezember vollendet.
- Schönberg: *Violinkonzert op. 36*, Webern: *Klaviervariationen op. 27*, Prokofieff: *Peter und der Wolf*, Poulenc: *Litanies à la Vierge noire*, Varèse: *Density 21,5*.
- Tod von Berg.

1937 – 27. April: Strawinsky-Matinée in der Metropolitan Opera, New York, mit *Apollon musagète*, *Le Baiser de la fée* und *Jeu de cartes (The Card Party)* in Uraufführung. Lincoln Kirstein erinnert sich, daß es Strawinskys Gewohnheit war, *„pünktlich zu den Proben zu erscheinen und sechs Stunden zu bleiben. An den Abenden nahm er den Pianisten mit sich nach Hause und arbeitete mit ihm an den Tempi . . . Während aufeinanderfolgenden*

*Durchgängen des Balletts klapste er mit dem Knie wie ein Metronom für die Tänzer, dann unterbrach er plötzlich alles, stand auf und schlug eine Änderung vor, indem er schnell gestikulierte, um seinen Worten Nachdruck zu geben. Er wirkte nie zögernd, sondern Respekt gebietend autoritär und vollkommen als Fachmann."*

– Reise nach Kalifornien, wo er von Mr. und Mrs. Robert Wood Bliss von Dumbarton Oaks den Auftrag zu einem Concerto erhält, um ihren 30. Hochzeitstag zu feiern.
– *Preludium für Jazzband.*
– Strawinsky von Tuberkulose befallen, seine Frau und die zwei Töchter sind im Sanatorium von Sancellemoz bei Annemasse, er wohnt nahe von ihnen im Schloß von Monthoux.
– 18. und 19. Oktober: Dirigiert *The Card Party* in der Queen's Hall, London.
– Herbst: Konzertreise in Italien unterbrochen durch den Tod der Tochter Ludmilla (30. Nov.).
– Messiaen: *Poèmes pour mi*, Schönberg: *4. Streichquartett*, Bartók: *Sonate für zwei Klaviere und Schlagzeug*, Honegger: *Cantique des cantiques.*
– Tod von Roussel und Ravel.
– Picasso malt *Guernica.*

1938 – Konzertreise in Italien.
– 29. März: Vollendet in Paris das sog. *Dumbarton Oaks-Konzert,* das laut Strawinskys Worten „*ein kleines Konzert im Stile der Brandenburgischen Konzerte"* darstellen soll.
– 8. Mai: Nadia Boulanger dirigiert die Uraufführung des Werkes, da Strawinsky noch immer an Tuberkulose leidet.
– 4. Juni: Erste europäische Aufführung des Konzerts in Paris unter der Leitung des Komponisten.
– 8. Juni: Strawinsky-Festival in Paris.
– Juni: Projekt zur Zusammenarbeit mit Paul Claudel.
– Herbst: Beginnt die *Symphonie in C,* ein Auftragswerk von R. Wood Bliss, um den 50. Geburtstag des Chicago Symphony Orchestra zu feiern.
– Walt Disney arrangiert den *Sacre* für seinen Film *Fantasia.*

- Strauss: *Daphne*, Schönberg: *Kol Nidre*, Bartók: *Violinkonzert*, Milhaud: *Médée*, Honegger: *La Danse des morts*.
1939 – 2. März: Seine Frau stirbt im Alter von 57 Jahren. Strawinsky verbringt zwei Monate im Sanatorium von Sancellemoz, wo er den zweiten Satz der *Symphonie in C* komponiert, dem man nichts von der Trauer um den Verlust der Gattin anmerkt: „*Ich glaube, daß Musik ihrer wirklichen Natur nach unfähig ist, etwas auszudrücken, sei's ein Gefühl, eine Geisteshaltung, einen psychologischen Zustand oder ein Naturphänomen.*"
- Schreibt in Zusammenarbeit mit Roland-Manuel die sechs Vorträge, die er 1939-1940 an der Harvard University halten wird und die später als *Poétique musicale* veröffentlicht werden.
- Mai: Dirigiert in Florenz *Perséphone* und *Petruschka*.
- 7. Juni: Dirigiert in Mailand *The Card Party*.
- Tod seiner Mutter im Alter von 85 Jahren.
- September: Verläßt Europa im Krieg und kommt am 30. September in New York an.
- Hindemith emigriert auch nach Amerika, im nächsten Jahr werden ihm Milhaud und Bartók folgen.

ASPEKTE

# I. Die russische Faszination

Vielfältig waren um 1900 die Beziehungen zwischen Rußland und Frankreich. Die beiden Länder waren, zusammen mit England, auf politischem Gebiet verbündet und pflegten auch den kulturellen Austausch, der sich in dem Augenblick auf seinen Höhepunkt zubewegte, als Serge Diaghilev auf den Plan trat. Nachdem er schon in Rußland als Organisator von Kunstausstellungen und als Gründer der Zeitschrift *Mir Iskusstwa* (Die Welt der Kunst) aufgefallen war, widmete er sich dem Export von russischer Kunst, indem er Ausstellungen in Berlin, Köln, Düsseldorf, Darmstadt und Venedig in die Wege leitete, um sich dann ab 1906 speziell auf Paris, das Zentrum der europäischen Kultur, auszurichten, wo er zuerst eine vielbeachtete Ausstellung russischer Ikonen und von Bildwerken neueren Datums im Grand Palais bei den Champs-Elysées eröffnete. 1907 folgten die Konzerte russischer Musik mit der persönlichen Beteiligung von Rimsky-Korsakoff, Glasunow, Skrjabin, Rachmaninow, Nikisch und Schaljapin. Obschon Musiker wie Dukas, Debussy und dessen Freunde Robert Godet und Jules de Brayer schon während der neunziger Jahre des letzten Jahrhunderts über die große Bedeutung der russischen Musik auf dem laufenden waren, so war doch die Erstaufführung von Mussorgskys *Boris Godunow* im Jahre darauf (1908) für die meisten Franzosen eine wahre Offenbarung, sie glaubten in diesem Werk, das doch immerhin von Rimsky stark bearbeitet und verfälscht worden war, den Inbegriff dessen zu entdecken, was Debussy „*die russische Seele*" nannte. Nach den Romanen Dostojewskys und Tolstojs sah man in diesem realistischen Musikdrama das Wesen des russischen Volkes, das, gerade weil es mit dem französischen Wesen so scharf kontrastierte, eine besondere Kraft der Anziehung entfaltete. Unter der geistigen Führung von Diaghilev formierte sich daraufhin das Russische Ballett, das nicht nur die denkbar besten Tänzer – wie Vaslav Nijinsky, die Pawlowa, die Karsawina, Ida Rubinstein und viele andere – präsentierte, sondern auch den Rahmen für viele denkwürdige Uraufführungen von Werken abgab, die eigens von Diaghilev bestellt und mitkonzipiert worden waren. Die Aktivitäten und der Stil des Balletts internationalisierten sich zusehends während der zwanziger Jahre, auch Künstler Westeuropas, und zwar nicht nur Musiker, sondern auch Kunstmaler, die die Bühnenbilder herstellten, beteiligten sich an den meist völlig neuartigen und einmaligen Produktionen, die in die Theatergeschichte eingingen, doch die weitaus stärkste Persönlichkeit des Balletts war für alle, schon vor dem Ersten Weltkrieg, Igor Strawinsky, der 1910 mit dem *Feuervogel* Triumphe feierte, die sich ein Jahr darauf mit *Petruschka* wiederholten. Die Übereinstimmung zwischen Strawinskys Schaffen und dem Geschmack des Pariser Publikums, das sich nach dem Raffinement Debussys etwas Urtümlicheres wünschte und in dem Russen fand, schien eine vollkommene zu sein, bis dann 1913 das dritte Ballett, *Le Sacre du printemps*, einen Skandal auslöste, der so heftig war wie kein anderer Skandal in der ganzen vorangegangenen Geschichte der Musik. Über dieses Ereignis, das sich im Mai 1913 im brandneuen Théâtre des Champs-Elysées abspielte, ist schon außerordentlich viel geschrieben worden. Jeder, der das „Vergnügen" hatte, dabeigewesen zu sein, wollte noch andere und äußerst besondere Reaktionen einzelner Zuschauer entdeckt haben, jeder wußte noch dies und das zur Begründung beizusteuern, warum ein sonst äußerst kulitiviertes Publikum sich plötzlich mit der unreflektierten Wucht von Barbaren benahm. Viele beziehen sich in ihren Erzählungen auf die Worte von Jean Cocteau, ohne ihn zu nennen, was hier zum Anlaß genommen werden soll, seinen Text über den Skandal um den *Sacre* fast vollständig zu zitieren. Er ist weit davon entfernt, ein Stück ausgefeilter Literatur zu sein, manches wirkt wie im Fluge schnell hingeworfen und viele Sätze und Abschnitte brechen willkürlich ab, gerade als ob ihrem Autor gelegentlich noch der Atem stockte, wenn er sich an all die Begebenheiten erinnerte. Neben vollkommen Nebensächlichem treten Formulierungen auf, wo man jedes Wort unterstreichen möchte, weil Cocteau, mit dem ihm eigenen Spürsinn, beim ersten Kontakt mit diesem Ballett dessen Wesen klar erkannt hat, was für einen Zeitgenossen der Jahre vor dem Ersten Weltkrieg nicht selbstverständlich war, so sehr war man noch in einem Kunstdenken befangen, das in Richard Wagners Musikdramen den unübertrefflichen Höhepunkt sah. Cocteau gibt nicht nur einen Begriff von der Wirkung des Balletts, sondern auch von der Arbeit Nijinskys, der hier nicht als Tänzer, sondern als Choreograph tätig war, und von den Bühnenbildern Roerichs:

44

„LE SACRE DU PRINTEMPS, wurde im Mai 1913 in einem neuen Saal ohne Patina gespielt, der zudem noch zu bequem und kalt war für ein Publikum, das an Gefühlsaufwallungen in engen Sitzreihen, in einer Hitze aus rotem Samt und Gold gewohnt war. Ich glaube nicht, daß der »Sacre« in einem weniger bombastischen Theater adäquater aufgenommen worden wäre, aber dieser luxuriöse Saal symbolisierte im ersten Augenblick den Irrtum, der darin bestand, daß man ein kräftiges und jugendliches Werk mit einem dekadenten Publikum konfrontierte, mit einem verweichlichten Publikum, das in den Girlanden Stil Ludwig XVI., den venezianischen Gondeln, den weichen Diwans und den Kissen von einem Orientalismus ruhte, für den man (sonst) das Russische Ballett tadeln muß. Unter diesen Umständen macht man einen Verdauungsschlaf in einer Hängematte, man verjagt das wahre Neue wie eine Fliege, es fällt lästig . . . Der Abstieg zum schlechten Geschmack ist schon steil, doch seit 1912 brach eine falsche Kühnheit über eine sehr große Zahl von mondänen Ästheten herein, eine Kühnheit, die die einen anzog, die aber von den andern voll Haß mit der wahren Kühnheit verwechselt wurde. Dilettantinnen und Preziöse glaubten damals, ‚mit der Mode‘ zu gehen, und eine Klasse kam ans Licht, eine zwischen dem schlechten, braven Geschmack, zu dem sie paßte, und den neuen Gesetzestafeln, die außerhalb ihrer Reichweite waren, deklassierte Klasse: Eine Provinz schlimmer als die Provinz, im Herzen von Paris . . . Es wäre wahrscheinlich bemerkenswert, im Block des Werkes nach dem Anteil zu suchen, der jedem der Mitarbeiter zukommt: Strawinsky, dem Musiker, Roerich, dem Maler, Nijinsky, dem Choreographen. Vom musikalischen Standpunkt aus waren wir mitten im Impressionismus . . . Da, plötzlich, mitten in den zauberhaften Ruinen, wuchs der Baum Strawinsky. Alles in allem ist der »Sacre« noch ‚ein Werk im Stil der Fauves‘, ein wildes, (aber) organisiertes Werk. Gauguin und Matisse verneigen sich vor ihm. Doch, wenn die Verspätung der Musik gegenüber der Malerei den »Sacre« unausweichlich daran hinderte, mit andern beunruhigenden Dingen gleichzeitig zu erscheinen, so brachte er doch eine kaum zu entbehrende Dynamik. Zudem vergessen wir nicht, daß die hartnäckige Zusammenarbeit mit dem Unternehmen Diaghilevs und die Rücksicht auf seine Frau in der Schweiz Strawinsky vom kulturellen Zentrum entfernte. Seine Kühnheit war deshalb vergeblich. Doch, so wie es nun einmal ist, war und bleibt das Werk ein Meisterwerk, eine Symphonie voll wilder Traurigkeit, Geräusche vom Bauernhof und vom Kriegsschauplatz, kleine Melodien, die aus dem Urgrund der Geschichte auftauchen, Schnaufen des Viehs, tiefe Erschütterungen, Hirtengesänge aus der Prähistorie. Sicherlich hatte Strawinsky die Gemälde von Gauguin betrachtet, doch durch Wandlungen wurde aus dem schwachen dekorativen Stil ein Koloß. Zu dieser Zeit war ich überhaupt nicht informiert über den Kurswert der Linken und dank meiner Unwissenheit konnte ich voll den »Sacre« genießen, weit weg von den Schismen und engstirnigen Formeln, die den freien Wert verurteilten und oft nur den Mangel an Spontaneität maskierten. Roerich ist ein mittelmäßiger Maler. Einerseits kostümierte und dekorierte er den »Sacre« in einer dem Werk nicht fremden Weise, andererseits aber schwächte er es durch die Weichheit der Akzente. Bleibt Vaslav Nijinsky . . . Zurückgekehrt zu sich, d. h. in die Palace Hotels, wo er kampiert, runzelt dieser Ariel die Stirne, bättert in Folianten und stößt die Syntax der Gesten um. (. . .) Da er zu sehr den Triumph dank seiner Anmut genoß, stößt er sie zurück. Er sucht systematisch das, was dem, was ihm zum Ruhm verhalf, entgegengesetzt ist; um die alten Formeln zu fliehen, schließt er sich in neue Formeln ein. Aber Nijinsky ist ein russischer Bauer, ein Rasputin, er trägt in sich das Fluidum, das die Menge erregt, und er verachtet das Publikum (doch er verzichtet nicht darauf, ihm zu gefallen). Wie Strawinsky verwandelt er in Stärke die Schwäche dessen, was ihn befruchtet, durch alle seine Atavismen, durch diese Kulturlosigkeit, diese Feigheit, diese Menschlichkeit entrinnt er der deutschen Gefahr, dem System, das Reinhard [den berühmten Regisseur] austrocknet. Ich habe den »Sacre« ohne die Tänze wiedergehört, doch ich möchte sie wieder sehen. (. . .) Der Fehler bestand darin, daß Musik und Bewegung parallel gingen in ihrem Mangel an Spiel, an Kontrapunkt. Uns wurde bewiesen, daß der oft wiederholte Akkord das Ohr weniger ermüdet, als die häufige Wiederholung einer Gebärde das Auge ermüdet. Das Lachen wurde mehr ausgelöst durch die Monotonie von Automaten als von wechselnden Attitüden und mehr von wechselnden Attitüden als von der Polyphonie [zwischen Musik und Gesten.]. (. . .) Diese verschiedenen Beiträge [von Strawinsky,

Roerich und Nijinsky] *bildeten ein zugleich homogenes und heterogenes Ganzes, und was am Detail mangelhaft sein konnte, wurde verflüchtigt, entwurzelt durch die unwiderstehlichen Temperamente. So hörten wir dieses Geschichte machende Werk inmitten eines solchen Tumults, daß die Tänzer das Orchester nicht mehr hörten und dem Rhythmus folgen mußten, den ihnen der stampfende und schreiende Nijinsky in den Kulissen schlug. Nach dieser Skizze von dem, was sich auf der Bühne zutrug, gehen wir durch die kleine Eisentüre in den Saal! Er ist zum Bersten voll. Für ein geübtes Auge gibt es da alles, was zu einem Skandal nötig ist: ein mondänes Publikum, dekolletiert, übersät mit Perlen, mit Kopfschmuck und Straußenfedern, neben den Fräcken und dem Tüll die Jacken, die Stirnbänder, die auffälligen Lumpen jener Rasse von Ästheten, die das Neue auf jeden Fall bejubelt aus Haß gegen die Leute in den Logen (die inkompententen Akklamationen jener Leute sind unerträglicher als das Pfeifen der anderen). (. . .) Man müßte tausend Nuancen von Snobismus, Übersnobismus, Gegensnobismus aufzählen, die für sich allein ein ganzes Kapitel benötigen würden. (. . .) Das Publikum spielte die ihm zugedachte Rolle, es empörte sich sofort. Man lachte, spuckte, pfiff, ahmte Tierlaute nach, und vielleicht hätte man es schon nach einiger Zeit aufgegeben, wenn nicht die Menge der Ästheten und einige Musiker in ihrem Übereifer das Publikum in den Logen beschimpft und sogar geschubst hätte. Der Lärm degenerierte zum Handgemenge. Stehend in ihrer Loge, mit verrutschtem Diadem, schwang die alte Gräfin de Pourtalès ihren Fächer und schrie, ganz rot im Gesicht: ,,Das ist das erste Mal seit sechzig Jahren, daß man wagt, sich über mich lustig zu machen." Die brave Dame war ehrlich, sie glaubte an ein abgekartetes Spiel . . . Um zwei Uhr morgens stiegen Strawinsky, Nijinsky, Diaghilev und ich in einen Fiaker und ließen uns nach dem Bois de Boulogne führen. Wir schwiegen, die Nacht war frisch und friedlich. Am Geruch von Akazien ahnten wir die ersten Bäume. Bei den Seen angekommen, murmelte der in einen Pelz gehüllte Diaghilev auf Russisch; ich merkte, daß Strawinsky und Nijinsky aufmerksam zuhörten, und als der Fiakerführer die Laterne anzündete, sah ich Tränen auf dem Gesicht des Impresarios. Er murmelte immer weiter, langsam, ohne zu ermüden. – Was sagt er? fragte ich. – Es ist von Puschkin. Es entstand eine lange Stille, dann murmelte Diaghilev noch einen kurzen Satz, und die Emotion meiner beiden Nachbarn schien mir so lebhaft, daß ich der Versuchung, sie zu unterbrechen und nach dem Grund zu fragen, nicht widerstehen konnte. – Es ist schwer zu übersetzen, sagte Strawinsky, wirklich schwer; zu russisch, zu russisch . . . (. . .) Beim Morgenrot kamen wir zurück. Sie können sich die Sanftheit und das Heimweh dieser Männer nicht vorstellen, und was auch immer Diaghilev in der Zeit darauf machen mochte, ich werde nie sein fettes, von Tränen feuchtes Gesicht im Fiaker vergessen, Puschkin rezitierend im Bois de Boulogne. Während dieser Fahrt im Fiaker entstand unsere wahrhaftige Freundschaft mit Strawinsky."*[1]

Die Presse äußerte sich nach der Uraufführung meist negativ; wenn nicht gerade eine Musik voll Abscheu verurteilt wurde, die man ja wegen des Tumultes nicht richtig hatte hören können, so herrschte doch in den Berichten eine Mischung aus Bewunderung und Haß vor, die gerade jene Faszination ausmachte, der das Publikum gegen seinen Willen ausgesetzt war. Einige Kritiker wie Florent Schmitt, Calvocoressi und Léon Vallas, der spätere Debussy-Biograph, geben ein sehr ausgewogenes Bild von dem Werk; letzterer prägte zwar das Bonmont vom „*Massacre du printemps*", das in die Geschichtsschreibung eingegangen ist[2], jedoch weiß er sich sehr klug über die Musik auszudrücken, die nicht nur von Cocteau, sondern auch von einigen anderen als „*urgeschichtlich*" eingestuft wird. Woher wissen die versnobten, dekadenten Pariser nun auf einmal, was an Strawinskys Werk so urtümlich sein soll? Außer den auf Tahiti gemalten Bildern von Gauguin und einigen Negerplastiken war aus diesem Bereich noch nichts in die Paläste der Reichen im 16. Bezirk und im Faubourg Saint-Germain gedrungen. Es war wohl mehr ein Wunschbild, eine Sehnsucht nach ursprünglicheren Formen menschlichen Lebens – nach all den Verfeinerungen des Impressionismus und dem Pessimismus der Wagnerschen Musikdramen –, was die Leute auf den *Sacre* projizierten, der im Grunde genommen ein höchst artifizielles Werk ist. Die Reduktion der Melodien auf einige tatsächlich sehr primitiv wirkende Formeln wird längst wettgemacht durch die äußerst kunstvolle rhythmische Struktur und das Raffinement der Orchestration, das weit über das bei Rimsky und Debussy Gewohnte hinausgeht. Als 1914 der *Sacre* im Konzert ohne alle skandalösen Begleitumstände gehört werden konnte, entdeckte Pierre Lalo, daß die Musik weder häßlich noch barbarisch sei[3], Strawinsky feierte nun als „*Meister des Klangs und des Rhythmus*"[4] Triumphe. Der Skandal des vorausgegangenen Jahres wird noch erwähnt, doch er ist schon ein Stück Musikgeschichte. 1920 bringt Diaghilev den *Sacre* in einer neuen choreographischen Version von Massine heraus, die nun sehr frei war und keine durchlaufende Handlung mehr aufwies. Ohne den ganzen ethnologischen Ballast von altrussischen Kostümen, der noch die Uraufführung ausgezeichnet hatte, traf nun der *Sacre* auf ein Publikum, das sich überhaupt nicht mehr feindselig verhielt und den „*tollen Orkan dieser Musik*"[5] genoß. Neuere Choreographien wie diejenige von Maurice Béjart vermeiden auch strikte die russische Folklore und zeigen die nicht grazilen, aber athletischen Körper der Tänzer und Tänzerinnen in voller Aktion. Eine heidnische Komponente soll und kann man dem *Sacre* nicht austreiben, die animalische Freude an kraftvollen Bewegungen und der Fanatismus der jäh wiederholten Gebärden machen aus diesem Werk ein berauschendes Fest der Vitalität und Lebenswut, das gerade in der Zeit nach dem ersten Weltkrieg, als so viele Ideale des alten Europa zerbrochen waren, voll verstanden und bejaht wurde.

*

Der Skandal um den *Sacre*, der Strawinsky in höchst wilkommener Weise auch den Ruhm eines Neutöners eintrug, um den sich die Neugierigen und jugendlich Begeisterungsfähigen scharten, hat sich bei späteren Werken nicht wiederholt, auch bei der *Hochzeit* nicht, jenem Ballett, das ursprünglich *Dörfliche Hochzeit* hieß und sich in einer nicht vollendeten Fassung der Folklore von zwei ungarischen Hackbrettern und des Harmoniums als Ersatz für das Akkordeon bediente. In der endgültigen Fassung ist das volkstümliche Element zurückgedrängt worden: Bei der Aufführung von 1923 mit dem Russischen Ballett trugen die Tänzer stilisierte Kostüme in Weiß und Schwarz vor einem neutralen Hintergrund, und das Orchester hat nun den stählernen Klang von vier Klavieren mit viel Schlagzeug. Paul Dukas fragt sich in seiner wie immer ausgezeichneten, hellsichtigen Kritik:

*„Sind wir noch in Rußland, im Rußland der Prähistorie oder in einer noch viel weiter entfernten Welt, jenseits der Zeit und der irdischen Realität, in diesem dunklen Zwischenreich, wo menschliche Larven symbolisch ihre finstere Hochzeit feiern? Man weiß es nicht. Die Inszenierung und die Choreographie sind so, daß sie diese verschiedenen Möglichkeiten beschwören und sogar andere, deren halluzinatorischer Charakter dazu passen würde."* [6]

Was den Parisern beim ersten Kontakt mit der Musik Strawinskys als typisch russisch vorgekommen sein mußte, ist nicht das Rußland, in dem sich ein durchschnittlicher Russe wiedererkannt hätte. Das gleiche gilt schon für *Boris Godunow* von Mussorgsky, der viel zu wenig patriotisch affirmativ in der Handlung und zu wenig volkstümlich in der Musik ist. Strawinsky nun bediente sich russicher Elemente, die aber wieder so allgemein sein können, daß sie z. B. in der Musik Janáčeks als typisch mährisch und nicht russisch haben empfunden werden können: es handelt sich dabei, außer den unüberhörbaren rhythmischen Impulsen, um einige Intervallkonstellationen im Bau der Melodien, die auf eine nicht zu definierende Urzeit der Menschheit zurückgehen und nicht einem bestimmten, engstirnigen Nationalismus zugeschrieben werden können. Auch Bartók verwendet in der *Tanzsuite* von 1923, die in ihrer Kühnheit von ferne mit dem *Sacre* verglichen werden kann, die Volksmusik Ungarns, Rumäniens, Bulgariens und der arabischen Welt, ohne daß ein stilistischer Bruch entstünde, und de Falla, der um 1914 mit seiner Oper *La Vida Breve* in Paris Erfolg hatte, möchte nicht *„à l'espagnole"* komponieren, das heißt: nicht einige billige folkloristische Effekte spanischer Musik verwenden, sondern *„en espagnol"* schreiben, eine musikalische Sprache reden, die unverwechselbar spanisch ist und doch in Europa verstanden, ernst genommen und nicht als pittoreske Zutat belächelt wird. So klingt Strawinskys *Sacre* russisch und ist doch universal, er mag die Pariser zum Heimweh nach ursprünglicher Lebensfreude inspiriert haben und er ist doch unverwechselbar modern, ein authentischer Ausdruck des heutigen Menschen, der in einer brutalen und technisierten Welt überlebt, ohne zu resignieren.

**Anmerkungen:**

1) J. Cocteau' Le Rappel à l'ordre, Paris 1948, S. 47 ff., französisches Original s. Anhang.
2) I. Strawinsky: Le Sacre du printemps, Dossier de presse, réuni par F. Lesure, Genf 1980, S. 27.
3) Ebenda, S. 49.
4) Ebenda, S. 52.
5) Ebenda, S. 60.
6) P. Dukas: Les Ecrits sur la musique, Paris 1948, S. 653.

## II. „Paris was yesterday"

Von 1925 – 1939 schrieb die Amerikanerin Janet Flanner kurze oder län-
gere Artikel über das gesellschaftliche Leben in Paris, die hauptsächlich in
„*The New Yorker*" erschienen und die später Irving Drutman unter dem
Titel *Paris was yesterday* in Buchform veröffentlichte. Paris als eine „*Welt
von gestern*", zu beschreiben, als eine noch ganz den Franzosen gehören-
de Stadt, in die die Generation der jungen Amerikaner nach dem Ersten
Weltkrieg eindrang – Hemingway, Gertrude Stein und Alice Toklas,
Bromfield, Ezra Pound, Dos Passos, Cummings , die Fitzgeralds und viele andere –, gelingt Janet Flanner so gut, daß der Leser den Eindruck hat,
am Leben und Treiben in den Cafés und Hotels des linken Seineufers teil-
zunehmen, das seinen authentischen Bohèmecharakter noch nicht verloren hatte, denn „Lex deux Magots" gegenüber der Kirche Saint-Ger-
main-des-Prés, das „Flore" am Boulevard Saint-Germain und das „Dô-
me" am Boulevard Montparnasse waren noch nicht zu Sehenswürdigkei-
ten für die in Cars anreisenden Touristen geworden, dort sah man noch
Hemingway, wie er Gedichte rezitierte, die Maler André Derain und Max
Ernst, die Surrealisten Breton, Aragon und Crevel, die ihre Rivalitäten
und Streitigkeiten ausfochten. Man traf sich in der Buchhandlung Shakespeare and Company an der rue de l'Odéon, deren Besitzerin, Sylvia
Beach, den Ulysses von James Joyce herausbrachte, man nahm an den
„Bals musettes" in einem Dancing nahe dem Panthéon teil, wo sich das
gemeine Volk mit den Künstlern vermischte. Janet Flanner beschreibt
auch begeistert die „Bateaux mouches", die Seinedampfer, die flußauf-
wärts und -abwärts an den Palästen, Kirchen und Parks vorbeifuhren.
Das Vorwort zu ihrem Buch schließt mit den Worten:
*"Zu jeder Jahreszeit war am Abend der Blick auf die Stadt von den
Brücken außerordentlich malerisch. Unsere Augen wurden zu den Augen eines Malers, weil der Anblick selber der Kunst sehr nahe kam, mit
den schmalen, hellen Fassaden der Gebäude, die den Fluß säumten,
mit den nahe am Wasser wachsenden, großen Bäumen, mit dem wei-*

*ten Helldunkel des Louvre-Palastes, der vom hellen zitronenfarbenen Pariser Sonnenuntergang weit im Westen beleuchtet wurde, mit dem großen viereckigen, aus bleichem Stein bestehenden Umriß von Notre-Dame im Osten. Der Ort, von dem aus man gegen das Ende des Tages Paris sehen konnte, war irgendeine seiner Brücken. Der Pont-Neuf sah noch so aus, wie wir ihn von Bildern von Sisley und Pissarro kannten. Paris schien damals noch unveränderlich französisch. Die quasi amerikanische Atmosphäre, die wir versuchsweise rund um Saint-Germain verbreitet hatten, war noch nicht in die übrige Stadt eingedrungen. In den frühen zwanziger Jahren, als ich dort war, war Paris noch von gestern."*[1]

Der Herausgeber von „The New Yorker" verlangte von Janet Flanner, daß sie das schrieb, was die Franzosen dachten und nicht sie selber: *„(. . .) er wollte wissen, was die Franzosen über das Geschehen in Frankreich dachten, nicht was ich darüber dachte. Das war ein neuer Typus von journalistischer Berichterstattung aus dem Ausland, die ich zu verwirklichen und entwickeln hatte, denn es gab dazu kein früheres Beispiel".*[2]

Unter dem Pseudonym *Genêt* gab nun die Amerikanerin ihren Landsleuten einen Begriff von der Pariser „High Society", indem sie von ihrer finanziell doch sehr prekären Existenz unter jungen Künstlern und Studenten aus einen Blick durchs Schlüsselloch in die Salons der Gräfinnen und Herzoginnen, in die Boudoirs von Damen der Halbwelt, in das Privatleben von Tänzerinnen wie Isadora Duncan und Loïe Fuller warf. Sie berichtet über die legendäre Spionin Mata Hari, die nackt in exklusiven Damengesellschaften tanzte, von den Modeschöpfern Paul Poirot und Coco Chanel, von Staatsbegräbnissen, Sensationsprozessen und Jubiläen, sie vermittelt einen Eindruck von dem kulturellen Hintergrund, vor dem sich Gestalt und Werk von Strawinsky abhob, zu dem er als Künstleraristokrat gehörte, ohne sich ihm unabdingbar zu verschreiben. Es ist unmöglich, eine kontinuierliche Schilderung des gesellschaftlichen Lebens jener Zeit zu geben. Janet Flanners kurze schlaglichtartige Aufnahmen, die die Schärfe eines überbelichteten Fotos haben, sollen im folgenden zitiert werden als Versuch, anstatt eines nicht herstellbaren totalen Eindrucks doch im Detail das bedeutungsvoll Charakteristische zu erfassen. Ihr beiläufig plaudernder Stil, wie er zu der gedämpften Vornehmheit von „The New Yorker" paßt, verliert auch in deutscher Übersetzung nichts von seinem Charme, gerade der distinguiert vornehme Gesellschaftsklatsch, den die Studentin aus Übersee meisterhaft beherrscht, gewährt einen Einblick in die Jahre zwischen den beiden Weltkriegen, wie er sonst nur selten gelingt.

*

Strawinsky verkehrte, wenn er in Paris weilte, in den Salons der aristokratischen Gesellschaft, die nicht nur seit der Romantik, seit den Tagen von Liszt und Chopin, die geistige Elite Frankreichs vereinigten, sondern bis in die Zwischenkriegszeit hinein die Umschlagplätze für neue Ideen und Konzepte waren. Die Gastgeberinnen verstanden wohl zu unterscheiden zwischen Blutsadel und Geistesadel, doch das Zusammenwirken beider Gruppen ergab gerade die richtige, von Spannung geladene Atmosphäre, indem die Aristokraten oft künstlerische Talente entfalteten und die Künstler den aristokratischen Lebensstil pflegten. Janet Flanner schreibt nun einige Male witzig pointierte Artikel und Nachrufe auf gewisse adelige Damen, mit denen auch Strawinsky verkehrte, oder zu deren weiterem Bekanntenkreis er gehörte. Über die Herzogin von Rohan, die 1853 geboren wurde, also ein wichtiges Stück das 19. Jahrhunderts miterlebt hatte, um dann erst 1926 zu sterben, verfaßte sie den folgenden Nachruf:

*„Sie war das starrsinnige und energische Haupt einer der größten Familien in Frankreich, und ihr langes Leben und ihr Salon am Boulevard des Invalides waren Arenen, wo die alte aristokratische und die neue demokratische Tradition miteinander kämpften und die alte Tradition, wie die alte Herzogin, starb. Sie war die letzte einer gesellschaftlichen Welt, wo Männer nicht Männer, sondern Herzöge waren. Sie wurde Hermine getauft, heiratete einen Edlen, gebar schöne Kinder und dann, als sie ihre Pflicht getan hatte, schrieb sie vier Bücher sogenannter Poesie und beherrschte die konventionelle Pariser Gesellschaft. Dann kam der Krieg und eine neue Generation. Sie verlor einen Sohn in Flandern, verwandelte ihren Salon in ein Krankenhaus, wurde eine Rotkreuz-Schwester. Sie schrieb keine Verse mehr. Sie hielt es mit der Prosa. Doch das Ende war noch nicht gekommen für diese alte Aristokratin. Als Gattin und Mutter von Herzögen, Schwiegermutter von Prinzen und Talleyrands erfuhr sie die Schmach, daß eine ihrer Töchter vor einem Monat einen Laden aufmachte."* [3]

Erstaunlich ist die unverwüstliche Lebenskraft, die nach den Worten von Janet Flanner die alte Aristokratin gehabt haben muß, unerschütterlich war der Wille, sich im Dienste des Landes und einiger hoher, längst aus der Mode gekommener Ideale in den Wechselfällen der Geschichte zu bewähren. 1927 schreibt die Amerikanerin über die Gräfin de Noailles, auch sie, wie die Herzogin von Rohan, eine Literatin, aber eine, die doch bedeutend ernster genommen werden muß:

> *„Das wichtigste Buch des Frühlings ist zweifellos der Band Verse aus der Feder der Gräfin de Noailles: ‚L'Honneuer de souffrir‘. Madame de Noailles vertritt eine der ältesten Familien von Frankreich: Stadtplätze im Midi sind nach ihr benannt. Sie vertritt auch eine der ältesten Formen von Kunst, nämlich die, eine schöne Frau zu sein, und sie schreibt eine der ältesten Versformen – leidenschaftliche, melancholische, materialistische, exaltierte lyrische Poesie. Im modernen Frankreich ist ihre Stellung als eine große Dichterin einzigartig. Obschon sie noch lebt, wird sie als unsterblich angesehen.“* [4]

Als Anne de Noailles, die gebürtige Rumänin, 1933 stirbt, erzählt Janet Flanner, daß die große Kirche der Madeleine, unweit der Place de la Concorde, kaum alle Blumen habe fassen können, und wieder werden ihre besonderen Qualitäten als Mensch und Dichterin gelobt:

> *„Im Leben war sie eine aristokratische Dame mit kleinen Gesichtszügen und großen Augen, die hübsch mit einem Sonnenschirm posierte. Doch als Künstlerin drückte sie sich unverhüllt aus (. . .) sie wurde nur von Paul Valéry übertroffen (. . .). Sie liebte griechische Tempel und ihren Sohn, machte Reisen, las die Klassiker, malte Blumenbilder, litt am Krieg, als ob sie in ihm verwundet worden wäre (. . .). Ihre Krankheit, die sie nie zugab, war offenbar ein krebsartiges Geschwür. Man sagt, daß ihre edlen Verwandten und Freunde nicht an ihr zunehmendes Leiden glaubten und deshalb nicht bei ihr vorsprachen; doch ihre treue Magd bevölkerte ihre Abgeschiedenheit mit imaginären Besuchern, indem sie alte Visitenkarten von früheren Tagen benützte, die sie mit mitfühlenden Grüßen am Bett präsentierte. Die Gräfin de Noailles starb, nachdem sie deutlich gesagt hatte: ‚Ich habe Frankreich und die Franzosen so geliebt.‘* “[5]

Die Übergänge zwischen der althergebrachten, ahnenstolzen Aristokratie und den Damen der Halbwelt war fließend, denn auch diese pflegten einen Lebensstil, dem es nicht an Theatralik und großen Gesten gebrach, schreibt doch Janet Flanner 1926 über Liane de Pougy, die Prinzessin Ghika, die sich scheiden lassen wollte:

„*Sie ist heute eine schöne Sechzigerin. Während der ersten Tage der Dritten Republik war sie deren junger Schrecken und deren Vergnügen. Sie wurde an den Folies-Bergère von Edward VII., damals Prinz von Wales, lanciert, dem sie als einem ihr vollkommen Unbekannten einen Gruß schickte: ,Sire, heute Abend mache ich mein Debüt. Geruhe zu erscheinen und klatsche mir Beifall, dann bin ich gemacht.' Er kam, und sie hatte den Erfolg. Kurz darauf begannen Männer für sie zu sterben. Sie brachte den Selbstmord in Mode. Jeder Pariser, der es sich leisten konnte, verliebte sich in sie. Für ihre reizenden Füße besaß sie schon bald Smaragdringe, die sie nur im Bett trug. Ihre anderen Juwelen waren fabelhaft. Da sie sie nicht alle gleichzeitig tragen konnte, und um eine Rivalin zu demütigen, betrat sie einmal die Oper bar jeden Schmuckes außer dem Funkeln ihrer Augen und Zähne. Doch ihr folgte die Magd (. . .) in ihren Händen, auf einem roten Kissen, lagen all die Tiaren, Broschen, Ringe und andere Juwelen, die die Dame nicht tragen wollte (. . .). Nun, mit sechzig und immer noch reich, denn sie behielt ihren Schmuck, will sie sich von ihrem Prinz scheiden lassen, den sie eines Nachts im Moulin Rouge an sich fesselte (. . .). Als Erklärung für ihren jetzigen Prozeß sagt sie nur: ,Ich war immer der Liebe Opfer.' Sie hat schon achtzig dünne Bände mit der Geschichte ihres Lebens gefüllt. Diese wurden nicht gedruckt, doch von der Nationalbibliothek als Schenkung angenommen.*" [6]

Die Schriftstellerin Colette, die Autorin von *Gigi*, die schon um 1900 in denselben Salons wie Debussy und Ravel verkehrte, machte 1927 von sich reden, weil sie als Schauspielerin gleichzeitig mit dem Modeschöpfer Paul Poirot in einem von ihr verfaßten Theaterstück auftrat, und die als Tragödin an der Comédie-Française berühmte Cécile Sorel erschien in schon fortgeschrittenem Alter in einer Revue des Casino de Paris, wo sie wie ihre Kollegin vom leichten Fach, die berühmte Chansonniere und Tänzerin Mistinguett, riesigen Erfolg hatte, während der Zirkus-Clown Coco mit der Ehrenlegion ausgezeichnet wurde. Dies alles berichtet Janet Flanner, teils ehrlich begeistert, teils mit bissigem Humor. Es zeigt, daß in Paris nicht eine starre Hierarchie der künstlerischen Werte existierte, daß die unterhaltende Kunst ebenso angesehen war wie die ernste und intellektuelle, daß vom einen zum anderen Bereich Wege führten, die man ungestraft gehen konnte, ohne an Prestige einzubüßen. Diese sicher einmalige Situation im soziokulturellen Bereich könnte erklären helfen, warum französische Komponisten von Saint-Saëns über Chabrier, Ravel und Satie bis zu Poulenc neben Strawinsky sehr oft und mühelos die beiden Genres in ihrer Musik vermischt haben. 1932 erwähnt Janet Flanner eine Diamantenausstellung, die Choco Chanel veranstaltet:

> *,,In ihrer langen, dramatischen Karriere als Modeschöpferin war sie nie so sehr sie selbst wie in der merkwürdigen Diamantenausstellung, die zu Wohltätigkeitszwecken (. . .) in ihrem privaten Stadthaus im Faubourg Saint-Honoré eröffnet worden ist. Mit dem untrüglichen Instinkt aufzufallen, wenn jedermann sonst denkt, daß das, was ihr bis jetzt zum Erfolg verhalf, nicht mehr zieht, kehrt sie auf dem Höhepunkt der Wirtschaftskrise zu wertvollen Steinen zurück, ,da sie den größten Wert im kleinsten Volumen haben', so wie sie während der guten Jahre Glasschmuck propagierte, ,da dieser ohne Arroganz sei in einer Zeit mit leicht erreichbarem Luxus'."* [7]

Ohne Strawinskys Niveau und Ernsthaftigkeit als Künstler anzuzweifeln, kann bei ihm eine ähnliche Tendenz beobachtet werden, das zuerst Verschmähte und Althergebrachte in späterer Zeit gerade als das Neue und Zeitgemäße wieder in Mode zu bringen, verwendet er doch in *Apollon musagète* ein schlichtes Streichorchester zu einem Ballett in klassischer Manier – in Weiß, Grau und Schwarz –, nachdem während eines Jahrzehnts in Diaghilevs Produktionen die optische und akustische Buntheit vorgeherrscht hatte.

Janet Flanner berichtet auch einige Male von Strawinsky, Diaghilev und dem Russischen Ballett, sie ist sich der außergewöhnlichen Wichtigkeit, die dabei der russische Komponist neben vielen anderen Komponisten bewahren konnte, durchaus bewußt, denn sie nennt ihn mit einem Wortspiel ,,*the tonic and the dominant*" [8] des ganzen Unternehmens, was als ,,*Tonika und Dominante*" übersetzt werden könnte – Strawinsky wäre also den wichtigsten Grundlagen der tonalen Musik zu vergleichen – oder als ,,*Tonikum (Lebenselixier) und herrschende Kraft*", was auf viel allgemeinere Weise und nicht in musiktheoretischer Terminologie dasselbe aussagt. Sie berichtet 1927 im Zusammenhang mit diesem Wortspiel von der Uraufführung des *Oedipus Rex*: Er *„wurde aufgeführt unter dem Patronat der Nähmaschinen-Erbin, der Prinzessin Edmond de Polignac (so finden sich geborene Singer und Musiker zusammen). In Blech- und Holzblasinstrumenten erstand das Werk eines Meisters, der seine heftigen und jugendlichen ‚Hochzeiten‘ und ‚Frühlinge‘* [Anspielung an *Les Noces* und *Le Sacre du printemps*] *hinter sich hat und in seinen mittleren Jahren zu Bach zurückkehrt, als ob er schließlich mit vernünftigen Worten alle musikalischen Gemüter erreichen könne.“*[9] 1929 erinnert sie sich der tumultuösen Szenen, die sich während der Uraufführung des *Sacre* 1913 abgespielt haben, die sie freilich nur vom Hörensagen kennt, um dann mit dem Stirnrunzeln einer allseits Informierten zu sagen: *„Das Ballett ist nicht mehr, was es war, und auch seine Verächter sind es nicht mehr. Um 1909 waren die neue Kunst und ihr Publikum noch frisch, was einen glücklichen ästhetischen Zustand darstellte, der nicht ewig dauern konnte. Der Lauf der Zeit hat die Autorität des Balletts geschwächt – das und der spätere Strawinsky. Denn »Der Fuchs«, sein letzter Beitrag zum Repertoire des Balletts, ist nicht Ballettmusik.“*[10]

Janet Flanners Urteil ist dem Sinn nach richtig, obwohl sie sich im Uraufführungsdatum des *Fuchs* irrt; daß sich das Verhältnis zwischen dem Russischen Ballett und Strawinsky einerseits und dem Publikum andererseits während der Zwanziger Jahre abkühlte, obschon noch viele bedeutende Werke gegeben wurden, beklagt auch Strawinsky in seiner Autobiographie und er kann es sich nicht erklären. Der Grund liegt darin, daß nach dem Ersten Weltkrieg die Komponisten im allgemeinen, handle es sich nun um Richard Strauss oder Schönberg, um zwei gänzlich verschiedene Persönlichkeiten zu nennen, den Weg zum Publikum nicht mehr fanden. Die Ästhetik der Neuen Musik ist nur sehr wenigen zugänglich. Ihren amerikanischen Lesern von *The New Yorker* übermittelt Janet Flanner im Jahre 1929 einen Nachruf auf den in Venedig verstorbenen Diaghilev:

> *„Genialität ist einzig und allein ein Talent zum Leben; diejenigen, die es besitzen, haben kaum die Gabe zu sterben. Diaghilevs kürzlicher Hinschied lieferte eine neue und traurigere Version vom ‚Tod in Venedig‘. Sein berühmtes Russisches Ballett würde bald fünfundzwanzig Jahre alt geworden sein, was ein bemerkenswertes Alter für eine Theorie und Praxis darstellt, die so stark von der Jugend abhängt. Mimen,*

*Musiker und Stilrichtungen, die ein Teil seiner Truppe wurden, wurden ein Teil seiner ästhetischen Bewegung des 20. Jahrhunderts – einer Bewegung, die in vieler Hinsicht ebenso einflußreich war wie die neue Malschule, aber nichts anderes als Erinnerungen zurückließ anstelle von Meisterwerken. Erinnerungen sind macht- und wertlos. Von seinen großen Originalen – Mordkin, Bakst, Pavlova, Nijinsky, Strawinsky und vielen anderen – war Diaghilev der einzige, der darauf beharrte, die ursprüngliche imperiale Tradition weiter zu verfolgen; die anderen kamen unmerklich in die mittleren Jahre, wurden verrückt, widmeten sich endlosen Wohltätigkeitstourneen oder starben (. . .). Laut Berichten hatte Diaghilev zu Beginn seiner letzten Krankheit nur zweitausend Lire auf seinen Namen und er hoffte, indem er schnell starb, im Rahmen seiner finanziellen Mittel zu sterben; doch die Rechnung der venezianischen Apotheker und Hotelbesitzer machten aus ihm über das Grab hinaus einen armen Schlucker. Man sagt, daß er dank großzügiger Spenden seiner Freundin, der berühmten und treuen Modeschöpferin Gabrielle Chanel, begraben wurde.* "[11]

Kurz bevor der Zweite Weltkrieg ausbrach und das Ende der alten europäischen Zivilisation herannahte, fand in Paris eine Ausstellung über das Russische Ballett statt, die alle, die schon bei den denkwürdigen Uraufführungen, den Triumphen und Skandalen dabei gewesen waren, traurig stimmte:

*„Die Ballettliebhaber, die bei der Eröffnung der Ausstellung dabei waren, versammelten sich aus Freude an den Erinnerungen, wurden aber deren melancholische Opfer. Mehr als irgendein anderes Schauspiel wurde Diaghilevs Ballett das Symbol dessen, was man die sogenannten ‚schönen Tage‘ nennt, die Tage der kultivierten, unzensierten Vergnügen (. . .), die Tage der frühen zwanziger Jahre, wo sowohl Politiker wie Lebenskünstler glaubten, daß ein lang dauerndes, fröhliches und friedliches Zeitalter geboren worden sei. Mit solchen Erinnerungen im Herzen waren die Ballettliebhaber, was nicht verwundert, durch die Ausstellung traurig gestimmt. Es war genug, um Engel weinen zu machen.* "[12]

Ein Begriff von dem Übermut und der Lebenslust, die am Anfang der zwanziger Jahre in Paris herrschten, gibt die Autobiographie von George

Antheil, der als gebürtiger Amerikaner polnischer Herkunft Europa durchstreifte, viele Kontakte zu Künstlern und Literaten aufnahm und für damalige Begriffe äußerst gewagte Stücke komponierte, die er dann selber auf dem Klavier vortrug. Antheil war mit Strawinsky, den er über alles verehrte, der ihn aber zu seinem großen Schmerz vor Drittpersonen desavouierte, in Berlin bekannt geworden. In Paris verkehrte er mit Sylvia Beach, die, wie schon erwähnt, den *Ulysses* von Joyce herausbrachte, mit Ezra Pound, der über den jungen Musiker ein Buch schreiben wollte, und mit vielen anderen Persönlichkeiten der Pariser Avantgarde. Von einem denkwürdigen Konzert im Jahre 1923 berichtet er:

*,,Als ich an jenem Abend des 4. Oktobers vor den Vorhang des Theaters in den Champs-Elysées trat, um zu spielen, bemerkte ich, daß Satie und seine Freunde drei Logen hatten: Satie saß in der mittleren und Milhaud neben ihm. Starke Scheinwerfer, hell wie die Suchlichter eines Schlachtschiffes, fielen auf die Bühne. Wenn man in Theatern spielt, sind Scheinwerfer nichts Ungewöhnliches, wenn mir diese auch schrecklich hell erscheinen. Ich hatte drei Sonaten aufs Programm gesetzt: meine Sonata Sauvage, die Airplane Sonata und die neue Mechanisms. Ich begann mit der Sonata Sauvage.*

*Als ich anfing, merkte ich, wie ein stählernes Schweigen über das Publikum kroch. So etwas ist, wie jeder Konzertmusiker bestätigen wird, ziemlich unangenehm, denn wenn den Hörern ein Werk wirklich gefällt, dann husten sie weiter, rutschen hin und her, flüstern; das alles ist der normale und behagliche Hintergrund der Konzertmusik. Aber wenn das Publikum sofort in stählernes Schweigen verfällt – dann hüte dich!*

*In der Mitte der zweiten Sonate bemerkte ich, wie plötzlich eine scharfe kleine Welle durch das Publikum lief. Für mich ist das immer der erste Windstoß, der als Vorläufer eines unmittelbar folgenden Orkans über einen stillen Ozean fährt! Und dann brach der Sturm los!*

*Irgendjemand in der vorderen Reihe begann zu pfeifen, ein Mann neben ihm versetzte ihm eine Ohrfeige. Ein gefährliches Rascheln des Erstaunens knisterte durch das Publikum. Im Orchester sprang ein Musiker auf und rief ärgerlich: ‚Ruhe!' Jetzt standen wir am Rande des Skandals.*

*Ich spürte die Pistole unter dem linken Arm und spielte weiter. Ich hat-*

te Skandale in Deutschland erlebt, aber dies hier versprach wirklich et-was Ordentliches zu werden. Die Franzosen sind eine andere, leiden-schaftlichere Rasse, Abkömmlinge jenes Mobs, der den Karren zur Guillotine folgte! Die Katastrophe blies mir ihren Atem in den Nak-ken.

Doch die Katastrophe und ich waren bei Konzerten alte Freunde. Dies war die Heimat für mich. Und als mir das klar wurde war ich plötzlich ruhig. Schließlich konnte ich mir immer noch den Weg hinaus freischie-ßen! Ich hatte sogar Zeit, mir selber zuzuhören und zu denken: ‚Was bist du für ein wunderbarer Pianist, Antheil, du Hund!‘ Meine Drüsen schalteten auf den vierten Gang.

Ich beendete die zweite Sonate des Programms und schaute zu Satie hinauf. Er applaudierte heftig. Milhaud schien ihn zurückzuhalten, aber genau konnte ich es nicht erkennen. Satie schob ihn anscheinend weg und klatschte weiter. Satie sah mit seinem freundlichen Spitzbart aus wie eine wohlwollende ältliche Ziege! Sein Beifall mußte, das wuß-te ich, für die allmächtige Gruppe um ihn her die Entscheidung bedeu-ten.

Nun stürzte ich mich in die Mechanisms. Da brach das Tollhaus wirk-lich los. Die Leute ohrfeigten und stießen einander freigebig. Niemand blieb sitzen. Eine Menschenwelle schien sich über die andere zu stür-zen. So beginnt der Skandal immer: eine Welle über die andere. Die Menschen kämpften auf den Gängen, schrien, klatschten, heulten! Pandämonium!

Plötzlich hörte ich Satie mit schriller Stimme rufen: ‚Quel précision! Quel précision! Bravo! Bravo!‘ Und er klatschte weiter die kleinen be-handschuhten Hände gegeneinander. Milhaud applaudierte jetzt, es war deutlich zu sehen.

Mittlerweile rissen einige Leute auf den Rängen die Stühle heraus und warfen sie ins Orchester. Die Polizei griff ein, und zahlreiche Surrealis-ten, Mitglieder der Gesellschaft und Menschen jeder Herkunft wur-den verhaftet.

Ich beendete die Mechanisms ruhig wie ein Kohlkopf.

Seit der Premiere von Strawinskys Sacre du printemps hatte Paris so ei-nen schönen Abend nicht mehr erlebt. Jack Benny hätte dazu gesagt: ‚Junge, wie sich mich in Paris geliebt haben!‘

*Der spätere ‚Skandal‘ in der Carnegie Hall bei meinem Ballett mécanique war im Vergleich hierzu nur ein blasser Schreibmaschinendurchschlag.*

*Am nächsten Morgen erschienen Karikaturen von mir auf den Titelseiten der Pariser Zeitungen. Eine Karikatur stellte mich im Monteuranzug vor einem Flügel dar, der mit einer kleinen Dampfmaschine verbunden war. Ich kontrollierte eine Schalttafel mit Manometern, Messinstrumenten und Hebeln an Stelle der Tastatur. Die Unterschrift lautete: ‚Die Zukunftsmusik von gestern abend bei den Ballets Suédois.‘ Von diesem Augenblick an wußte ich, daß ich mindestens für die nächste Zeit der neue Liebling von Paris war. Ich war in Paris überall bekannt und also berühmt. Auch Picasso wäre nicht berühmt in Paris geworden, wenn er nicht zuerst allgemein bekannt geworden wäre; das gleiche gilt unbedingt für Strawinsky. Paris liebt einen, wenn man ihm einen guten Kampf liefert, und wegen eines künstlerischen Skandals hebt man die aristikratischen Lorgnetten noch lange nicht.* [13]

Später merkte Antheil, daß dieser fürchterliche Konzertskandal gestellt war, denn man brauchte für einen Film Bildersequenzen von einer Menschenmenge in Aufruhr und man fand bei diesem Konzert die willkommene Gelegenheit, solche Szenen zu provozieren.

*

Strawinsky wußte die Mechanismen dieses Geschäftes mit Skandalen, das von vielen – von Jean Cocteau, Erik Satie und Darius Milhaud – betrieben wurde, meisterhaft zu benützen, doch suchte er, obwohl er, wie er einmal zugab, für die Gegenwart komponierte und nicht für eine ferne, utopische Zukunft, den dauernden Erfolg, er versuchte – und das scheint ihm auch gelungen zu sein – sich der Nachwelt nachdrücklich einzuprägen durch Ereignisse, die im Gedächtnis haften blieben. Janet Flanner beschreibt in ihren Artikeln auch die Begräbniszeremonien, die sich beim Tod von hohen Militärs wie Marschall Foch und Politikern wie Georges Clemenceau abspielten, das ganze Schaugepränge am Arc de Triomphe und in der Kirche Notre-Dame erregt ihre Bewunderung. Die Freude und das Talent zur Repräsentation, das in Frankreich Republikaner und

Royalisten vereinigt, finden sich auch bei Strawinsky, der sich zuletzt noch über das Grab hinaus, durch die Totenfeier in San Marco in Venedig und die Gondelfahrt hinüber nach San Michele zur letzten Ruhestätte neben Diaghilev, als Meister der Situation erwies. Jenes auch vom Fernsehen gefilmte Ereignis verrät nicht schöne Effekthascherei, sondern einen Sinn für Form, für vollendete Gesten, die einen aristokratischen Lebensstil interpunktieren, wie er von Janet Flanner anhand der vornehmen Damen der Pariser Gesellschaft dargestellt worden ist. Strawinsky blieb der Forderung treu, die Diaghilev an seine Mitarbeiter stellte und die lautete: *„Etonne – moi!"* (Bring' mich zum Staunen!)

## Anmerkungen

1) J. Flanner: Paris was yesterday, New York 1972, S. XXIII f.
2) Ebenda, S. XIX.
3) Ebenda, S. 11.
4) Ebenda, S. 19.
5) Ebenda, S. 93.
6) Ebenda, S. 13 f.
7) Ebenda, S. 86.
8) Ebenda, S. 24.
9) Ebenda, S. 24.
10) Ebenda, S. 55.
11) Ebenda, S. 61.
12) Ebenda, S. 219.
13) G. Antheil: Enfant terrible der Musik, München 1960, S. 144 ff.

## III. Erik Satie: Die demolierte Mechanik der Musik

Strawinskys Stellung innerhalb der westeuropäischen Musik jenseits des reizvoll Anekdotischen und pedantisch Biographischen zu beschreiben, sei das Ziel dieses Kapitels und der drei folgenden. Daß er ausgerechnet in Paris seine Wirkungsstätte fand, hängt damit zusammen, daß diese Stadt nicht nur die Haupstadt des 19. Jahrhunderts, sondern noch die Hauptstadt eines guten Teils unseres Jahrhunderts ist, was Strawinsky mit gutem Gespür merkte. Auch seine 1939 erfolgende Übersiedlung nach den USA läßt sich plausibel damit erklären, daß er das über unserem Kontinent aufziehende Unheil voraussah und sich rechtzeitig abzusetzen verstand. Nach Debussy ist er der zweite Kosmopolit der neueren Musikgeschichte, nicht nur aber indem er die Stile verschiedenster Epochen und Weltgegenden in sich aufnahm und in eigenen Kompositionen verwandelnd realisierte, sondern auch indem er sich schließlich bis zum Ende seines Lebens in allen sehenswerten Ländern dieser Erde auskannte.

Als Strawinsky 1910 zum erstenmal nach Paris kam, hatte Debussy einen guten Teil seiner Werke bereits geschrieben, doch Richard Wagners Einfluß war noch unvermindert stark, trotz aller Bestrebungen Debussys, Ravels und Saties, eine eigenständige französische Musik zu begründen. Die Musik des Bayreuther Meisters war noch für Vincent d'Indy, einen der einflußreichsten Pariser Musiker, für Albéric Magnard, den von César Franck herkommenden Symphoniker und Musikdramatiker, und viele andere Komponisten das große Vorbild, und gerade diese Musiker waren für den Konzertalltag in Paris die maßgebenden und nicht jene, die uns heute als die einzig bemerkenswerten vorkommen. Die Entwicklung von Wagner an und schließlich von ihm weg verlief in Frankreich anders als im deutschen Sprachgebiet, wo Arnold Schönberg aus den kühnsten Partien von *Tristan und Isolde* seine Konsequenzen zog, die Chromatisierung, die Bewegung in kleinen Sekunden, zum Grundprinzip des Übergangs von einem zum andern Akkord erhob und schließlich jeden Bezug auf ein tonales Zentrum, auf eine Tonika, vermied. Frankreich ging auch, wie erwähnt, von Wagner aus, aber nicht vom *Tristan*, sondern vom *Parsifal*, dem Alterswerk, das schon 1882, als es in Bayreuth zum erstenmal erklang, bei vielen Wagnerianern leises Befremden auslöste, dem aber Debussy auch noch in späten Jahren immer die Treue hielt. Worin sind nun die Gründe für die unterschiedliche Aufnahme des Bühnenweihfestspieles zu suchen? Sicher nicht in religiösen Motiven, in der Tatsache, daß sich hier Musik an die Stelle von Religion setzte und auf offener Szene ein Abendmahl gefeiert wurde, was die Zeitgenossen in Deutschland und Frankreich teils begeisterte, teils empörte. Die unterschiedliche Aufnahme, die übrigens nur eine verschwindend kleine Elite in Frankreich betrifft, läßt sich damit erklären, daß es zwar im *Parsifal*, namentlich im zweiten Akt, Partien gibt, die weit über *Tristan* hinausgehen in der bis an die Grenzen des Chaotischen gehenden Wildheit der Chromatik, daß es aber auch Stellen gibt, die im Stile von a capella-Musik des 16. Jahrhunderts geschrieben sind, die sich an Palestrina anlehnen, der im 19. Jahrhundert, nachdem J. S. Bach neu entdeckt und in seiner Bedeutung erkannt worden war, immer mehr die Aufmerksamkeit auf sich zog, begann doch 1862, im Geburtsjahr Debussys, die Gesamtausgabe dieses Komponisten, der diejenige von Orlando di Lasso folgte. Der *Parsifal* erscheint, verglichen mit dem *Tristan*, merkwürdig disparat: Spannungslosigkeit, Zerfall der Strukturen, plötzliches Abbrechen des musikalischen Verlaufs riefen Befremden hervor, und wenn es Wagner gelang, im *Tristan* sogar noch die in markigem Tone auftrumpfenden Matrosenchöre zu chromatisieren, also dem Nervösen und Zerfaserten der übrigen Musik anzugleichen, so scheinen nun im *Parsifal* die beiden Bereiche auseinanderzufallen: hier seichter Caecilianismus mit schwerelos schwebenden Engelchören und sanften Orgelklängen, dort schwüle und komplexe Dissonanzen und tastende Stimmbewegungen, die nirgends einen Ruhe- und Haltepunkt zu finden vermeinen. Doch der Anschein trügt: Was, oberflächlich gesehen, nur seine Berechtigung in der äußeren Bühnenhandlung hat, die Zweiteilung in die Welt des Grals und die Welt Klingsors, wird musikalisch einander angenähert, damit kein Bruch entstehe, wie das Wagners Wille zur Integration aller Einzelheiten in das Ganze seit dem *Ring des Nibelungen* entspricht. Schon im Vorspiel lassen sich Spuren dieser Tendenz finden, denn Wagner versucht, und es gelingt ihm auch, aus dem Bereich einer Palestrina-Stilkopie auszubrechen. Nach den beiden ersten

Teilen in As-dur und c-moll, die das Abendmahlmotiv, umgeben von einer schon ganz impressionistisch anmutenden Klangaura, exponieren, erklingen das Gralsmotiv und das Glaubensmotiv abwechselnd in Blech- und Holzbläsern, was fast ungebrochen an die venezianische Mehrchörigkeit eines Gabrieli erinnert. Die Fortsetzung zeigt nun einige harmonische Merkwürdigkeiten, die unmöglich in der Zeit um 1600 hätten entstanden sein können: Nachdem das Glaubensmotiv in Es- und und Ges-dur erschienen ist, was als mediantische Rückung recht gut in jene Zeit zu passen scheint, folgt nun A-dur und nicht B-dur, die Spannung des Tritonus entsteht zwischen dem anfänglichen Es-dur und dem nun erreichten A-dur, eine Spannung, die den Venezianern, in dieser Form jedenfalls, unbekannt geblieben sein dürfte, obwohl sie extravagante Akkordfolgen liebten:

Beispiel 1: R. Wagner, Vorspiel zu *Parsifal*, Klavierauszug von Klindworth, Schott, S. 5.

Die folgende, sequenzierende Abwärtsbewegung zeigt nun ein Taumeln durch verschiedene Tonarten und enharmonische Wendungen, um schließlich wieder die Tonart Es, diesmal aber es-moll, zu erreichen. Doch hinter diesem „Taumel" steckt System, geht es doch darum, die Tritonusspannung, die vorher erwünscht war, in der Melodiestimme zu vermeiden, das in der ganzen Renaissance z.T. verpönte , z.T. gesuchte „Mi contra Fa", die Spannung zwischen dem am meisten nach oben und dem am meisten nach unten drängenden Tone der Tonart wird von Wagner bald gesucht, bald gemieden, was einen merkwürdigen Zwiespalt zwischen getreulicher Stilkopie und ihrer kunstvollen Deformation herbeiführt (s. Beispiel 1). Diese Lust, sich an sattsam Bekanntem, wie dieser Sequenz, im Deformieren zu üben, hat Schule gemacht und bis auf Satie und Strawinsky eingewirkt. Die Verbindung zwischen *Parsifal* und Strawinsky wirkt auf den ersten Blick verwegen, auch wenn man weiß, daß der russische Komponist in Bayreuth das Werk hörte; die kompositorische Situation in Frankreich muß auf den folgenden Seiten noch besser dargestellt werden, damit der Zusammenhang einleuchtend wird, doch vorweg sei hier noch an Franz Liszt erinnert, dessen letzte Klavierstücke denselben Zerfall der Strukturen zeigen, aus dem sich etwas Neues nur unklar entwickelt. Satie kann diese Stücke nicht gekannt haben, doch erinnert manches Erratische in *Uspud* (1892), dem Satieschen *Weihefestspiel* über das Leben eines imaginären Heiligen, an den späten Liszt.

*

Ganz entscheidend für die eigenständige französische Entwicklung der Musik nach Wagner ist Gabriel Fauré, der diesseits des Rheins, sehr zu unrecht, kaum bekannt sein dürfte. Auch er hat deutsche Einflüsse, vor allem Wagners Einflüsse, in sich aufgenommen, sie aber fast bis zur Unmerklichkeit assimiliert. Aus seiner Studienzeit an der Ecole Niedermeyer kannte er die sogenannten Kirchentonarten, ihr Einfluß auf sein Werk wird aber oft überschätzt, jedenfalls bilden sie nicht den Ausgangspunkt für fatale Stilkopien, ihre Einwirkungen sind nur in kleinsten Stücken wahrnehmbar, und manchmal grenzt es an Spitzfindigkeit, wenn man hinter jeder hohen IV. Stufe sogleich die lydische und hinter jeden tiefen VII. Stufe die mixolydische Tonart entdecken will. Nein, bezeichnend für Fauré ist, mit welcher Leichtigkeit er von einem zum andern Bereich der tonalen Musik hinüberwechselt, wie auf „modale", kirchentonartliche Diatonik ein übermäßiger Dreiklang, ein Quartenakkord folgen kann, die ganz dem Ende des 19. Jahrhunderts zugehören, wie er mühelos moduliert, kaum richtig in einer Tonart Fuß faßt und schon zur nächsten eilt. Die Melodie wird, vor allem in den späten Werken, kaum mehr charakteristisch und prägnant ausgeformt. In den Liedern gleicht sie einem mehr allgemeinen Ansteigen und wieder Verebben von Emotionen, von sanften, gleitenden Emotionen ohne alle heftigen Akzente, so daß der Verlauf einer Melodie oder einer Akkordfolge etwas Beiläufiges, Beliebiges erhält. Wir befinden uns hier an einem merkwürdigen, von der deutschen Musik total abgesonderten Punkt: die Tonalität wird nicht aufgegeben, doch sie hat in der Vergangenheit – offenbar – schon ihre wichtigsten Mittel bis zur Übertreibung ausgespielt und ausgenützt; was zurückbleibt, ist halb vergessene, verschleierte Erinnerung, dumpf träumendes Selbstzitat, mehr Abschied als Neubeginn, und doch hat Fauré in Frankreich Schule gemacht, er hat eine Reihe von Schülern herangezogen, deren

Wichtigkeit nicht zu übersehen ist. Man denke nur an Maurice Ravel, der die Kunst der Stilkopie und -parodie, die Kunst der Persiflage, der boshaften und lächelnden Ironie bis zum Äußersten ausnützte, weil er mit leichter Hand alle Stile und Ausdrucksformen beherrschte – man denke aber auch an den leider zu wenig bekannten Charles Koechlin, für den die abwertende Bezeichnung „Eklektiker" nur ungenau zutrifft: Um 1918 verarbeitete er die Einflüsse Debussys und Ravels, die neuen harmonischen Kombinationen und den seit dem 19. Jahrhundert immer noch virulenten Orientalismus in zauberhaften, delikaten Klavierstücken mit dem Titel *Paysages marines*, um dann in späteren Jahren, z. B. dem Orchesterstück *Les Bandar-log* (1939) eine Vielzahl von alten und modernen Satztechniken nacheinander Revue passieren zu lassen: kunstvolle Fugentechnik, wo ein streng diatonisches mit einem kühn chromatischen Thema kombiniert wird, Quint- und Quartorgana aus der Zeit um das Jahr 1000, doch oft durch „störende" Noten bereichert, wie man das auch bei Paul Hindemith finden kann, zwölftönige Melodien mit wild und ekstatisch gestikulierenden Sprüngen wie beim expressionistischen Schönberg und schließlich als umrahmende Teile eine Art Klangflächenkomposition, wie sie dann erst in den sechziger Jahren Mode werden sollte. Dies alles wird präsentiert als etwas längst Gewesenes, doch nicht von uns durch Jahrhunderte oder Kunstdogmen Getrenntes, wir eilen durch das imaginäre Museum der Musikgeschichte, nirgends lange verweilend, immer bestrebt, das Merkwürdige mit kurzem Blick in uns aufzunehmen. Doch die Exponate werden austauschbar, der Blick streift zerstreut von einem zum andern, in noch stärkerem Maße als bei Fauré, dem Lehrer, wird die Beliebigkeit und Beiläufigkeit hörbar, alles, auch die Dodekaphonie, hat kurz nach seinem Erscheinen Patina angesetzt, ist schon Bestandteil einer jahrhundertealten Geschichte, deren Würde im Überdauern der einmal geschaffenen Werte, deren Bedeutungslosigkeit in der Vertauschbarkeit eben jener Werte liegt. An diesem Punkt steht auch Strawinsky mit seinen Stilparodien, mit seinen Anleihen bei Pergolesi, J. S. Bach, Tschaikowsky, Verdi usw., die nur scheinbar mangelnden Respekt vor den geheiligten Gütern der europäischen Musikgeschichte verraten, die eher als eine Reflexion auf den Überhang an Vergangenheit in unserer Kultur verstanden werden wollen. Der Künstler muß zu Kunstgriffen, zu Kniffen Zuflucht nehmen, um neben dem schon Vorhandenen noch zu bestehen: Er zitiert es mit absichtlichen Veränderungen, verformt, demoliert, um ihm seinen eigenen Stempel aufzudrücken.

Neben Paul Dukas, der vor seinem frühen Verstummen nur nach klassischen Modellen komponiert, dürfte Debussy nun auf den ersten Blick als Schöpfer einer Musiksprache, der das Versprechen eines Neuanfangs vorauszugehen scheint, verstanden werden. Doch auch bei ihm läßt sich die Schwierigkeit erkennen, nach Wagner noch Komponist, noch eigenständiger Komponist, zu sein: Aufs Ganze seines Lebens gesehen, hat er eigentlich, außer dem Drame lyrique *Pelléas et Mélisande,* nur Nebenwerke geschrieben, die als Hauptwerke geplanten Kompositionen blieben Projekt oder in den Skizzen stecken. Das Werkverzeichnis von François Lesure: Catalogue de l'oeuvre de Claude Debussy, Genf 1977, führt auf Seite 153 nicht weniger als 21 Bühnenwerke – Opern, Ballette und Pantomimen –, auf, die nicht verwirklicht werden konnten, obschon für den Text oder das Szenarium z. T. namhafte Schriftsteller wie Pierre Louÿs oder Paul Valéry zur Verfügung standen. Die Kurzopern nach Edgar Allan Poe, *Le Diable dans le beffroi* und *La Chute de la maison Usher* beschäftigten den Komponisten jahrelang, ohne daß sie zur Vollendung gelangten. *Le Martyre de Saint-Sébastien* blieb Schauspielmusik, die als Oratorium weiterlebt, obschon eine vollgültige musikdramatische Fassung ins Auge gefaßt wurde. Neben diesen z. T. auf höchst interessante Weise mißglückten Werken, die gerade deshalb das Interesse der Nachwelt wachgehalten haben, steht das berühmte dreisätzige Orchesterwerk *La Mer,* dessen Bedeutung vom Komponisten durch den bezeichnenden Untertitel *Trois esquisses symphoniques* (Drei symphonische Skizzen) verniedlicht oder zurückgenommen worden ist. Es ist natürlich durchaus möglich, hinter all diesen Tatbeständen gleich eine Nobilitierung des Fragments, der Skizze oder sogar des Konzepts zu vermuten, doch überträgt man damit vieles von der Ästhetik der neuen und allerneuesten Kunst auf die Vergangenheit, wo sie kaum etwas zu suchen hat. Zu vergleichen wäre hier eher mit Wagner, dessen Projekte langsam reiften, schließlich zur Ausführung gelangten und zu einem in sich gerundeten Lebenswerk führten, was man von Debussy nicht sagen kann, wo alles halb verhülltes Versprechen, Andeutung blieb, war er doch noch mit dreißig Jahren, wie er in einem Brief an Ernest Chausson bekannte, seiner Ästhetik nicht sicher.

Versucht man Debussys Werke stilistisch auf einen gemeinsamen Nenner zu bringen, so gerät man schon bald in Verlegenheit: Die einen klingen spanisch, andere arabisch und noch andere nicht näher definierbar fernöstlich. Unbestreitbar bleibt ein kleinster gemeinsamer Nenner, der alle diese verschiedenen „Nationalstile" doch wieder als unbestreitbaren Debussy ausweisen, obschon er schwer dingfest zu machen ist. In *Jardins sous la pluie*, der dritten der *Estampes* (1903) wechseln dur-moll-tonale, modale und Ganztonleitern miteinander ab, neben Akkordfolgen, die durchaus vertraut mit dem Wechsel von Tonika und Dominante spielen, wie das von vielen Volksliedern Westeuropas bekannt anmutet, stehen kühne Verbindungen von Dreiklängen und Vierklängen im Terzabstand, was einem für damalige Zeiten sehr fortgeschrittenen Stand des Komponierens entspricht, Ganztonleitern wiederum werden nicht in ihrer Zuständlichkeit belassen, wie das nach ungefährem javanischem Muster richtig wäre, sondern die daraus gebildeten Akkorde werden in Halbtonabständen weitergeführt, so daß eine fliehende, gleitende Bewegung entsteht. Wieder, wie bei Fauré und Koechlin, entsteht hier durch die rastlose Bewegung in Sechzehnteln eine Beiläufigkeit und Beliebigkeit der vorher erwähnten „Stile": Tonalität ist zugleich überall und nirgends, sie ist als etwas allzu Einfaches, Überholtes entrückt und doch wieder ganz frisch und unverstellt gegenwärtig neben unverkrampft Kühnem und Neuem. Diese kompositorische Situation widerspiegelt eine allgemein kulturgeschichtliche: Alles ist verfügbar in Paris, das seit der Mitte des 19. Jahrhunderts von den berühmtesten Weltausstellungen gesehen hat, wo das zeitlich und örtlich Entfernte Gegenwart wurde. Im Spätwerk akzentuiert sich diese Entwicklung noch, namentlich in *Le Martyre de Saint-Sébastien* (1911), wo sich der Orient und der Palestrinastil zusammenfinden, Chromatik voll vibrierender Spannung neben altmeisterlicher Schlichtheit steht. In den *12 Etüden für Klavier* (1915) streben die Elemente der Debussyschen Klangsprache vollends auseinander: Die Stücke sind so konzipiert, daß jedes einem bestimmten spieltechnischen Problem, das aber zugleich ein kompositionstechnisches darstellt, gewidmet ist, nicht unähnlich dem *Mikrokosmos* von Béla Bartók. Eine Etüde ist dem Terzen-, eine andere dem Quartenspiel gewidmet, was zu total verschiedenen Klangspektren führt. Wieder ließe sich, wie bei *Jardins sous la pluie*, der gemeinsame Nenner in den nur andeutungsweise ausgespielten, wie nebenbei gesagten Tonfiguren finden, denen die Bestimmtheit und Kraft eines Wagner durchaus fehlt. Eine Erschlaffung des musikalischen Materials, eine Ermüdung der Ausdrucksenergie, wie sie schon im *Parsifal* begann, ist die Folge, auf die nun Erik Satie so reagierte, daß er das – metaphorisch gesagt – hilflos und wehrlos Gewordene beschädigte.

*

Erik Saties Gestalt ist im Zwielicht einer Geschichtsschreibung stehengeblieben, die ihn bald als überragendes Genie am Anfang der Moderne, bald als unbedeutenden Einzelgänger darstellen wollte. Seine recht zahlreichen Aufsätze nebst den verbalen Äußerungen über und unter seinen kalligraphisch geschriebenen Noten und – das sei nicht vergessen – die vielen köstlichen Anekdoten zu seinem Leben machten aus ihm eine Figur, die von den einen mit nie erlahmendem Vergnügen immer wieder beschworen, von den andern aber mit einer Handbewegung abgetan wird, als ob es sich bei Satie einzig und allein nur um einen infantil gebliebenen Sonderling gehandelt habe. Wie dem auch sei: Satie kommt der Ruhm zu, mit System die ausgeleierten, allzu bekannten Strukturen der tonalen Musik erneuert zu haben, indem er dort Fehler und Defekte einbaute, wo andere, weniger Kritische, nur das glatte Funtionieren von kompositorischen Formeln zu bemerken glaubten, die sich längst überlebt hatten, und zwar begann er damit, wenn die Datierung stimmt – was nicht ganz sicher ist –, schon im 1900 in *Jack in the box*, indem er an den Scharnieren einer fraglos in regelmäßiger Periodik ablaufenden Tanzmusik „unschöne" Dissonanzen einbaute. Satie war Pianist in einigen der verschiedenen Cabarets am Montmartre, wo er die Anwesenden durch sein unkonventionelles und unprofessionelles Spiel z. T. beglückte, z. T. verärgerte. Gerade jenes Bündnis mit der Trivialmusik gegen den grassierenden Akademismus der führenden Persönlichkeiten des Musiklebens sollte sich für die folgenden Jahrzehnte als fruchtbar erweisen, mochten konservative Kreise in Deutschland und Frankreich darin auch eine regelrechte Kulturschande sehen. Gerade aber der Umstand, daß die Unterhaltungsmusik, so wie sie nun einmal ist, nicht akzeptiert, sondern durch Veränderungen in Distanz gehalten wurde, sollte zum Aufmerken und nicht zum fraglo-

sen Hinnehmen veranlassen, wobei – das sei eingestanden – die Lust am
ordinären Vergnügen doch irgendwie mitschwang.

Die *Descriptions automatiques* für Klavier zweihändig von 1913 zeigen
die vorher umschriebene Technik in voller Ausbildung. Das erste der drei
Stücke „beschreibt" mit Texten, die die Komposition begleiten, die Fahrt
eines Dampfers, das zweite ist einer Laterne gewidmet und das dritte um-
rankt den Aufzug einer klangprächtigen Militärmusik. Es handelt sich also um lauter unbedeutende, alltägliche Ereignisse, die mit einer das Bana-
le und gleichzeitig das Sublime streifenden Musik untermalt werden.
Wichtig ist, vor allem in den beiden ersten Stücken, daß automatisch ablaufende, höchst einfache und vertraute Begleitmuster eigentlich die
Hauptsache sind, was gemeinhin Hauptsache wäre, nämlich die Melodie,
oder zum mindesten einige Motive, wirkt nur wie von Zeit zu Zeit darauf
gepfropft und vermag nicht das Einerlei, das eine höchst bewußt erzeugte
Langeweile beschwört, zu stören, die nur dadurch interessant wird, daß
Melodie und Begleitung in den seltensten Fällen gänzlich zusammenzu-
passen scheinen, daß also gerade die Fehler das eigentlich Bemerkenswer-
te an den Kompositionen sind.

Beispiel 2: E. Satie, *Sur un vaisseau*, Editions Max Eschig, Paris, S. 1

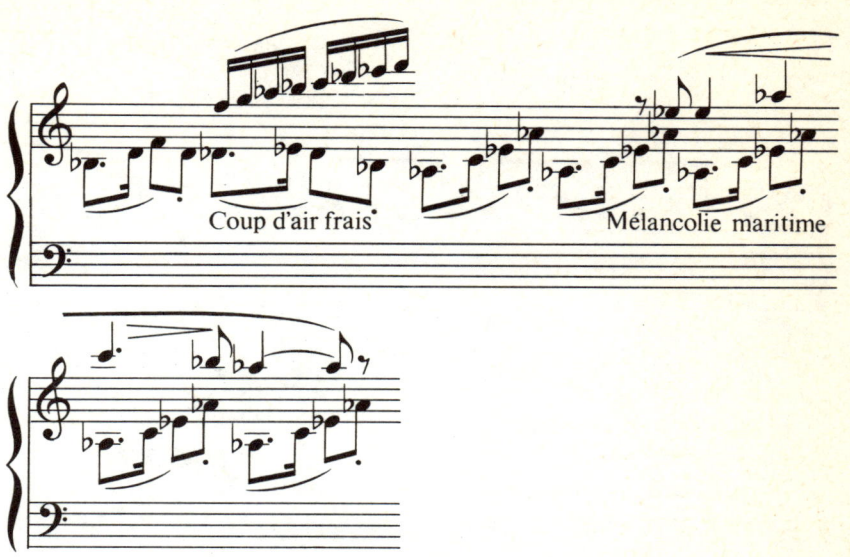

Das hier abgedruckte Beispiel zeigt eine Tonleiter von f" bis f"', die, betrachtet man die Begleitung, besser von g" bis g"' führen würde, um dann mit dem folgenden Akkord auf as"' ein befriedigendes – aber banales – Ende zu finden. Die Begleitung des folgenden, volksliedartigen Fragmentes „stimmt", ist aber doch ein bißchen enttäuschend, denn wie gerne würde der auf warmblütige Sentimentalität erpichte Liebhaber solcher Melodien das punktierte c"', zu dem sich der Bogen sehnsüchtig aufschwingt, als Vorhalt zur Dominante hören, hier steht aber vollkommen ungerührt und kaltschnäuzig ewig dieselbe Tonika, die der ganzen Stelle etwas ironisch Trostloses gibt. Hörerwartungen werden durchkreuzt, das Stück ist gegen den Strich, gegen den Gefühlsreichtum der deutschen Romantik komponiert. Das dritte Stück bringt nun den Ausdruck *mécanique démolie* (demolierte Mechanik), der diesem ganzen Kapitel die Überschrift gab:

Beispiel 3: E. Satie, *Sur un casque*, Editions Max Eschig, S. 7

à Madame Paulette DARTY

## SUR UN CASQUE

Die Oberstimme scheint dem Klischee einer munteren Marschmelodie zu folgen, würde man das Fis durch das F und das Es durch E ersetzen, so wäre sie vollkommen „fehlerlos". Die Begleitung zeigt nun wieder eine sture, ostinate Zeichnung wie im vorigen Stück, doch ohne das an sich schon beschädigte F-dur der Melodie zu unterstützen; sie ist in Des-dur, aber als Akkord auch nicht eindeutig, nämlich eine Mischung zwischen der Tonika, dem tiefen Des, und einer darüberliegenden Dominante mit Septime. Für solche kompositorische Strukturen bieten sich die musiktheoretischen Ausdrücke Bitonalität und Bifunktionalität an, die aber nur die Tatsache verharmlosen helfen, daß hier die ursprünglichen Verhältnisse merkwürdig „verrückt" und aus den Fugen geraten sind. Es leuchtet ein, daß diese mutwillig erscheinende, aber im Grunde kunstvolle Operation nur an einem einfachen musikalischen Material durchgeführt werden kann; undenkbar wäre eine auch bitonal zu nennende Übereinanderlagerung vom Anfang des *Tristan* mit Kundrys Erwachen im zweiten Akt des *Parsifal;* die beiden Strukturen sind schon von Anfang so differenziert, daß eventuell einzubauende „Fehler" nicht sofort bemerkt würden und die Gleichzeitigkeit ihres Erklingens nur einen diffusen Gesamteindruck erzeugen würde.

Doch Satie hat nicht nur Trivialmusik als erster demoliert – andere wie Debussy und Ravel sind ihm darin gefolgt –, er attackierte auch die geheiligten Bildungsgüter jedes Theorieunterrichtes an Konservatorien, nämlich Fuge und Choral, an denen angehende Komponisten und auch Instrumentalisten ihre satztechnische Kunstfertigkeit einüben, und zwar seit Generationen. Saties Verhältnis zum akademischen Musikunterricht war zum mindesten sehr ambivalent, wenn nicht sogar ganz undurchsichtig. In den achtziger Jahren begleitete er Debussy in dessen Lektionen bei Ernest Guiraud am Conservatoire und noch 1905 als beinahe Vierzigjähriger war er ehrlich bemüht, an der Schola cantorum bei Vincent d'Indy und Albert Roussel Fertigkeit im Schreiben von Fugen und Chorälen zu erlangen. Versehen mit einem guten Zeugnis seiner Lehrer glaubte er sich nun fähig, diese ehrwürdigen Techniken zu beherrschen, doch die neuen Produkte in diesem Stil erregten wieder die Spottlust der Leute, die sich schon über seine mystischen Stücke aus der Zeit um 1890, als er Musiker der Rosenkreuzer war, amüsiert hatten. Es ist nicht zu beweisen, aber doch mit gutem Grund anzunehmen – soweit solche psychologischen Vorgänge nach Jahrzehnten rekonstruierbar sind –, daß sich Satie erst jetzt entschloß, die Rolle des Clowns und Bürgerschrecks zu spielen, die man ihm schon lange antrug. Er sollte sie bis zum Ende seines Lebens mit Erfolg spielen, freilich immer kontrapunktiert von einer kaum verhüllten Tragik und Melancholie, die der Lustigkeit erst die richtige Tiefe und Doppelbödigkeit gab. Zeugnis für die intakt gebliebene ernste Seite von Saties Wesen ist z. B. *Socrate* von 1919, der in seinem kühlen und stillen Adel der Komposition bis auf Strawinskys *Apollon musagète* eingewirkt hat. Auch ein für heutiges Stilempfinden nobles Stück ist der *Choral für Violine und Klavier* aus den 1914 entstandenen *Choses vues à gauche et à droite,* im Kontext seiner Zeit mußte das Stück aber befremden und revo-

lutionär wirken. Satie verfehlte deshalb auch nicht, sich in einer Nachbe-
merkung von dem an Konservatorien eingeübten Bachstil zu distanzieren:
*,,Meine Choräe sind gleich viel wert wie die von Bach mit dem Unter-
schied, daß sie seltener und weniger auftrumpfend sind."* (Mes Chorales
égalent ceux de Bach, avec cette différence qu'ils sont plus rares et moins
prétentieux.)
Das Ballett *Parade* (1917) wird von einem Choral und einer Fuge eingelei-
tet, die aber nicht nur sehr kurz sind, ihnen fehlt auch die gediegene Ab-
rundung, sie brechen einfach ab und machen unbedeutend wirkenden,
sich pausenlos wiederholenden, an eine Drehorgel gemahnenden Figuren
Platz. Schockierend wirkt auch, daß ausgerechnet Choral und Fuge ein
Ballett einleiten und dazu noch ein Ballett, dessen Handlung im Zirkus
spielt. Doch diese Vermischung oder Konfrontierung von Ernst und Heiter, von hoher und niederer Musik ist eines der Hauptmerkmale von Strawinskys Kompositionen seit der *Geschichte vom Soldaten* und noch lange
während der amerikanischen Zeit; von ihr wird in den folgenden Kapiteln
noch oft die Rede sein. Doch hier sei schon vorausgenommen die Feststellung, daß Saties Choral und Fuge demoliert sind, daß sie zu kurz geraten sind, daß sie außerdem in einer Welt spielen, die demoliert ist, weil sie
es – oder ihre ästhetischen und moralischen Kriterien – zuläßt, daß die
solcher Art demolierten Choräle und Fugen zu einer Zirkushandlung erklingen.

*

Satie war, wie erwähnt, der erste, der bewußt und prinzipiell die Mechanik der tonalen Musik demolierte, bei Wagner, im *Parsifal,* taucht das
Verfahren nur sporadisch auf und bleibt außerdem im Bereich von Dur
und Moll. Unverkennbar ist zudem die Tendenz, es an relativ einfachen
Vorbildern zu erproben, wie der Trivialmusik, oder an zu hehren Vorbildern erstarrter Musik, wie Fuge und Choral. Ob Strawinsky direkt und
bewußt für seine eigenen Deformationen schon bestehender Musik bei
Satie Anregungen gefunden hat oder ob er dasselbe Verfahren noch einmal, ganz aus sich selber, entwickelt hat, ist ungewiß. Eine so geartete
Kompositionstechnik müßte, wäre sie bloß übernommen, Zeichen der
Oberflächlichkeit oder des Mangels an Logik tragen, doch gerade das ist

nicht der Fall. Was die Logik betrifft, so geht Strawinsky bedeutend über Satie hinaus, der oft seine Trouvaillen nur so leicht hinwirft, ohne die nötigen Konsequenzen daraus zu ziehen. Die Tendenz, Trivialmusik zu deformieren, findet sich bei Strawinsky schon in *Petruschka* (1910-1911), um sich dann ständig zu entwickeln und zu vertiefen. Doch ausgerechnet das mittlere der *Drei leichten Stücke* für Klavier vierhändig (1915), das diese Technik in Reinkultur realisiert, ist Erik Satie gewidmet. Was hier interessiert, sind die Gemeinsamkeiten und vor allem Verschiedenheiten zwischen Strawinskys Walzer und seinem Widmungsträger. Die zwölf ersten Takte lauten wie folgt:

Beispiel 4: I. Strawinsky, *Valse*, Chester, London, S. 4.

Die obere Stimme bringt alle die Merkmale eines Walzers, wie er von Satie hätte geschrieben werden können: Das punktierte Viertel a" im ersten Takt ist die „sixte ajoutée", die Sexte über dem Grundton, wie sie beliebig häufig in Wiener Walzern die seicht-fröhliche Stimmung anheizt, ein wichtiges Merkmal der Gattung ist – und das muß betont werden –, stellvertretend für viele andere, ähnliche, deutlich exponiert. Der dritte Takt bringt die flagrantesten „Fehler": anstatt h' und f", die gut zum Akkord passen würden, steht b' und e", wie im ersten Stück aus Saties *Descriptions automatiques* sind Töne um eine Sekunde verschoben, um eine kleine Sekunde noch dazu, was besonders hart klingt, während das „falsche" d" im folgenden Takt in der Schwebe zwischen den beiden großen Sekundenabständen c' und e' der Begleitung steht. Wenn auch die Melodie unter Umständen von Satie hätte geschrieben werden können – auch ihre

Fortsetzung hält sich im selben Rahmen –, so entfernt sich Strawinsky in der Begleitung am entschiedensten von dem französischen Komponisten: Die hier abgedruckten Takte mit ihrem Wechsel zwischen I. und VII. Stufe wiederholen sich nämlich pausenlos: eine harte und klare Konsequenz, wie sie bei Satie nie anzutreffen ist. Erstaunlich bleibt, wie sich die Oberstimme in mannigfaltigen Entwicklungen bald den Akkorden anpaßt, bald zu ihnen in scharfem Dissonanzverhältnis steht. Was unvereinbar scheint, wird doch vom Ohr des Hörers bald akzeptiert, da die Haltung des Stückes von einer ungemeinen Geradlinigkeit der Konzeption zeugt. Ein minderer Komponist hätte sich – wie Beispiele von Zeitgenossen zeigen – gerne und oft verleiten lassen, einer schönen, schnell vorübergehenden Wirkung zuliebe, die Primitivität der Begleitung durch Variationen oder Kontraste zu bereichern, doch der Anschein von Primitivität täuscht: Auf dem Gebiet der Spieltechnik wartet Strawinsky mit ungewohnten Raffinements auf, indem er den Part des oberen Spielers, der zur Not auch von einer Hand ausgeführt werden könnte, auf die beiden Hände verteilt, die bald im Verlaufe des Walzers ineinander- und übereinandergreifen, was auf unverhoffte Weise die Lust am Spielen erhöht.

*Les cinq doigts* für Klavier (1921) zeigen auf einfache und klare Weise weitere bei Satie auch ähnlich auftretende Merkmale der demolierten Mechanik der Musik: In einem sonst tadellos geführten zweistimmigen Satz können pötzlich Oktavparallelen auftauchen, die Stelle klingt leer und matt:

Beispiel 5: *Les cinq doigts*, N° 2, Allegro, Chester, London, S. 3.

Das folgende Beispiel zeigt die wie besinnungslos ablaufende Motorik der linken Hand, die zusammen mit der rechten nur wie durch Zufall gelegentlich sinnvolle Akkorde bildet:

Beispiel 6: dasselbe Stück wie Beispiel 5, S. 2.

ALLEGRO

Daß es nicht um sinnvolle Akkordzusammenhänge geht, beweist die Reprise dieses Teiles gegen Schluß, wo dieselbe Begleitfigur gerade auf den entgegengesetzten Taktteil der Oberstimme fällt. Akkorde sind also austauschbar, beliebig, nur die einmal gewählte Konsequenz zählt:

Beispiel 7: dasselbe Stück, S. 3.

Daß die Akkorde nicht zu ihrer Melodie passen, konnte bei Saties demolierter Mechanik zugleich Bitonalität und Bifunktionalität sein, die Musik
konnte gleichzeitig aus zwei verschiedenen Tonarten und zwei verschiedenen Akkorden derselben Tonart stammen, bei Strawinskys hier erwähnten Klavierstücken sind die Verhältnisse aber viel einfacher, enger
umschrieben, weniger offen und skizzenhaft. Das folgende Stück bringt

in der rechten Hand während des Hauptteils nur fis', in der linken Hand nur f, und zwar so, daß die beiden „feindlichen" Töne sich nie treffen, sondern immer gerade knapp aufeinanderfolgen, während rhythmische Verschiebungen, differenziert sich unterscheidende Phrasierungen zwischen den beiden Händen für ein labiles Gleichgewicht sorgen.

Beispiel 8: Stück Nr. 6, S. 7.

Daß Strawinsky auch gleich verfährt, wenn er eine schon vorhandene, voll ausgeformte Komposition übernimmt, zeigt das Ballett *Pulcinella* (1919-1920), das Musik von Pergolesi oder von einem als Pergolesi angeführten Komponisten verarbeitet. Die *Gavotta con Variazioni* hält sich mit der linken Hand korrekt, wie das im 18. Jahrhundert nicht anders zu erwarten wäre, an das Prinzip, die Melodie harmonisch auszudeuten.

Beispiel 9: Variazione IV<sup>a</sup>, Funkkolleg Musik, Studienbegleitbrief 5, S. 15.

Strawinskys Umformung hält die linke Hand nicht in der Rolle der Begleiterin, sondern erlaubt ihr eigene Konsequenz und Folgerichtigkeit: Die ersten Sechzehntel der Vierergruppen bilden je auf dem ersten, zweiten und dritten Viertel die Bässe in geradliniger Bewegung: d – e – fis/g – fis – e, ohne sich im zweiten Takt um den Zusammenklang zu kümmern, während die andern Sechzehntel meistens auf den Tönen g und a stehenbleiben. Die linke Hand erhält eine eigene Logik, sie ist nicht nur Dienerin, die Friktionen mit der Oberstimme wirken bereichernd, beide Stimmen gewinnen an Profil durch dieses Verfahren.

Beispiel 10: Funkkolleg Musik, dasselbe Heft wie oben, S. 16.

Eine besondere intrikate Art der Deformation einer in der dur-moll-tonalen Musik nicht seltenen Akkordfolge zeigt der vierte Takt von *Apollon musagète* (1928):

Beispiel 11: I. Strawinsky, *Apollon musagète*, Boosey and Hawkes, New York, S. 1.

Es handelt sich um eine ursprünglich aus vier Akkorden bestehende Formel, die auf zwei komprimiert wurde. Sie müßte ungefähr so lauten:

Beispiel 12: „Urform" von Beispiel 11.

Fis entpuppt sich so als Vorhalt zu G, eine große Spannung entsteht, die sich schrittweise auflöst bis auf den C-dur-Akkord, der, nach der Dominante, die Tonika darstellt. Die Kurzformel kommt aber noch einige Male in diesem ersten Stück des Werkes, das man als französische Ouvertüre bezeichnen könnte, vor, die starke Spannung des nach Auflösung drängenden Fis erscheint bei Ziffer 6 mit accelerando in dem Augenblick, wo, nach einer in der Partitur stehenden szenischen Anweisung, Apollo zur Welt kommen sollte. Von Ziffer 13 bis 15 ertönen ähnliche Akkorde, die immer wieder Fis und G bedeutsam exponieren, und der zweite Akkord, der Tonika-Grundton mit der darüberliegenden Dominante, beschließt die Ouvertüre. Im letzten Abschnitt des Balletts, der Apotheose, erscheinen Fis und G, bereichert durch F, gegen Schluß in den zweiten Violinen und Bratschen immer wieder. Der Bezug zum Anfang wird noch unterstrichen durch die Wiederaufnahme der einprägsamen Melodie in punktierten Rhythmen, die schon bei Ziffer 4 und 15 erklang. Das Werk schließt nicht in C-dur, wie man erwarten könnte, die drei oberen Töne des ersten Akkordes machen sich vielmehr selbständig, sie bilden einen h-moll-Akkord, der nun, immer noch, wie zu Anfang, nach Auflösung suchend, obschon keine Dissonanz mehr da ist, einen schwebenden, fragenden Schluß bildet. Die Kurzformel von Takt 4 erweist sich so nicht als eine originelle Formulierung, die nur ein kurzes Staunen auslösen sollte, worauf dann neue Erfindungen die alte verdrängen könnten, sie ist ganz im Gegenteil der Ausgangspunkt einer planvollen, langfristigen tonalen Anlage, die wiederum die gangbarsten, einleuchtendsten Wege vermeidet: C-dur zum Beschluß wäre solider, logischer, h-moll ist subtiler und nicht im voraus zu erraten.

Theodor W. Adorno hat sich in der *Philosophie der Neuen Musik* ausführlich über die Phänomene geäußert, die auf den voranstehenden Seiten abgehandelt wurden. Seine Ausführungen verraten, trotz der Abneigung, die er für Strawinskys Musik empfindet, großes Verständnis, eine Hellsicht, die gerade aus der Feindschaft gegenüber der demolierten Mechanik dieser Musik erwachsen konnte. Als ein dem engsten Kreis um Arnold Schönberg Zugehörender konnte er wohl nicht anders urteilen, obwohl der Meister selber, Schönberg, seinem Widersacher, Strawinsky, mehr Verständnis und Duldung entgegenbrachte. Adorno nennt das Drehorgelhafte mancher Stellen eine *„Apotheose des Gedudels"*[1], er urteilt also ähnlich über gewisse Werke des Russen wie Wagner über Verdi, dem er *„Leierkastenblödsinn"* nachsagte. Daß es sich bei der hier besprochenen Bitonalität, Bifunktionalität und ähnlichen Erscheinungen nicht einfach nur um *„lädierte Tonalität"*[2] handelt, wurde ausführlich gezeigt: das „Abartige", wie man es tadelnd nennen könnte, entwickelt jedenfalls bei Strawinsky, doch weniger bei Satie, seine eigene Folgerichtigkeit, die nun mehr ist als nur grimassierende Karikatur. Genauer trifft Adorno das Wesen dieser Musik, wenn er schreibt: *„Sie zehrt von der Differenz der Modelle und dem, was sie damit verübt"*, und später auf derselben Seite: *„Seine (Strawinskys) Musik blickt stets auf andere hin, die sie durch Überbelichtung ihrer starren mechanistischen Züge verzerrt."*[3] Diese *„Überbelichtung"*, ließe sich kommentierend sagen, führt nun dazu, daß das Endprodukt dieser Kompositionen – also die Verbindung des Modells mit seiner Verzerrung – bewußter und kritischer gehört wird, wenn nicht der Prozeß des Vergessens jener ursprünlichen Modelle schon so weit vorangeschritten ist, daß wir heute die beiden Niveaus dieser Musik nicht mehr voneinander trennen können und das Ganze einfach als „echt Strawinsky" goutieren. Strawinsky schreibt *„Musik über Musik"*[4] – ein Bonmot von Rudolf Kolisch, das Adorno wiedergibt –, aber die Amalgamierung ist heute schon so weit gediehen, daß wir die eine Musik nicht mehr von der anderen trennen können, so wie wir die Deformationen von Picasso, von denen einige hier in diesem Buch als Abbildungen aufzufinden sind, nicht mehr merken und das Ganze als „typisch Picasso" beurteilen. In Analogien denkend, könnte man viele Gemeinsamkeiten zwischen dem Maler und dem Komponisten entdecken, so z. B. würde Picassos Gewohnheit, nach Fotos zu malen und nicht nach der Natur, zudem seine

,,Paraphrasen" über Bilder von Courbet, El Greco und Velasquez gut zu Strawinskys ,,*Musik über Musik*" passen. Wie er aber in seiner kubistischen Periode die vorgegebenen Gegenstände der realen Welt – im großen und ganzen unbedeutende Gegenstände wie eine Violine, ein Krug oder eine Zeitung – zerbricht oder in Fragmenten in das Bild montiert, ähnelt Strawinskys Verfahren, aus trivialen Modellen durch Demontage etwas Neues, Originales zu machen, das seine eigenen Gesetze hat.

Jean Cocteau, der in seiner Aphorismensammlung *Le Coq et l'Arlequin* von 1918 die Maximen der neuen französischen Avantgarde nach dem Ersten Weltkrieg formulierte, mahnte zwar: ,,*Macht nicht Kunst nach Kunst*" (Ne faites pas de l'art d'après l'art)[5], er scheint also gegen ,,*Musik über Musik*" zu sein, doch auf der voranstehenden Seite gefällt er sich in dem paradoxen Gedankengang: ,,*Ein origineller Künstler kann nicht kopieren. Er muß also nur kopieren, um originell zu sein.*" (Un artiste original ne peut pas copier. Il n'a donc qu'à copier pour être original.)[6] Es ginge zu weit, aus den sicher rasch und elegant hingeworfenen zwei Sätzen allzu weit reichende Folgerungen zu ziehen – unter Cocteaus provokanten Aphorismen gibt es viele, die ganz offensichtlich nicht genügend durchdacht sind –, doch läßt sich vielleicht daraus ableiten, daß ein origineller Künstler auch dann, wenn er kopiert, unwillkürlich verändert und etwas Persönliches schafft. Bei Cocteau und übrigens auch bei Strawinsky in der *Chronik* und der *Musikalischen Poetik* fehlt das Bewußtsein von der Wichtigkeit der demolierten Mechanik für die Musik der zwanziger Jahre und weit darüber hinaus, nur einmal im Zusammenhang mit *Pulcinella* und der dort gemachten Verwendung von Musik Pergolesis spricht Strawinsky in der *Chronik* auf metaphorische Weise darüber.

,,*Sollte meine Liebe oder mein Respekt für die Musik von Pergolesi die Linien meines Verhaltens bestimmen? Ist es Liebe oder Respekt, was uns dazu treibt, eine Frau zu besitzen? Kann nicht nur die Liebe uns dazu bringen, die Seele eines Wesens zu begreifen? Und vermindert Liebe den Respekt? Respekt allein ist immer steril, er kann niemals als schöpferisches Element wirken. Um etwas zu schaffen, braucht es Dynamik, braucht es einen Motor, und welcher Motor ist mächtiger als die Liebe? So hieß es die Frage stellen, zugleich auch sie beantworten. Der Leser glaube nicht, daß ich dies schreibe, weil ich mich rechtfertigen möchte gegenüber den sinnlosen Anschuldigungen, ich hätte ein*

*Sakrileg begangen. Ich kenne die Mentalität der Konservatoren und Archivare der Musik zur Genüge. Sie wachen eifersüchtig über ihre Aktenstöße, die die Aufschrift tragen: Berühren verboten. Niemals stecken sie selber die Nase hinein, und sie verzeihen es keinem, wenn er das verborgene Leben ihrer Schätze erneuert, denn für sie sind das tote und heilige Dinge. Nein, ich habe ein reines Gewissen bei dem Gedanken an ein Sakrileg, und ich bin vielmehr der Meinung, daß meine Haltung gegenüber Pergolesi die einzig fruchtbare ist, die man alter Musik gegenüber einnehmen kann.*"[7].

Klarer als Strawinsky selber drückt sich 1922 Satie über die Wichtigkeit der wie entseelt ablaufenden Mechanik aus, der gerade durch die eingebauten Fehler neue Qualitäten zuwachsen. Nachdem er Strawinsky als „*eines der bemerkenswertesten Genies, die je in der Musik existiert haben*"[8], bezeichnet hat, kommt er auf dessen Versuche mit den Walzen des damals gerade erfundenen Pianolas von Pleyel zu sprechen, die er als „*mechanische Arbeiten*" besonders lobt: „*Hier zeigt sich der russische Musiker als wahrhaft freier und unabhängiger Geist.*" (Ici, le grand musicien russe se montre un esprit véritablement libre, réellement indépendant.)[9] Strawinsky hatte zuerst die Absicht, das Ballett *Die Hochzeit* für mechanische Instrumente zu schreiben, die heute gespielte Fassung mit vier Klavieren gibt noch einen schwachen Eindruck von dem fraglos und unabänderlich ablaufenden musikalischen Geschehen, das jene Automaten bewirkt hätten. Daß die Fehler in den Walzen, ausfallende Töne oder sich chaotisch überstürzende Tonfolgen, zur Sache gehören, ist Satie auch nicht entgangen: „*Leider waren die gespielten Walzen nicht perfekt, was die Gegner in ihrer Gegnerschaft ermutigte und ihnen erlaubte, ein wenig recht zu haben – obschon sie, die Armen, durchaus unrecht hatten.*" (Malheureusement les rouleaux présentés n'étaient pas au point, ce qui encouragea les opposants dans leur opposition et leur permit d'avoir un peu raison – bien qu'ayant tout à fait tort, les pauvres.)[10] Satie betont auch, daß das Pianola niemals das Piano ersetzen könne, daß beide ihre eigenen Vorzüge hätten, die sich nicht übertragen ließen, und er erklärt, daß Strawinsky mit diesen Arbeiten „*der Musik ein Element von großem Reichtum*" beigefügt habe: „*Wir können kaum die Wohltaten voraussehen, die uns die Forschungen meines berühmten Freundes bescheren werden. Ich bewahre ihm mein ganzes Vertrauen und versichere ihn meiner unauslösch-*

*lichen Bewunderung.*" (Nous pouvons à peine prévoir les bienfaits que nous répandront les recherches de mon illustre ami. Je lui garde toute ma confiance et lui assure une définitive admiration.)[11] Und er schließt mit einem Wortspiel, das im Deutschen nicht wiedergegeben werden kann, indem er das Wort „tours" in seiner doppelten Bedeutung als „Tricks" und „Türme" verwendet: „*Moi, je sais que Strawinsky est un magicien dont les tours n'ont rien à voir avec celles de la feue Bastille.*" (Ich, ich weiß, daß Strawinsky ein Magier ist, dessen Tricks/Türme nichts zu tun haben mit der vormaligen Bastille.)[12] Das Pianola hat nicht große Geschichte gemacht, es blieb eine unter vielen kuriosen Erfindungen, die am Beginn der Epoche der mechanischen und elektronischen Wiedergabe von Musik eine gewisse Rolle spielten, andere Apparate sind an seine Stelle getreten, doch hat Satie mit sicherem Gespür die Wichtigkeit des vom Menschen nicht mehr in allen Phasen gesteuerten Ablaufs von Musik, gerade wenn sie maschinell sein sollte, für die Zukunft vorausgeahnt.

*

Mag die sogenannte „Gruppe der Sechs", bestehend aus den Komponisten Georges Auric, Louis Durey, Arthur Honegger, Darius Milhaud, Francis Poulenc und Germaine Tailleferre, die Erfindung eines Journalisten sein, der diesen unter sich vollkommen verschiedenen Musikern einen zugkräftigen Namen anhängen wollte, die Tatsache bleibt doch unabweislich, daß einige von ihnen, Auric, Poulenc und Milhaud, die Lehren aus der Ästhetik des Zerbrochenen, Beschädigten gezogen haben, wie es ihnen in den Werken Saties und Strawinskys gegenwärtig war. Milhaud wirbelt in dem Ballett *Le Boeuf sur le toit* (1920) in polytonaler Schichtung brasilianische Volksweisen durcheinander. Der Eindruck des Nie-enden-könnens entsteht dadurch und wurde bei der Uraufführung noch verstärkt durch das Drehen eines Ventilators an der Bühnendecke, der das Spiel der Personen der Handlung in eine kreisende Bewegung von Schatten und Licht einhüllte. Der Komponist verfertigte mit Jean Wiéner eine vierhändige Fassung des Stückes, die er auf das Pianola übertrug, was das Mechanische und letztlich Vergebliche des ganzen Spiels akzentuierte. Auric schuf für das *Album des Six* (1920), ein Heft, das je eine kurze Komposition aller sechs Komponisten der Gruppe enthält, einen Marsch,

der voll ist von „falsch" klingenden, aber blitzenden Sekunden und Bitonalität. Das Rezept, das die andern, Satie und Strawinsky, ja z. T. schon
Debussy und Ravel, gefunden haben, ist bekannt und wird nun ohne Zö-
gern, mühelos angewandt.

Beispiel 13: G. Auric, *Album des Six*, Edition Max Eschig, Paris, S. 3.

94

Poulenc verschreibt sich in seinem Walzer, der im selben Heft erschien, der unaufhaltsam abschnurrenden Motorik, Gelegenheiten, den Akkord in der linken Hand zu wechseln, um ihn besser der Oberstimme anzupassen, werden vermieden, wie im hier in diesem Kapitel angeführten Beispiel 2 aus Saties *Descriptions automatiques* verharrt der Akkord, wohlberechnete Enttäuschung beim Hörer auslösend, auf der Stelle.

Beispiel 14: F. Poulenc, *Album des Six,* wie Beispiel 13, S. 8.

Diese Automatik des Ablaufs kann sich in Frankreich auf eine lange Tradition berufen, falsch wäre es, diese Tendenzen einzig und allein mit Satie beginnen zu lassen, wir finden sie vielmehr schon bei Jacques Offenbach, der die hohe Musik eines Meyerbeer in ihr Zerrbild verwandelte, und bei Emmanuel Chabrier, der in seiner Quadrille, *Souvenirs de Munich,* die Erinnerung an den in München gehörten *Tristan* in Unterhaltungsmusik für den Salon ummünzte. Saties Verdienst besteht – nur – darin, daß er, an der Schwelle zur Moderne des 20. Jahrhunderts, die dur-moll-tonale, an Dreiklänge gebundene Musik durch neuere harmonische und melodische Kombinationen störte, er vollzog einen Wechsel des Tonsystems, den Offenbach und Chabrier noch nicht machen konnten, sie blieben in der harmonischen Tonalität befangen. Satie, zu Anfang ein Mystiker und Anachoret von eigenen Gnaden, der in der Großstadt Paris, zu Beginn der neunziger Jahre des letzten Jahrhunderts, seine Bannflüche gegen jeden schleuderte, der nicht die Heiligkeit der Kunst respektieren wollte, entwickelte sich zum Clown der Snobs, die die Erniedrigung durch defekte Kunst als seltenes Vergügen genossen, eine Kunst, die durch charmante Bescheidenheit und Beiläufigkeit auch die schließlich für sich einnehmen konnte, die von ihr (der Kunst) Größeres und Wichtigeres zu erfahren gewohnt waren. Saties Musik ist eine Musik der Armut, ein Rückzug zu den materialen Praemissen einer Komposition, auf deren Ausführung eigentlich auch verzichtet werden könnte. Daß Strawinsky als Komponist reicher angelegt und differenzierter organisiert war, wurde schon gezeigt und soll im folgenden noch erhärtet werden.

**Anmerkungen**

 1) Th. W. Adorno: Philosophie der Neuen Musik, Frankfurt 1958, S. 135.
 2) Ebenda, S. 169.
 3) Ebenda, S. 169.
 4) Ebenda, S. 168.
 5) J. Cocteau: Le Rappel à l'ordre, Paris 1948, S. 40.
 6) Ebenda, S. 39.
 7) I. Strawinsky: Mein Leben, München 1958, S. 76 f.
 8) E. Satie: Ecrits, réunis par Ornella Volta, Paris 1977, S. 39.
 9) Ebenda, S. 40.
10) Ebenda, S. 40.
11) Ebenda, S. 40.
12) Ebenda, S. 41.

# IV. Die Reduktion der musikalischen Mittel

Als Richard Wagner am *Parsifal* schrieb, dachte er daran, „*heitere, freundliche*" Symphonien, „*in denen er sich gar nicht hoch versteigen würde*", zu schreiben.[1] Die Reduktion des während der Romantik nach und nach gewaltig vergrößerten Orchesterapparates ist nicht allein auf die Wirtschaftsmisere und den politischen Zusammenbruch der Mittelmächte am Schluß des Ersten Weltkrieges zurückzuführen, äußere Gründe mögen tatsächlich vielfach maßgebend gewesen sein, aber die bei Wagner und Brahms schon angelegte Tendenz, keine Füllnoten zu schreiben, alles, was erklingt, thematisch bedeutsam werden zu lassen, hat doch schließlich den Ausschlag gegeben. Bei Gustav Mahler verschränken sich Monumentalität mit Intimität, das immer große Orchester wird so gebraucht, daß jedes Instrument seinen besonderen Ton, seine charakteristische Spielweise zur Geltung bringen kann. Nicht selten lösen sich streckenweise kammermusikalische Gruppen aus dem Tutti und bilden eine abgesonderte Einheit: nicht *das* Orchester spielt als quasi anonyme Gesamtheit, wo jede individuelle Klangfarbe durch mannigfache Mischung zu einem schwer zu analysierenden, einheitlichen Ton gerinnt, sondern der Anteil des Einzelnen soll bemerkt werden, seine Verantwortlichkeit ist größer als diejenige des Instrumentalisten im versenkten und unsichtbaren Orchestergraben des Bayreuther Festspielhauses, wo eine Vielfalt mit *einer* Stimme spricht und tönt. Während Schönberg noch an seinen mit kolossalem Aufwand an Instrumentalisten und Sängern arbeitenden *Gurreliedern* instrumentierte, verfaßte er die *Kammersymphonie op. 9* (1906), deren 15 Soloinstrumente nun einen in allen Teilen auseinanderstrebenden, disparaten Gesamtklang erzeugen. Man kann einwenden, daß diese Fassung für Soloinstrumente allein mißglückt sei, da die Streicher gegen die Bläser nicht aufkommen – tatsächlich gibt es eine Fassung op. 9 b für Orchester –, doch der Versuch mit einem Ensemble, wo jeder Teilnehmer zu jeder Zeit auf die intensivste Art etwas Hochbedeutendes zu sagen hat, mußte einmal gemacht werden, und heute kann man die

Klangbalance, wenn sie überhaupt erwünscht ist und nicht gerade das Scheitern dieses Stückes das Faszinierende daran ist, mit modernen Aufnahmegeräten im Studio mühelos herstellen. Daß Schönberg später, nach dem Ersten Weltkrieg bis zu den *Variationen für Orchester op.31* (1927-1928) nur Kammermusikwerke schrieb, ist nicht auf die erwähnten wirtschaftlichen Schwierigkeiten in Deutschland und auch nicht auf eine selbst gewählte Askese, quasi eine Reaktion auf die überbordende Romantik und die luxurierende Klangpracht des Impressionismus zurückzuführen, sondern ganz einfach auf den Umstand, daß in der dodekaphonen Technik jede Verdoppelung eines Tones in der Oktave vorerst einmal verboten war, da dieser Ton nach der damals formulierten Theorie dadurch einen unbeabsichtigten, unwillkommenen Vorrang erlangt hätte, der sich in der grundtonlosen, atonalen Musik von vornherein verbot, – und gerade der Orchesterstil kommt auch dann, wenn alle Stimmen individuell wesentlich sind, nicht ohne gelegentliche Verdoppelungen aus. Richard Strauss, der sich den um 1910 und nach dem Krieg ausbrechenden musikalischen Revolutionen verschloß und das spätromantische Erbe nahezu ungebrochen weiterpflegte, schuf in *Ariadne auf Naxos* (1916) eine Kammeroper, deren 36 Instrumentalsolisten aber einen Klang produzieren und in einem Stil spielen, der sich kaum von dem eines vollen Orchesters unterscheidet. Alban Berg wiederum schrieb während des Auseinanderfallens der k.u.k. Monarchie in Wiens düstersten Tagen am *Wozzeck*, dessen großes Orchester nicht unter dem Zwang wirtschaftlicher Notwendigkeiten, sondern erst später unter dem Eindruck des Erfolges dieser Oper für kleinere Bühnen reduziert wurde, eine Praxis, die Berg wohl von Strauss übernommen hatte, der von seinen Bühnenwerken immer Fassungen für bescheidenere Verhältnisse herstellte.

In den nach dem Krieg erschienenen Aphorismen *Le Coq et l'arlequin* (1918) von Jean Cocteau – sie wurde hier schon einige Male als Kronzeugen der neueren Entwicklung zitiert – hat nun die Reduktion der künstlerischen Mittel einen aus der politischen Situation durchaus verständlichen, antideutschen Akzent. Schon das Vorwort vom 19. März 1918 spricht von Roland Garros, dem berühmten Flieger, der sich aus deutscher Gefangenschaft befreien konnte, und Cocteau ruft zur Befreiung vom deutschen musikalischen Einfluß auf, denn die neue Generation „*fürchte das Enorme*"[2]. Cocteau polemisiert in der Folge gegen Beethoven und Wagner, nur J. S. Bach läßt er gelten, auch Schönberg wird in seiner Bedeutung eingeschränkt, trotz einiger anerkennenden Worte: *„Schönberg ist ein Meister; alle unsere Musiker und auch Strawinsky verdanken ihm etwas, aber Schönberg ist vor allem ein Musiker der Wandtafel."* (Schoenberg est un maître; tous nos musiciens et Strawinsky lui doivent quelque chose, mais Schoenberg est surtout un musicien du tableau noir.)[3] Das Lehrerhafte an Schönberg wird zurückgewiesen, und, was Wagner betrifft, so wird Satie gelobt, der schon Debussy vor dem Bayreuther Meister gewarnt haben soll: *„Satie hatte genug von Wagner schon während der Wagner-Begeisterung, schon als er im Schoße des Rosenkreuzer war* [die Rosenkreuzer propagierten Wagner als Retter aus der Dekadenz der lateinischen Nationen]. *Er warnte Debussy vor Wagner. »Aufgepaßt«, sagte er ihm, »ein Baum des Bühnendekors gerät nicht in konvulsivische Zuckungen, wenn eine Person auftritt.« Das ist die Ästhetik von »Pelléas«."* (Satie a connu le dégoût de Wagner en pleine Wagnerie, au coeur même de la Rose-Croix. Il prévint Debussy contre Wagner. »Attention, lui disait -il, un arbre du décor ne se convulse pas parce qu'un personnage entre en scène.« C'est l'esthétique de »Pelléas«.)[4] Debussy habe sich von dem deutschen Einfluß befreien können, doch habe er Saties *Gymnopedies* auf eine Weise orchestriert, die die klaren Konturen des Stückes vernebelt habe, Cocteau verlangt ein Orchester ohne Streicher, wohl weil deren Klang zu romantisch ausdrucksvoll ist: *„Man kann bald auf ein Orchester ohne die Liebkosung der Streicher hoffen. Eine reiche Drehorgel von Holz- und Blechbläsern und Schlagzeug."* (On peut espérer bientôt un orchestre sans la caresse des cordes. Un riche orphéon de bois, de cuivres et de batterie.)[5] Der impressionistische Schmelzklang wird verworfen und dem kleinen Orchester von Saties *Parade* (1917) Lob gezollt: *„Die impressionistischen Musiker haben geglaubt, das Orchester von »Parade« sei armselig, weil es ohne Sauce ist."* (Les musiciens impressioniste ont cru que l'orchestre de Parade était pauvre parce qu'il était sans sauce.)[6] Nicht nur die karge Orchesterbesetzung, sondern die Schlichtheit ganz allgemein wird zum Programm: *„Jedes neue Werk von Satie ist ein beispielgebender Verzicht."* (Chaque nouvelle oeuvre de Satie est un exemple de renoncement.)[7] Der Reichtum an Mitteln, die Weichheit und das Raffinement der vorangehenden Generationen von Künstlern wird verworfen, und schließlich steht bei Cocteau in lateinischen großen Buchstaben: ,,*Ein Dichter hat immer zu viele Worte in seinem Vokabular, ein Maler zu viele Farben auf seiner Palette, ein Musiker zu viele Noten auf den Tasten.*"

UN POETE A TOUJOURS TROP DE MOTS DANS SON VO-CABULAIRE, UN PEINTRE TROP DE COULEURS SUR SA PALETTE, UN MUSICIEN TROP DE NOTES SUR SON CLA-VIER.[8]

*

Als Cocteau die Künstler unter seinen Zeitgenossen aufforderte, sich in der Wahl der Mittel einzuschränken, war das schon längst Tatsache geworden. Strawinsky aber hat sich noch in der *Musikalischen Poetik* (1939-1940) zu diesen Maximen bekannt:

,,*Was mich betrifft, so überläuft mich eine Art von Schrecken, wenn ich im Augenblick, wo ich mich an die Arbeit begebe, die unendliche Zahl der sich mir bietenden Möglichkeiten erkenne und fühle, daß mir alles erlaubt ist. Wenn mir alles erlaubt ist, das Beste und das Schlimmste, wenn mir nichts Widerstand bietet, dann ist jede Anstrengung undenkbar, ich kann auf nichts bauen, und jede Bemühung ist demzufolge vergebens. (. . .) Was mich von der Angst vor der schrankenlosen Freiheit befreit, ist die Tatsache, daß ich mich unmittelbar an die konkreten Dinge halten kann, um die es sich hier dreht. Ich brauche nur eine theoretische Freiheit. Man gebe mir etwas Begrenztes, Bestimmtes, eine Materie, die meiner Arbeit insofern dienen kann, als sie im Rahmen meiner Möglichkeiten liegt. Sie bietet sich mir mit ihren Grenzen dar. Es ist an mir, ihr nun die meinigen aufzuerlegen. Damit haben wir wohl oder übel das Königreich der Beschränkung betreten. Und dennoch, wer von uns hätte von der Kunst je anders reden gehört als von einem Königreich der Freiheit? Die Art von Ketzerei ist allgemein verbreitet, weil man sich einbildet, daß die Kunst jenseits des normalen Tätigkeitsbereiches liege. Doch kann man auch in der Kunst wie in allen Dingen nur auf festem Grund bauen: was sich der Stützung widersetzt, widersetzt sich auch der Bewegung. Meine Freiheit besteht also darin, mich in jenem engen Rahmen zu bewegen, den ich mir selbst für mein Vorhaben gezogen habe.*"[9]

Strawinskys Ausführungen beziehen sich auf weit mehr als die rein äußeren Mittel einer Komposition, die Instrumentalbesetzung, doch sei im folgenden anhand von einzelnen Werken nachgewiesen, wie wichtig die Beschränkung auf gewisse Instrumente werden könnte. Natürlich gibt es auch bei Strawinsky mehr oder weniger konventionelle Orchesterbesetzungen wie die zum *Feuervogel*, zu *Petruschka*, zu *Le Sacre du printemps* oder der *Nachtigall*, einzelne selten gebrauchte Instrumente wie die kleine Klarinette in D und viel Schlagzeug im *Sacre* gehen nicht über die Besonderheiten hinaus, die auch in Wagners und Debussys Orchesterpartituren anzutreffen sind, Ravel ist da in seiner Oper *Die spanische Stunde* in der Wahl einer Unzahl von Schlaginstrumenten schon anspruchsvoller, daneben gibt es aber bei Strawinsky auch Ensembles, die ganz besonders sind, wie z. B. das zur *Geschichte vom Soldaten*: Deutet auch alles darauf hin, daß das 1918 in Morges am Genfer See komponierte Werk aus rein ökonomischen Gründen zu seiner seltsamen Besetzung kam – Strawinsky suchte in seinem Schweizer Exil während des Krieges nach Möglichkeiten, mit möglichst wenig Aufwand ein zugkräftiges Stück zu schreiben –, so bedeutet die Wahl der Instrumente eine große Herausforderung an die Phantasie des Komponisten, denn sie ist schwierig, sinnvoll zu meistern: Daß von den Streichern, die meist den Grundstock, die „*Sauce*", wie Cocteau verächtlich sagen würde, bilden, nur das höchste und das tiefste Register, Violine und Kontrabaß, da sind, stellt vor große Probleme, die so gelöst sind, daß die Spaltung der Klangfarben nicht nur geduldet, sondern bewußt ausgenützt wird, beide Instrumente sind voll individualisiert und ungewöhnlich eingesetzt: Die Violine verwendet in ihren häufigen Doppelgriffen ebenso häufig die leeren Saiten, auf denen man nicht vibrieren kann, die romantische Beseelung wird also vermieden, während der Kontrabaß in seiner Motorik eine Stütze des differenzierten und reichlichen Schlagzeugs ist. Nicht aus finanziellen Gründen, sondern aus der Bekanntschaft mit Aladar Racz in der Maxim's Bar in Genf heraus verwendet Strawinsky im *Fuchs* (1915-1916) das Cymbalum, das jener Ungar meisterhaft zu spielen verstand. Wieder handelt es sich hier um ein Kammerensemble, das zusammenzubringen aber auch heute noch nicht so einfach sein dürfte, da das ungarische Hackbrett nur selten anzutreffen ist, doch hat sich Strawinsky hier, wie er sagt, *„an die konkreten Dinge gehalten"*, an die einmalige Möglichkeit, jenes halb exotische und reizvolle Instrument zu verwenden. Daß hier und vor allem in den *„Drei japanischen Gedichten"* von 1913 Schönbergsche Einflüsse, Einflüsse des *„Pierrot lunaire"* (1912) spürbar werden, ist nicht ganz von der Hand zu weisen. Strawinsky war begeistert von der Behandlung der Instrumente in jenen drei mal sieben Melodramen – mit dem Sujet konnte er sich nicht befreunden –, und es ist gut möglich, daß er Ähnliches nicht im Sinne einer platten Nachahmung, sondern in der ganz prinzipiellen Individualisierung der Instrumente versuchte. Diese aber hatte auch eine Individualisierung der einzelnen Werke zur Folge, die nun so weit geht, daß der Komponist nicht mehr das durch die Klassik und Romantik genormte Orchester oder kleinere Ensemble immer wieder verwendet. Weniger bei Schönberg, aber in größtem Maße bei Anton Webern ist Ähnliches zu beobachten: jeder von den Liederzyklen, wenn er nicht vom Klavier begleitet wird, verwendet eine besondere Kombination von Instrumenten, die nun, so lobenswert diese Tendenz auch ist, eine rasche und problemlose Verbreitung dieser Werke im Konzertsaal verhindert. Für Strawinsky trifft das in gleichem Maße zu, denn neben den überall gespielten Publikumslieblingen, wie den ersten Balletten, gibt es eine große Zahl von wertvollen Stücken, die eine ausgefallene Besetzung verlangen und deshalb die Konzertorganisatoren vor unwillkommene Probleme stellen. Sie sind daher nur in besonderen Konzertreihen anzutreffen, wo sich die ohnehin schon über Strawinsky gut Informierten zusammenfinden und eine mehr oder weniger geschlossene Gesellschaft bilden. Bei *einem* Werk, bei *Apollon musagète* (1928) sollte man doch eine leichte Verbreitung vermuten, da es nur Streicher verwendet und Streichorchester seit den zwanziger Jahren überall aus dem Boden schossen, um das Erbe an Barockmusik zu pflegen, doch Strawinsky verlangt doppelt besetzte Celli, nicht, wie er ausdrücklich sagt, eine Teilung der ohnehin vorhandenen, was wieder die Organisatoren oder den Dirigenten vor Probleme stellt. Die Bewegung weg vom großen Orchester verrät, wie erwähnt, vielfach eine antiromantische Tendenz, doch greift man zu kurz, wollte man darin den einzigen Grund sehen. Der Wunsch nach Individualisierung, der Wunsch, sich nicht zu wiederholen, wurde in der europäischen Musik seit Beethoven immer stärker, und nicht nur Schönberg und seine Schüler, sondern auch der Russe Strawinsky steht unter derselben Notwendigkeit, immer Neues zu schaffen, weil das Publikum den leichten und unreflektierten Umgang auf dieser Ebene, auf der Ebene der ernsten modernen Musik, gar nicht wünscht und sucht.

Anhand der *Trois Pièces faciles* und von *Les cinq doigts*, die im vorigen Kapitel z. T. ausführlich behandelt wurden, sei noch gezeigt, worin die Reduktion der musikalischen Mittel bestehen kann. Sie sind für Kinder bestimmt oder für Erwachsene, die sich einen guten Teil von Kindlichkeit bewahrt haben. Der Vergleich mit Bartóks *Für Kinder* und den ersten Heften des *Mikrokosmos* oder gar mit Debussys *Children's Corner* und Weberns *Kinderstück* ist aber vollkommen unangebracht, weil sich Strawinsky viele große Beschränkungen auferlegt und das sicher, wie schon dargestellt wurde, nicht nur aus pädagogischen Gründen, nicht damit die Stücke mehr kindgerecht würden. Vorstellbar wäre vielmehr, daß Kinder mit Bartóks Volksliederbearbeitungen viel eher zurecht kommen als mit diesem extrem artifiziellen Sätzchen. In den *Trois Pièces faciles* ist die Seconda so gehalten, daß sie nötigenfalls auch von einem Nichtpianisten gespielt werden könnte, dem man einfach – vielleicht mit Kreide – die Tasten bezeichnen müßte, die er stur und möglichst ungerührt drücken müßte. In *Les cinq doigts* liegen die fünf Finger der rechten Hand meist ein ganzes Stück lang an derselben Stelle, ohne den Daumenuntersatz zu gebrauchen, was Strawinsky anspornte, eine Vielzahl von melodischen und rhythmischen Kombinationen aus den immer gleichen fünf Tönen herauszuholen. Eine Starre und Simplizität der musikalischen Empfindung ist aber gleichwohl die Folge dieses weit über Satie hinausgehenden Verzichtes, eine gewisse Primitivität kann aber je nach dem, wo der ästhetische Standort des Spielers oder Hörers ist, als Mangel oder Gewinn empfunden werden. Die monoton kindlichen Melodien bei Debussy z. B. lösen aber nie dieses Gefühl einer ingeniös, aber seelenlos ablaufenden Mechanik aus wie diese Stücke, deren Phrasierung und Dynamik sich dazu noch an das absolut Nötigste und Schematischste hält, an einige Bindebögen und an die Bezeichnung Forte und Piano, aber manchmal fehlen auch sie. Dazu spielt sich das meiste auf den sieben weißen Tasten ab, die Romantik eines Chopin und anderer gefiel sich lange genug auf den schwarzen Tasten von Des-dur oder es-moll, die weißen Tasten versprechen nun eine neue Einfachheit, Geradlinigkeit und eine Rückkehr zu den ursprünglichen Elementen der Musik, dabei aber bleibt jede der simplen und oft uniformen Wendungen der Melodien streng kontrolliert von einem stets wachen Kunstverstand, die Herzlichkeit und Wärme von Bartóks Stücken für Kinder fehlt durchaus, und doch strahlt Strawinskys Musik eine unsentimentale Fröhlichkeit aus, da das selbst auferlegte Gesetz zu neuer Freiheit führt. Das Notenbild freilich wirkt arm und reizlos, vergleicht man es mit demjenigen von Stücken Debussys, wo Eleganz, Zartheit und Feinheit herrscht und jede Seite auch als Bild und nicht nur als Spielanweisung gelten sollte. Debussy überwachte den Druck seiner Werke genau. Geht in andern seither entstandenen Ausgaben die diskret bibliophile Aufmachung verloren, so wird dieser Musik eine ihrer Dimensionen, die optische, genommen. Auch die Handschrift der beiden Komponisten ist total verschieden: Von *Pelléas et Mélisande* und *Le Sacre du printemps* sind die Skizzen im Faksimile erschienen[10], der Leser kann Zeuge des Werdeprozesses werden, der bei Debussy nur leichtes Tupfen und Tasten mit der Feder, bei Strawinsky aber robuste Zeichengebung ist. Beide streichen hie und da aus, Debussy mit zart fliehenden Linien, Strawinsky mit sich in das Papier eingrabenden, schwungvollen Wellen.

Strawinsky hat sich von den fünfziger Jahren an auch der Zwölftontechnik bedient, nachdem er noch kurz vorher bekannte, daß ihm die sieben diatonischen Töne noch lange gut genug seien. Soll man darin ein Abweichen von den ursprünglich gewählten Grundsätzen sehen? Wohl kaum. Auch die gewissenhafte Anwendung einer Reihe aus zwölf Tönen schützt vor dem Überborden einer unkontrollierbaren Phantasie, der Strawinsky auf das tiefste mißtraute.

Anmerkungen:

1) C. Wagner: Die Tagebücher 1878-1883, München 1977, S. 201.
2) J. Cocteau: Le Rappel à l'ordre, Paris 1948, S. 14.
3) Ebenda, S. 24.
4) Ebenda, S. 25 f.
5) Ebenda, S. 31.

6) Ebenda, S. 33.
7) Ebenda, S. 33.
8) Ebenda, S. 21.
9) I. Strawinsky: Leben und Werk, von ihm selbst, Zürich-Mainz 1957, S. 202 f.
10) C. Debussy: Esquisses de ,,Pelléas et Mélisande" (1893-1895), publiées en fac-similé avec une introduction par François Lesure, Genf 1977. – I. Strawinsky: The Rite of Spring, Le Sacre du printemps, Sketches 1911-1913, London-Paris 1969.

# V. „Eine Musik für alle Tage"

Die Reduktion der musikalischen Mittel hat – was im vorigen Kapitel schon angedeutet wurde – ihre Auswirkung auf den Gehalt der Musik und auf die Gefühlslage, in der diese Musik komponiert wird. Der Künstler stellt andere, bescheidenere Ansprüche an die Gesellschaft, er ist nicht mehr Seher, Hohepriester eines Geheimbundes, die Musik will nicht mehr größer und tiefer als Religion und Philosophie sein wie bei Beethoven oder Wagner, aber auch die eigene, französische Tradition des musikalischen Impressionismus, der ja in vielem nur ein Abkömmling, eine subtilere Spielart der Romantik war, wird von Cocteau negiert:
„*Genug Wolken, Wellen, Aquarien, Undinen und Wohlgerüche in der Nacht; wir brauchen eine Musik auf der Erde, eine Musik für alle Tage. Genug Hängematten, Girlanden, Gondeln! ich will, daß man mir eine Musik baut, in der ich wohne wie in einem Haus. (. . .) Unsere Musik soll nach dem Maß des Menschen gemacht sein. Die Musik ist nicht immer Gondel, Rennpferd, hohes Seil. Sie ist auch manchmal Stuhl.*" (Assez de nuages, de vagues, d'aquariums, d'ondines et de parfums la nuit; il nous faut une musique sur la terre, UNE MUSIQUE DE TOUS LES JOURS. Assez de hamacs, de guirlandes, de gondoles! je veux qu'on me bâtisse une musique où j'habite comme dans une maison . . . Notre musique doit être construite à mesure d'homme. La musique n'est pas toujours gondole, coursier, corde raide. Elle est aussi quelquefois chaise.)[1]
Der Entstehungsprozeß von Kunst wird seiner behaupteten oder tatsächlichen Geheimnisse entkleidet: „*Man muß sich zuerst setzen, nachher denkt man.*" (IL FAUT S'ASSEOIR D'ABORD, ON PENSE APRES)[2] Und ein wenig später heißt es, gewisse Wendungen aus Strawinskys *Poetik* vorwegnehmend:
„*Ich arbeite an meinem Holztisch, auf meinem Holzstuhl, mit meiner Holzfeder, was mich nicht daran hindert, in einem gewissen Maße für den Lauf der Sterne verantwortlich zu sein. Ein Träumer ist immer ein*

*schlechter Dichter.*" (Je travaille à ma table de bois, sur ma chaise de bois, avec mon porte-plume de bois, ce qui ne m'empêche pas d'être responsable, dans une certaine mesure, du cours des astres. Un rêveur est toujours mauvais poète.)[3]

Die Musik ist nicht mehr etwas Entrücktes, Unberührbares, Heiliges, sie ist dem alltäglichen Zugriff der Menschen ausgeliefert: *„Nicht Musik, in der man schwimmt, und auch nicht Musik, auf der man tanzt: Musik, auf der man gehen kann.*" (Ni la musique dans quoi on nage, ni la musique sur qui on danse: DE LA MUSIQUE SUR LAQUELLE ON MARCHE.)[4] Die Alltagsmusik der Variétés und des Zirkus wird gefeiert, die alte Tradition der französischen Musik, die vor allem zu gefallen, zu unterhalten suchte, wird wieder neu beschworen, und das Leben wird nicht der Kunst aufgeopfert, sondern Lebensfreude und Genuß an die erste Stelle gerückt: *„Man muß ein lebender Mensch sein und ein posthumer Künstler.*" (IL FAUT ETRE UN HOMME VIVANT ET UN ARTISTE POSTHUME.)[5] Die in der Romantik und dem Impressionismus häufige Projektion des Seelenlebens auf die Natur und die Nacht wird verpönt, denn der Künstler empfindet die Großstadt und die moderne Technik nicht mehr als ihm feindlich, brutal und schlagend wird die Umwertung der künstlerischen Werte vollzogen mit dem Satz: *„Die Nachtigall singt schlecht.*" (Le rossignol chante mal.)[6] Der zauberhaft singende Vogel der Nacht, der im 19. Jahrhundert zu so vielen Gedichten und Liedern inspirierte, soll nun plötzlich ein schlechter Sänger sein, denn: *„Die Emotion, die aus einem Kunstwerk entsteht, zählt nur dann wirklich, wenn sie nicht durch eine sentimentale Bestechung erlangt wird.*" (L'émotion qui résulte d'une oeuvre d'art ne compte vraiment que si elle n'est pas obtenue par un chantage sentimental.)[7]

Satie nimmt 1923 einige der von Cocteau geäußerten Gedanken auf, ohne sich ganz – man merkt es dem spöttischen Ton an – mit ihnen zu identifizieren, doch die Feststellung, daß man sich nun nicht mehr „Künstler" nenne, weil ja, wie schon dargestellt wurde, dieses Wort durch die Vergangenheit zu stark belastet ist, findet sich in dieser Klarheit und Schärfe bei Cocteau nicht und weist voraus auf die hier noch zu zitierenden Stellen aus Strawinskys *Poetik*, die sich freilich ausführlicher als Satie zu diesem Punkt äußern, der hier nur nonchalant gestreift wird:

*„»Der neue Geist« lehrt, sich den simplen Gefühlen zuzuwenden, dem geradlinigen Ausdruck – einer Art hellsichtigen Bestätigung von Klängen und Rhythmen (von genauer, akzentuierter Zeichnung – voll von Demut und Verzicht) . . . Ich rede von der Musik. Wir haben nicht mehr nötig, uns »Künstler« zu nennen – indem wir diese glänzende Bezeichnung den Haar- und Fußpflegern überlassen."* (L'esprit nouveau enseigne à se diriger vers la simplicité émotive, vers la fermeté d'expression – sortes d'affirmation lucide de sonorités et de rhythmes (au dessin précis, accentué – tout d'humilité et de reoncement) . . . Je parle de la musique. Nous n'avons plus besoin de nous dire »artistes« – laissant cette dénomination reluisante aux coiffeurs et aux pédicures.)[8]

Cocteau hat dieses neue künstlerische Klima nicht geschaffen, er reagierte nur hellhörig darauf und machte sich zum Herold der sich üerall zeigenden Bestrebungen, Satie wiederum galt vielen als Vorläufer und Prophet der Entwicklung nach dem Ersten Weltkrieg, begann er doch schon früh, wie hier gezeigt wurde, die *„Mechanik"* der Musik zu demolieren, die eben gerade erst durch Verzerrung zur Mechanik wurde, früher aber vorgab, etwas unwillkürlich Gewordenes, gnadenvoll Geschenktes zu sein. Musik als zweite Natur, als unaufhörlich raunendes *„Weltwissen"*, das wollte Wagner oder zum mindesten die Wagnerianer glaubhaft machen! Damit war es nun bei Cocteau vorbei, daß der Musik aber, vor allem bei Strawinsky, neue große Qualitäten zuwuchsen, kam ihm nicht bei. Seine provokanten Aphorismen passen eher zu den Zeitgenossen des Russen, dem Adorno schlimme Eigenschaften nachsagt, die eher auf Poulenc und Auric gemünzt scheinen, obschon Strawinsky in seiner *Chronik* und in der *Poetik* mit den Wölfen zu heulen vorgibt. Doch gilt es, über die theoretischen und weltanschaulichen Äußerungen eines Komponisten hinaus vor allem dessen Musik zu befragen, die oft wesentlich anders und tiefer ist, so hier im Falle von Strawinsky, dessen Musik Adorno sehr einseitig als *„infantilistisch"*[9] schilt, sie schließe *„die Beseelung"* aus[10], weise *„den Ausdruck"* ab[11] und sei von *„emotionaler Flachheit"*[12]. Adorno scheut nicht davor zurück, sich die Rolle eines Psychiaters anzumaßen, der einen klinischen Befund abgibt. Es sei nicht geleugnet, daß er einen Teil der Wahrheit über Strawinskys Musik mit unübertreffbarer Klarheit und feindseliger Härte trifft, doch verraten seine Anschuldigungen nicht nur eine Voreingenommenheit, die durch seine starke Bindung an Schönberg und dessen Schule verständlich und verzeihlich ist, sondern eine beklagenswerte Unvertrautheit mit dem geistigen Milieu in Paris: Der Franzose liebt es, zu provozieren, einer eleganten Formulierung wegen zu übertreiben und sich vom Tiefgang der Gefühle süffisant zu distanzieren, nach Cocteau haben sich neue Generationen in derselben Tonart zu Zeitfragen geäußert und damit nur eine zarte Verletzlichkeit und eine im Grunde ehrfürchtige Scheu vor Empfindungen überdeckt. Strawinsky als Wahlfranzose gehört ganz in diesen geistigen Zusammenhang, der im folgenden stärker beleuchtet werden soll.

*

Strawinskys *Musikalische Poetik*, die Vorlesungen, die er an der Harvard University von 1939 bis 1940 hielt, wäre ohne Cocteau und Satie nicht möglich geworden, viele ihrer Gedankengänge beziehen sich unmißverständlich auf *Le Coq et l'arlequin* und Saties Aufsätze, die um 1920 in Paris im Gespräch waren, und doch geht Strawinsky über Cocteau hinaus, weil er sich nicht in Bildern ausdrückt, sondern mit abstrakten Begriffen dem Entstehen von Musik und ihrer Bedeutung auf den Grund zu kommen sucht, und er geht auch über Satie hinaus, der sich als ewiger Außenseiter, aber hellsichtiger und scharfzüngiger Kommentator immer wieder von dem, was ihm eigentlich am nächsten liegen sollte, zu distanzieren sucht. Zur Inspiration, zu Kunst und Künstlern äußert Strawinsky sich in einer so gründlichen und sachlichen Weise, daß sie heute noch bedeutend und bemerkenswert ist, mag sie zur Zeit ihrer Entstehung, der Epoche zwischen den beiden Kriegen, auch kulturschänderisch auf jene gewirkt haben, die noch immer in der romantischen Vorstellungsweise befangen waren:

*,,Inspiration, Kunst, Künstler – das sind zum mindesten recht verwirrende Worte. Sie hindern uns, klar zu sehen in einem Bereich, in dem alles Ausgleich und Berechnung ist und in dem der Atem des spekulativen Geistes weht. Danach, und wirklich erst danach, entsteht jene Gefühlserregung, die der Inspiration zugrundeliegt. Man spricht unzüchtig von dieser Gefühlserregung, wenn man ihr einen Sinn unterlegt, der hemmend auf uns wirkt und die Sache selbst kompromittiert. Ist es*

*nicht klar, daß diese Erregung nichts anderes ist als eine Reaktion des schöpferischen Menschen im Kampf mit jenem Unbekannten, das bis jetzt nur ein Objekt seiner Schöpfung ist und das ein Werk werden soll? An ihm ist es nun, das Werk zu entdecken, Glied um Glied, Masche um Masche. Diese Kette von Entdeckungen, und jede Entdeckung für sich, ruft die Erregung hervor – eine Art von physiologischem Reflex, so wie der Appetit den Speichel hervorruft –, und diese Erregung folgt stets, und zwar genau, den Stufen des schöpferischen Vorgangs.*"[13]

Saties Gedanke, daß es nicht mehr Mode sei, sich „*Künstler*" zu nennen, wird nun vertieft und in bestimmte historische Dimensionen gebracht:

*„Der Philosoph Jacques Maritain macht uns darauf aufmerksam, daß in dem machtvollen Aufbau der mittelalterlichen Zivilisation der Künstler lediglich den Rang eines Handwerkers hatte, und daß seinem Individualismus jede Art von anarchischer Entfaltung untersagt war, da eine natürliche soziale Ordnung ihm von außen her gewisse Einschränkungen auferlegte. Ursprünglich wurde der Name Künstler allein den »maîtres des arts« zuerkannt: den Philosophen, Alchimisten und Magiern; Maler, Bildhauer, Musiker und Dichter hatten jedoch nur Anspruch auf die Bezeichnung Handwerker.*"[14]

Die schöpferische Fähigkeit wird entmystifiziert, sie sei „*mit der Gabe der Beobachtung verbunden. Und man erkennt den wahrhaft schöpferischen Menschen daran, daß er überall etwas findet, was der Beobachtung wert ist, selbst in den einfachsten und bescheidensten Dingen.*"[15] Schon Cocteau nannte Saties künstlerischen Weg „*bescheiden*", und Satie selber nennt den „*neuen Geist*" um 1920 „*voll von Demut und Verzicht*" und er gab sich schon in den achtziger Jahren des letzten Jahrhunderts, als er noch ganz in der Verehrung des Mittelalters, der Kathedralen und ihrer farbigen Fenster befangen war, den Namen „*Monsieur le Pauvre*". Um ein so großes und inhaltsschweres Wort wie „Liebe" in alltäglichere und doch erhabene Maße zurückzubringen, es seiner vielen schwülen und neurotischen Seiten zu entkleiden, beruft sich Strawinsky wieder auf das Mittelalter, dessen Theologen die „*reine Liebe*" folgendermaßen beschrieben haben sollen: „*Erkennen, um zu lieben – lieben, um zu erkennen: wir drehen uns da nicht im Kreis, wir steigen in einer Spirale empor, vorausgesetzt, daß wir eine prinzipielle Anstrengung machten, ja sogar eine beharrliche Übung.*"[16] Es geht nicht darum, die Gefühle zu erniedrigen und zu verlachen, wie man oft bei Cocteau den Eindruck hat, für Strawinsky kann die Nachtigall durchaus schön singen, wenn sie und ihre Kunst sich, der rechten Proportionen bewußt, in einen größeren Zusammenhang einordnet. Der Verstand, weit davon entfernt, mit kaltem Sinn zu herrschen, wird zum Verbündeten des Gefühls, unnütz wäre es, einem von beiden Komponenten den Vorrang zu geben. Inspiration und Gefühl werden in ihrer Bedeutung nicht verkannt, doch versucht Strawinsky gerade durch „understatement" den irrationalen Mächten erst richtig auf den Grund zu kommen, sie einsehbar zu machen, ohne sie zu entweihen, denn durch alle seine nüchternen Ausführungen klingt ein Ton von Respekt und von einer fast religiös zu nennenden Bereitschaft, sich in ein Ganzes einzufügen. Der romantische Geniekult wird aufgegeben, ohne daß im Grunde der künstlerische Schöpfungsakt etwas von seinem Geheimnis verlöre, denn gerade das Erkennen, die Lust am Entdecken, der Appetit, der mit seinen zuerst vielleicht stoßenden physiologischen Aspekten beschrieben wird, sind lebensspendende Mächte.

Die Tendenz, die Bedeutung aller geheimnisvollen Kräfte, denen ein Künstler begegnen kann, herunterzuspielen und gerade dadurch stärkste Wirkungen zu erzielen, sei an einer Stelle der *Geschichte vom Soldaten,* am Erwachen der Prinzessin, dargestellt: Der Soldat spielt zuerst einen der um 1918 als unsittlich verschrienen Modetänze, einen Tango, ohne allen sentimentalen, weichlichen Schmelz, denn neben der einen Geige ist nur das Schlagzeug beteiligt, das den Tanzrhythmus, wie er in der Melodie erklingt, auf eigenwillige Weise kontrapunktiert. Er ist in seine kleinsten, noch erkennbaren Elemente zerlegt, der südländische, herrische Stolz der punktierten Noten wechselt ab mit kapriziös hingetupften Sechzehnteln und schmachtenden Glissandi, die alle bei einem Tango, der als Unterhaltungsmusik getanzt werden könnte, in festgefügte Perioden integriert wären, hier aber, auf das Wesentlichste reduziert, in ihrer Zeichenhaftigkeit noch eindringlicher wirken. Die Naivität des Modells ist verlorengegangen, und kein Liebhaber von südamerikanischer Tanzmusik möchte hier mittanzen, wo jede Körperbewegung in ihrer bewußtlosen Motorik gleich durch Reflexion angehalten würde. Im Augenblick, wo die Prinzessin erwacht, setzt die Klarinette mit einer Arabeske ein und begleitet dann die Geige, die das kurze Fragment einer in ihrer Klangfarbe verschleierten Melodie spielt. Der Vergleich mit Brünnhildes Erwachen aus dem *Sieg-*

*fried* mag vielleicht als an den Haaren herbeigezerrt anmuten, denn es scheint hier das für jeden Vergleich letztlich notwendige Gemeinsame zu fehlen. Er zeigt nur, bei Wagner, sakrale Weihe und einen extrem langen Atem der Entwicklung, der schon manchen Regisseur vor Probleme gestellt hat, bei Strawinsky aber Mangel an Sentimentalität, dafür Kürze und Beschränkung auf das Charakteristischste. Zwischen Brünnhildes und der Prinzessin Erwachen steht, historisch und ästhetisch gesehen, dasjenige der Mélisande im fünften Akt des *Pelléas*, das wieder sehr kurz, aber nicht im Sinne eines Konzentrates, sondern im Sinne einer Andeutung ist. Der musikalische Klang hat etwas Atmosphärisches, Fernes, während er bei Strawinsky nahe und geradezu mit den Händen berührbar wirkt. Auf den Tango folgt ein Walzer, der in seiner Ausgezehrtheit gegen alle Gewohnheiten eines solchen Tanzes komponiert wirkt. Die Bewegungen der mittanzenden Prinzessin sind nun von der Beseeltheit einer Marionette, sie haben den Zauber des Leblosen, das in seiner Künstlichkeit und Starrheit gerade besonders faszinierend wirkt. Ein Vergleich mit Schönbergs Walzer aus den *Klavierstücken op. 23* von 1923 könnte wieder den fast unvereinbaren Kontrast zeigen: bei Strawinsky die Kodifizierung aller wesentlichen Eigenschaften des Walzers in Kurzformeln, bei Schönberg ein Verschwinden des Walzerrhythmus unter kompliziertesten Variationen, eine Furcht vor dem musikalisch Gemeinplätzigen, das doch mäßigend auf die Vorstellungskraft des Komponisten einwirkt, der hier zum erstenmal die Zwölftontechnik anzuwenden wagt, deren Tauglichkeit noch erwiesen werden muß.

Schönberg nennt in seiner *Harmonielehre* von 1911 ,,*Vornehmheit, Ungewöhnlichkeit und Wahrhaftigkeit*" neben Intensität als die Adelserfordernisse wahrer Kunst[17], Strawinskys Verwendung eines schnöden Modetanzes wie des Tangos scheint damit wieder unvereinbar zu sein. Doch Strawinsky paktiert nur mit dem Alltag in seiner ganzen Banalität, um daraus etwas höchst Ungewöhnliches zu machen, die ratlose Haltung gegenüber dieser Musik, die Leute von unreflektiertem Umgang mit Musik an den Tag legen, beweist das schlagend. Schönberg hatte die Gewohnheit, das Machen von Musik mit Hilfe der Zwölftontechnik als ,,*Familienangelegenheit*" zu bezeichnen, es als etwas vollkommen Privates auch nicht seinen Nächsten darzulegen, was die Musik *ist*, nicht wie sie *gemacht* wurde, sei das Entscheidende, bemerkte er gegenüber Kolisch, der die Zwölftonkonstruktion des dritten Quartetts herausgefunden hatte. Dagegen wird nun bei Strawinsky, wie Adorno tadelnd bemerkt, *„das Machen seiner selbst bewußt"*[18], doch nicht, wie gezeigt wurde, in seinem vollen Umfang. In hellem Kontrast stehen sich hier wiederum französische und deutsche Mentalität gegenüber, diese repräsentiert durch Wagner, der während der Arbeit am *Parsifal* bekannte, *„ nur wenn er unreflektiert schaffe, stünde ihm alles zu Gebote, wenn er aber überlege, wie ein Thema in eine andere Tonart zu bringen sei, verwirre er sich!"*[19], jene durch Cocteau, Satie und Strawinsky, der die Arie *La donna è mobile* aus dem *Rigoletto* besser fand als den *„rhetorischen Redeschwall der Tetralogie (. . .) Während man Verdi dem Repertoire der Drehorgeln überließ, gefiel man sich, in Wagner den Typus des Revolutionärs zu feiern. Nichts ist bezeichnender, als daß man die Ordnung an die Muse der Hinterhöfe in dem Augenblick ausliefert, in dem man das Erhabene im Kult der Unordnung verherrlicht."*[20] Strawinsky regrediert nicht in eine starre vorindividualistische Phase der Menschheitsgeschichte, indem er die ständische und hierarchische Ordnung des Mittelalters lobt, er möchte nur die Grenzen zwischen Gefühl und Vernunft, die keine feindlichen Brüder zu sein brauchen, neu ausmachen. Sein Lob des Handwerks verrät nicht eine Wendung hin zur seelenlosen Routine, was es freilich für viele seiner robust und tüchtig Fugen zusammenzimmernden Zeitgenossen war. Unbestreitbar war und ist der Niedergang des Handwerks in einer Zeit, in der, wie auch Strawinsky bekennt, alles möglich, alles erlaubt ist. Die Reduktion der musikalischen Mittel wird deshalb gefolgt von einem Verzicht auf Metaphysik, der die Musik vor wuchernder Unordnung durch selbst gewählte Disziplin schützen soll.

**Anmerkungen:**

1) J. Cocteau: Le Rappel à l'ordre, Paris 1948, S. 28 f.
2) Ebenda, S. 21.
3) Ebenda, S. 22.
4) Ebenda, S. 28.
5) Ebenda, S. 19.
6) Ebenda, S. 18.
7) Ebenda, S. 19.
8) E. Satie: Ecrits, réunis par Ornella Volta, Pairs 1977, S. 41.
9) Th. W. Adorno: Philosophie der Neuen Musik, Frankfurt 1958, S. 151.
10) Ebenda, S. 155.
11) Ebenda, S. 163.
12) Ebenda, S. 163.
13) I. Strawinsky: Leben und Werk, von ihm selbst, Zürich-Mainz 1957, S. 193.
14) Ebenda, S. 194.
15) Ebenda, S. 196.
16) Ebenda, S. 196.
17) A. Schönberg: Harmonielehre, Wien 1922, S. 25.
18) Th. W. Adorno: a.a.O., S. 172
19) C. Wagner: Die Tagebücher 1878-1883, München 1977, S. 36.
20) I. Strawinsky: a.a.O., S. 200 f.

# VI. Zurück zu Bach

Als Bachs *Matthäuspassion* am 15. April 1729 zum erstenmal in Leipzig aufgeführt wurde, blieb sie unbeachtet, erst die Wiederaufführung durch Mendelssohn am 11. März 1829 – also fast genau hundert Jahre später – machte aus der ganz an den Gottesdienst und kirchlichen Alltag gebundenen Musik ein Kunstwerk im großen Sinne des Wortes, erst jetzt wurde sie mehr als ein historisches Dokument zu jenem Karfreitag im Jahre 1729. Die bis heute steigende Beliebtheit J. S. Bachs, der auch die altmodischen und oft unfreiwillig komischen Texte zu den Arien der Kantaten und Passionen nichts anhaben konnten, löste dessen Musik aus dem kirchlichen, funktionalen Zusammenhang, gab ihr einen auratischen Schein des Unnahbaren und machte sie zugleich durch die Aufnahme im profanen Rahmen frei verfügbar. Daß J. S. Bachs Musik sogenannte alte Musik ist, daß uns eine Schranke von ihr trennt, da die unmittelbare Aufführungtradition abgebrochen ist und nur mit Mühe in authentischer Form wiederhergestellt werden kann, macht aus ihr etwas Entferntes, einen Gegenstand der musikalischen „Archäologie", da auch der von Bach kultivierte Kontrapunkt in der Klassik und Romantik nicht mehr die Muttersprache der Komponisten, sondern eine Art gelehrte Vatersprache wurde, die man mühsam, aber mit gebührendem Respekt neu erlernen mußte wie das Latein während des Mittelalters und der Neuzeit. Die Satztechnik der Fuge und des Chorals verband sich aber mit den jeweils aktuellen Kompositionstechniken: in Mendelssohns sechs *Orgelsonaten op. 65* (1844) mit der Tradition des romantischen Lieds oder des lyrischen Charakterstückes, bei Schumann ganz allgemein mit einer kühneren Harmonik, die aber zum großen Teil gerade aus Bachs harmonischen Erfindungen abgeleitet worden ist, und bei Liszt auch mit der noch um die Mitte des 19. Jahrhunderts als gewagt geltenden Harmonik seiner *Années de Pèlerinage* und vor allem mit dem rhapsodischen Stil seiner Klavierimprovisationen, der aber auch wieder auf Bachs Phantasien und Toccaten zurückging. Zugleich wurde aber Bachs Werk der gängigen Aufführungs-

praxis angepaßt, ganz selbstverständlich war noch fast bis in die Mitte des 20. Jahrhunderts die Verwendung eines Flügels anstelle eines Cembalos als Continuo-Instrument, und durch differenzierte Phrasierungsbögen, dynamische Angaben und poetisierende Vortragsbezeichnungen wurden aus Bachs Fugen selber romantische Klavierstücke gemacht, ein als künstlerisch angemessen betrachtetes Rubato in der Interpretation tat ein übriges, daß Bachs Werke mit dem Lauf der Zeit nicht nur entstellt wurden – diese puritanische Meinung wäre unangemessen –, sondern daß sie wuchsen und sich verwandelten, also immer neu zur musikalischen Gegenwart wurden. Schon Mendelssohn hatte an der *Matthäuspassion* Kürzungen vorgenommen, Spitzentöne des Tenors heruntergesetzt, Klarinetten anstelle von Oboi da caccia und Oboi d'amore verwendet, einen Choral a capella singen lassen und ein Rezitativ – dasjenige, wo der Vorhang im Tempel zerreißt – uminstrumentiert, doch bedeutete das noch keine regelrechte und tadelnswerte Bearbeitung, sondern eher eine Auffrischung, ein vorsichtiges Anpassen an die aktuellen Verhältnisse so wie Mozarts Händel-Bearbeitungen, doch bewirkten gerade die gleichzeitige Nähe und Ferne zum Thomas-Kantor, daß er in seiner Musik während des ganzen 19. Jahrhunderts ständig als Ferment gegenwärtig war, das die kühnsten kompositorischen Formulierungen herbeiführte. Bei Mozart wirkte Bach sogar als Krisenstifter: Er nahm um 1782 dem jüngeren Komponisten für eine gewisse Zeit die Selbstsicherheit und Selbstverständlichkeit des Produzierens – Fragmente und mißglückte Stücke sind die Folge –, bis dann ein neuer, komplexerer Stil daraus entstand, der Bachs Stil nicht respektvoll nachahmt, sondern ihn vielmehr auf eigenständige Weise weiter entwickelt bis zu dem Punkt, wo Mozarts Einverständnis mit den allgemein geltenden, stilistischen Tendenzen seiner Epoche aufhört.
Nähe und Ferne zu Bach, das was Strawinsky im Zusammenhang mit *Pulcinella* als *„Liebe und Respekt"* definieren sollte (vgl. das Kapitel „Erik Satie: Die demolierte Mechanik der Musik"), finden sich auch bei den französischen Komponisten, allen voran bei Saint-Saëns, wieder, der sich auch als Wissenschaftler um das Erbe an Barockmusik seines Landes kümmerte. Zur Zeit der größten Begeisterung rund um Wagner, wahrscheinlich 1880, äußerte er sich zum Problem der Aufführung Händelscher und Bachscher Werke:

„Ich bin im Begriff, bei einer Menge Leute Anstoß zu erregen: Aus meiner Sicht ist die Aufführung von Werken Händels und Bachs nichts als Trug. Es kann auf diesem Gebiet lediglich mehr oder weniger kuriose Versuche geben, die zur Freude des Eingeweihten und des Bücherwurms angestellt werden – bis zu der vom Schöpfer erträumten Realisierung jedoch ist es von hier aus noch ein weiter Weg. Stellen Sie sich einen Dirigenten vor, der die Absicht hat, ein solches Werk aufzuführen, und eine Partitur von Händel aufschlägt. Er wird dabei etwa so empfinden wie ein Herr, der sich mit seiner Familie in einer uralten, seit Jahrhunderten unbewohnten Ritterburg einzurichten sucht. Vom ersten Beginnen an wird sich vor ihm gähnende Leere wie in einer romanischen Vorhalle ausbreiten. Diese Noten unterscheiden sich in allem von dem, was man für gewöhnlich zu sehen bekommt. Da gibt es keinerlei Nuancierung, keine Strichbezeichnungen, die Angabe der Tempi bleibt rätselhaft oder fehlt gänzlich, der Baß ist nur beziffert – vom ersten Blick an merkt man, daß hier erneuert, rekonstruiert werden muß. Doch in welchem Ausmaß, in welchem Sinn? Darüber hat jeder seine eigenen Vorstellungen. Es gibt keinerlei Traditionen. Selbst in England, das sie als einziges Land noch bewahren konnte, sind sie in Verlust geraten. Hier aber, sprechen wir es doch aus, liegt für impulsive Naturen der Reiz einer solchen Aufführung."

Zeitgenössische Dirigenten „würden gewiß nicht so viel Eifer daransetzen, wenn die Notwendigkeit, am Meisterwerk mitzubasteln, nicht bestünde, wenn es dieses Vergnügen, selbst ein wenig Schöpfer zu sein, nicht gäbe."[1]

Nachdem er sich eine Seite lang über Händel geäußert hat, kommt Saint-Saëns auf Bach zu sprechen:

„Schlagen wir nun eine Partitur von Johann Sebastian Bach auf – da erwarten uns recht andersgeartete Überraschungen. Auf einmal liegt vor uns eine völlig neue Welt mit unbekannter Flora und Fauna. Die Flora – das sind bizarre Harmonien und eine ganz außergewöhnliche Melodik, und all dies weckt ähnliche Empfindungen, wie sie beim Betrachten eines Bildes von Memling oder eines Dürerstiches enstehen. Die Fauna aber – sind die Instrumente. Bei Händel haben wir es lediglich mit Instrumenten zu tun, die auch heute im Gebrauch sind. Die Hörner und Trompeten sind zwar etwas hoch, doch nicht unspielbar

*notiert. Bei Bach finden wir drei Flötenarten, in unterschiedlichen*
*Schlüsseln notiert, drei Oboenarten: die übliche Oboe, die Oboe d'a-*
*more (eine Terz tiefer) und die Oboe da caccia (eine Quinte tiefer),*
*weiter mehrere Arten von Trompeten: die Trompete, die Clarine, die*
*Zugtrompete, wobei die eine in die tiefen Lagen führt, die anderen*
*aber bis in die höchsten Spitzentöne, die fast übernatürlich scheinen.*
*Auch die Hörner steigen in höhere Lagen als unsere heute gebräuchli-*
*chen, und für gewöhnlich bleiben sie auch da oben. Da gibt es eine*
*Violino piccolo, ein Violoncello piccolo, die Viola d'amore und Gam-*
*ben; es gibt ein phantastisches Fagott, das bis zum Sub-Kontra-G hin-*
*absteigt. In den Chören, höchstwahrscheinlich für eine kleine Zahl*
*ausgebildeter Sänger komponiert, wimmelt es von Schwierigkeiten,*
*von Trillern, Koloraturen, von Sprüngen bis über zwei Oktaven. Und*
*in dieser Hinsicht stehen die Soli den Chören in nichts nach."* [2]

Nachdem er die freie und sorglose Art der Engländer, mit diesen Werken
umzugehen, beschrieben hat und die *„unwandelbare Geduld"* des englischen Publikums, kommt er auf die französischen Verhältnisse zu sprechen:

*„Hierzulande würde es kein Mensch wagen, das Publikum dazu an-*
*zuhalten, fünf Stunden lang Fugen und endlos lange Arien über sich*
*ergehen zu lassen. Die Werke müßten gestrichen, gestutzt, ja ver-*
*schandelt werden, um sie annehmbar zu machen."* [3]

Hier spricht Saint-Saëns aus eigener, schmerzlicher Erfahrung, konnte
doch seine Oper *Samson et Dalila* bis in die neunziger Jahre hinein in Paris nicht szenisch aufgeführt werden wegen des biblischen Sujets, und
weil sie den beiden Meistern Bach und Händel musikalisch einiges verdankt. Obschon der auch Wagner propagierende Dirigent Charles Lamoureux in den 1873 gegründeten „Société de l'harmonie sacrée" Orato-
rien der beiden Altmeister aufführte, zog das Pariser Publikum bis zum
endgültigen Durchbruch von Wagners Werken das leichte Genre bei wei-
tem vor. Der Genuß von Musik wurde ernster und intensiver gerade
durch Wagner, dessen Werke bei verdunkeltem Saal gespielt werden wollten, vorher blieb der Saal hell erleuchtet, und das Publikum fuhr mit seinen vielfältigen Gesprächen während derr Aufführung fort. Die vom
Bayreuther Meister geforderte Vertiefung des musikalischen Eindrucks
kam auch den älteren Komponisten zugute, denn, so fährt Saint-Saëns

fort, „*die alten Werke müßten aufgeführt werden, aber nicht im Hinblick auf ein unmittelbares und vollständig künstlerisches Vergnügen, sondern um zur Bildung von Musikern, Publikum und Komponisten beizutragen. Die Künstler werden dort die hohe Schule des Stils kennenlernen, das Publikum wird sich dabei die Gewohnheit zu eigen machen, ernsthaften Stücken zu lauschen, die Komponisten werden hier einen Ansatzpunkt finden, aus dem schöne und große Werke hervorgehen werden, die den Beifall finden werden, den sie verdienen.*“ [4] Saint-Saëns sieht hier eine Form von Konzertreihen voraus, die sich heute längst verwirklicht hat: auf bestimme Stile, Epochen und Gattungen spezialisierte Konzerte, denen ein dafür eigens interessiertes Publikum regelmäßig lauscht, ein Publikum, das zu einem guten Teil aus Fachleuten besteht, die an dem Dargebotenen lernen oder die über neueste Tendenzen und Entdeckungen informiert werden wollen. Die „Société Nationale de Musique“, zu deren Gründer Saint-Saëns gehörte, begann nach dem deutsch-französischen Krieg 1870 bis 1871 Konzerte von neuer französischer Musik zu geben, folgte also jenem Prinzip einer beschränkten Zielsetzung in der Gestaltung der Programme, das seither auch auf alte Musik übertragen worden ist.

Im Zusammenhang mit Jacques Offenbach kommt Saint-Saëns 1911 in einer Art auf Bach zu sprechen, die für Strawinsky und die Gruppe der Sechs folgenschwer werden sollte:

„*Unsere heutigen Komponisten vergessen, daß Mozart, Beethoven, selbst Johann Sebastian Bach manches Mal zu spaßen verstanden, und sie verschmähen die Fröhlichkeit, erklären sie für unästhetisch, und da unser gutes Publikum sich nicht damit abfinden kann, ohne sie auszukommen, kehrt es zur Operette zurück (. . .).*“ [5]

Trotz Wagners Einfluß war offenbar das Pariser Publikum nicht bereit, auf leichte Unterhaltung zu verzichten, und gerade darin war Saint-Saëns oft unvergleichlich, wählte er doch z. B. in der *Suite für Klavier op. 90* (1892) im Menuett einen leichten Ton, nachdem er die Hörer im Präludium und der Fuge durch bei Bach gemachte Anleihen angestrengt hatte. Auch Bach schlug in seinen Suiten nach den kunstvoll gearbeiteten Ouvertüren fröhlichere Saiten an, doch bei ihm gab es die Spaltung in ernste und unterhaltende Musik noch nicht, die nun in Saint-Saëns' *Suite* zu einem Stilbruch, zu einer Diskrepanz des musikalischen Niveaus führt, so auch schon im *zweiten Klavierkonzert in g-moll* (1868), das im ernsthaften Stil einer Toccata beginnt, um dann zu eleganter Salonmusik überzugehen. Diese Mischung aus Ernst und Heiter, die nicht mehr so bruchlos gelingen will wie zur Zeit Bachs, sollte in der Folge, bei Strawinsky und anderen, direkt zum Programm werden, dessen ästhetische Voraussetzungen nicht leicht durchschaubar sind.

*

Vollkommen verschieden von der deutschen Art, Bach aufzufassen, und mehr von der für Strawinsky typisch werdenden ist Debussys Verhältnis zu diesem Komponisten, den er selten paraphrasierte oder nachahmte: Die Toccata aus *Pour le Piano* (1896-1901) zeigt den Einfluß des Preludios der *Partita in E-dur für Violine allein*, und hinter *Doctor Gradus ad Parnassum* aus *Children's Corner* (1906-1908) könnte man auch den Einfluß eines Bachschen Präludiums vermuten, wenn der Titel nicht ausdrücklich auf Czerny hinweisen würde. Über den „*Ahnherrn*", wie er Bach einmal nennt[6], hat sich Debussy in seinen journalistischen Arbeiten einige Male geäußert, so am 1. Mai 1901 in *La Revue blanche* anläßlich eines Karfreitagskonzertes, wo Eugène Ysaye ein Violinkonzert des Meisters spielte:
„*(. . .) er hat die Freiheit des Ausdrucks, den ungekünstelt schönen Klang, beides Gaben, die für die Interpretation dieser Musik unerläßlich sind. Das kommt einem um so mehr zum Bewußtsein, als alles übrige an der Aufführung sich mühsam und schwerfällig dahinschleppte. Es ist, als wollte man Bach durch die Steifheit, mit der man ihn interpretiert, das Gewicht der Jahrhunderte aufbürden, das auf seinem Werk lastet.*"[7]
Weiter unten entdeckt er bei Bach die „*musikalische Arabeske*", das „*Prinzip des Ornaments, das die Grundlage jeder Art von Kunst*" bilde.[8] Bach wird der akademischen Fesseln, die ihm die musikalischen Bildungsstätten umgelegt haben, entledigt und aus der Sicht des um 1900 herrschenden Jugendstils neu gedeutet:
„*Glauben Sie mir, der alte Bach, der die gesamte Musik in sich faßt, scherte sich wenig um harmonische Formeln. Er zog ihnen das freie Spiel der klanglichen Kräfte vor, aus deren parallelen oder entgegengesetzten Kurvenverläufen jenes unerwartete Aufblühen hervorbricht, das mit unvergänglicher Schönheit noch das geringste seiner unzähli-*

gen Werke schmückt. *Es war die Zeit, da die anbetungswürdige Arabeske in Blüte stand, und mit ihr die Musik an den Gesetzen der Schönheit teilhatte, die allem Leben und Weben der Natur einbeschrieben sind.*"[9]

Nicht die Strenge des Kontrapunkts zählt, eher trotz ihr gelingt es Bach, die Arabeske, die aus dem gregorianischen Choral stammt, wieder neu zu verwirklichen. Bei Debussy öffnen sich Tiefenperspektiven der Musikgeschichte, die die deutschen Romantiker nur andeutungsweise kannten: Bach als Vollstrecker von musikalischen Tendenzen, die am Anfang Europas im Nahen Osten sich zu bilden begannen. Es besteht eine kontinuierliche Entwicklung zwischen den orientalischen Melismen der frühchristlichen Gesänge und den schwungvollen Figuren Bachs. Das musikalische Gedächtnis ist besser und tiefer geworden: Anstatt bei Bach einfach „alte Musik" zu sehen, mit der uns keine ungebrochene Tradition mehr verbindet, geht das Forschen und Erkennen jetzt zurück hinter Bach in eine frühgeschichtliche Zeit, die gerade durch Strawinsky in der Musik wieder bestürzende Gegenwart geworden ist. Bach wird auch Wagner gegenübergestellt, aber nicht in der Weise, wie sie nachher für die zwanziger Jahre typisch werden sollte, denn jeder Hinweis auf tönende Mathematik, auf klingende Zahlensymbolik ist Debussy fremd:

„*Bach, das ist der Heilige Gral; Wagner wäre dann Klingsor, der den Gral zu zerstören trachtet und sich an dessen Stelle setzen möchte. Bach thront strahlend über der Musik, und in seiner Güte hat er gewollt, daß wir einstmals die jetzt noch unbekannten Worte der großen Lehre hören, die er der selbstlosen Musikliebe hinterlassen hat. Wagner entschwindet . . . verblaßt . . . ein dunkler und beunruhigender Schatten.*"[10]

Bach soll Wagners Einfluß zurückdrängen oder, allgemeiner gesagt, das werdende 20. Jahrhundert ruft das achtzehnte zu Hilfe, um das neunzehnte zu überwinden: Das ist der eigentliche Sinn jener Wiedergeburt der Barockmusik, die heute wieder die Konzertsäle füllt. Die Reduktion der musikalischen Mittel, die Strawinsky anstrebt, findet bei jener Musik ihre Bestätigung, der Musik, die in ihrer Spielfreudigkeit oft auch – weniger bei Bach als seinen Zeitgenossen – auf jede Metaphysik verzichtet. Die Rückkehr in vorindividualistische Epochen der Musik verspricht eine Gesundung des in der Romantik allzu exaltiert gewordenen Seelenzustandes, die Kunst flieht den Alltag nicht mehr, sie bejaht ihn mit allen seinen technischen Errungenschaften.

Bach ist seit Debussy nicht mehr der Exponent altmeisterlicher Würde, er hat seine Steifheit verloren und sich unerwartet verjüngt, was auch in Saties Äußerungen über diesen Komponisten anklingt: *„Der alte Bach war noch jung, als er starb."* (Le vieux Bach était encore jeune quand il mourut.)[11] Daß Bach am Ende einer langen muskikalischen Epoche erschien, die er dann auf beeindruckende Art zusammenfaßte, ist Satie auch nicht entgangen, der sich selbst am Ende der Romantik, im Fin de siècle, in einer ähnlichen Rolle sah, schrieb er doch unter ein karikierendes Selbstbildnis, das er von sich anfertigte: *„Ich bin sehr jung zur Welt gekommen in einer sehr alten Zeit."* (Je suis venu au monde très jeune dans un temps très vieux.)[12] Wie bei Debussy finden sich Äußerungen, daß Bach nicht zu Kontrapunktaufgaben tauge, daß ein Unterschied zwischen Handwerk und Komposition bestehe. Nach Saint-Saëns findet sich auch bei Satie, und noch in stärkerem Maße, die Verbindung von Anklängen an Bach – an Choral und Fuge – mit Trivialmusik, was im Kapitel über die demolierte Mechanik schon dargestellt worden ist.

*

Sehr verschieden von Debussys Haltung gegenüber Bach war diejenige von Milhaud, der gerade aus den Stilkopien heraus, wie er erzählt, zwanglos zum eigenen Komponieren gekommen ist: *„Ich machte meine Kontrapunkt- und Choralstudien über Bach, Übungen, die Kontrapunkt und Harmonielehre miteinander verbinden, und sobald ein Schüler erst einmal fähig ist, Choräle zu variieren, ergibt sich das Komponieren ganz von selber."*[13] Durch André Gedalge, Milhauds Lehrer und Verfasser eines noch heute geschätzten Lehrbuches über Kontrapunkt, wurde das Bachsche Erbe in neuer und unverfälschter Form an die Schüler, die angehenden Komponisten, weitergegeben, die akademische Tradition des Unterrichts, unter der noch Debussy gelitten hatte, wurde abgelehnt, da sie nur der Routine, aber nicht der Beobachtung am Werk selber alles verdankte:

126

*„Gédalge schätzte die Methoden, die von Fachleuten am Konservatorium gelehrt wurden, nicht. Die konventionelle Entwicklung eines Themas erschien ihm ein fragwürdiges Unterfangen, das aussah wie eine Fuge und doch keine war und das wenig mit Kontrapunkt zu tun hatte.* "[14]

Bach wird neu entdeckt und nicht nur, wie bei Debussy und Satie, verjüngt, da er angeblich trotz der strengen Disziplin des Kontrapunkts und nicht wegen ihr bedeutend sei, sondern gleich als Anreger für neue Verfahren des Komponierens, für neue Strukturen benützt, denn über das Jahr 1915 schreibt Milhaud:

*„Ich hatte mich damals mit einer gründlichen Studie des Problems der Polytonalität beschäftigt. Dabei hatte ich beobachtet – und als einen Wink für mich selbst aufgenommen –, daß ein kleines Duett von Bach, in Kanonform und im Fünfvierteltakt geschrieben, einem den Eindruck gab, es sei in zwei getrennten, beinahe sich ablösenden Tonarten geschrieben, die dann übereinandergelegt und kontrastiert wurden, wobei natürlich die Harmonie eine tonale blieb. Die zeitgenössischen Komponisten wie Strawinsky oder Koechlin gebrauchten solche Akkorde mit mehreren Schlüsseln, die sie häufig kontrapunktisch behandelten. Ich machte mich daran, alle möglichen Kombinationen zweier übereinandergesetzter Tonarten und die sich daraus ergebenden Akkorde zu studieren. Auch beschäftigte ich mich mit dem Effekt ihrer Umkehrungen. Ich versuchte jede nur denkbare Abwandlung, indem ich die Art der Tonfolgen, aus denen die Akkorde bestanden, variierte. Dann tat ich dasselbe für drei Schlüssel. (. . .) Ich wurde mit einigen dieser Akkorde vertraut. Sie befriedigten mein Gehör mehr als die üblichen, denn ein polytonaler Akkord ist subtiler in seiner Süße wie auch heftiger in seiner Stärke.* "[15]

Daß die traditionellen Ursprünge dieser Musik vom Publikum nicht erkannt wurden und ein Konzert vom 24. Oktober 1920 mit polytonaler Musik zum Skandal führte, erzählt Milhaud selbst:

*„Meine Eltern kamen zum Konzert nach Paris, und wir saßen zusammen in einer Loge. Ich hatte mir niemals träumen lassen, daß meine Musik aufreizend sein könnte, und doch war das Publikum schon vor dem Ende der Ouvertüre in Aufregung und gab seinen Gefühlen durch den Ruf: Genug, genug! Ausdruck. Man ahmte Tierlaute nach,*

*was wiederum Gegenmanifestationen mit Applaus und Bravos heraus-
forderte, beides erleichterte nicht gerade das Hören der Ouvertüre. Ich
sorgte mich schon für meine Fuge, in der die dauernde Benutzung von
Blasinstrumenten Erstaunen erregen würde. Sie war für drei Trompeten und drei Posaunen geschrieben und war begleitet von einem Continuo von Kontrabässen und vier Fagotts gleichsam als Pedal. Ich hatte
mich nicht geirrt, es brach ein unglaublicher Tumult beim Spielen der
Fuge aus, eine wahre Schlacht, (. . .) Das Orchester konnte man nicht
mehr hören, der Spektakel wuchs, bis die Polizei erschien; sie räumte
die Ränge.“*[16]

Bach nicht als Komponist der „göttlichen Arabeske“ wie für Debussy,
sondern als Konstruktivist wird nun für Milhaud wichtig. Das handwerk-
liche Können erprobt sich an verwickelten Problemen in Harmonie und
Aufbau, die schon der Thomaskantor mit Virtuosität zu meistern verstand. Daß es die jungen Komponisten in dieser Hinsicht leichter haben,
da alle harmonischen Kombinationen im 20. Jahrhundert erlaubt sind,
während sich Bach an den Terzenaufbau der Drei-und Vierklänge halten
mußte, entgeht Milhaud dabei nicht. Von den 1921 aufgeführten *Cinq
Etudes pour Piano et Orchestre* schreibt er:

*„Jede Etüde hat ein anderes Problem in Harmonie und Aufbau zur
Grundlage. In der »Kunst der Fuge« und im »Musikalischen Opfer«
beschäftigt sich übrigens Bach mit viel verwickelteren Kombinationen.
Durch Polytonalität erreichte ich eine subtilere Süße und intensivere
Kraft. Die dritte Etüde besteht aus vier gleichzeitigen Fugen, die eine
für die Holzbläser in A, eine für die Blechinstrumente in Des und eine
für die Streichinstrumente in F, während die für das Piano in zwei Teilen auf den Noten aller drei Schlüssel basiert und das Thema kontrastiert, sowie es auch die Antwort auf die Fuge gibt, während die Or-
chesterfugen die Divertimenti geben und umgekehrt. Die vierte Etüde, gleichzeitig heftig und dramatisch im Inhalt, ist krebsartig gebaut,
das heißt, das Stück zerfällt in zwei Teile, wovon der zweite eine genaue Wiederholung des ersten ist. Von der Mitte an läuft es sozusagen
rückwärts. Das Publikum war von dieser Methode beunruhigt und zögerte nicht, es zu zeigen. (. . .) Diese erneute Reaktion beunruhigte
mich nicht. Ich war entschlossen, meine Studien fortzusetzen, was immer das Publikum denken mochte.“*[17]

In dem Ballett *La Création du monde* nach Blaise Cendrars (1923) gelingt nun Milhaud eine Verbindung von Bachs Kontrapunktik mit dem neu entdeckten Jazz, eine Verbindung, die lange vor Jacques Loussiers „Play Bach" gerade die motorischen Elemente oder das, was in den zwanziger Jahren als motorisch empfunden wurde, und das kühne Linienspiel bei beiden Formen von Musik zur Geltung brachte. Bach wurde damit endgültig aus der unnahbaren Sphäre einer sakralen Kunst gelöst und dem Alltag dienstbar gemacht. Milhaud lernte den Jazz 1920 in Hammersmith, einem Vorort von London, kennen, und er beschreibt die Atmosphäre jenes Tanzlokals mit den Worten:

„*Das Orchester von Billy Arnold, das gerade von New York eingetroffen war, trat in einer Tanzhalle nahe bei London, in Hammersmith, mit dem neu eingeführten Taxigirl- und Taxiboy-System auf. Ein Dutzend junger Männer im Abendanzug und junge Mädchen in blauen Kleidern mit Spitzenkrägen waren auf die Logen verteilt, und für Sixpence konnte jeder schüchterne junge Mann oder jede hysterische alte Jungfer einen von ihnen zum Tanzpartner haben, wobei man für die gleiche Summe dann den Tanz mit demselben oder einem anderen Partner wiederholen konnte.*"[18]

Nicht brutale Tongebung und Emotionalität waren es, die Milhaud in dieser neuen Musik entdeckte, sondern Subtilität und Differenzierung:

„*Ich ging oft nach Hammersmith hinaus, setzte mich ganz nahe zu den Musikanten und versuchte, was ich hörte, zu analysieren und es mir anzueignen. (. . .) Das Auftreten des Saxophons, das aus Träumen die Essenz preßt, oder der Trompete mit ihrem abwechselnd dramatischen oder schmelzenden Charakter, der oft in ihren oberen Registern gespielten Klarinette, der lyrischen Behandlung der Posaune, die in ihrem leicht-berührenden Gleiten über Vierteltöne in Crescendos von Volumen und Tonlage das Gefühl vertieft – all dies war so mannigfaltig und doch nicht verwirrend. Alles wurde vom Klavier zusammengehalten und mit subtiler Punktierung durch die komplexen Rhythmen des Schlagzeugs, einer Art von innerem Takt, unterbrochen, den man als den notwendigen Pulsschlag im rhythmischen Leben der Musik bezeichnen könnte. Der konstante Gebrauch von Synkopen in der Melodie war von solcher Freiheit im Kontrapunkt, daß man den Eindruck ungeregelter Improvisation gewinnen konnte, während es sich doch in*

*Wirklichkeit um so kunstvolle Arrangements handelte, daß tägliche Proben notwendig waren."* [19]

Noch auf derselben Seite seiner Lebenserinnerungen findet Milhaud ganz ungezwungen den Weg vom Jazz zu Bach, wenn er schreibt, wie einer seine Freunde in einer Bar als Pianist ohne Übergang von der einen zur andern Musik fand:

> *„Jean Wiener synkopierte mit schwebender Leichtigkeit, und er besaß, besonders in schnellen Rhythmen, eine sensitive Klangschönheit. Wir hörten ihm ebenso gerne zu wie seinem Partner, dem Neger Vance, der ein ausgezeichneter Saxophon- und Banjospieler war. Ohne Übergang wechselten diese beiden von Ragtimes zu Foxtrotts und dann zu den gefeiertsten Passagen Bachs. In der Tat verlangt synkopierte Musik, genau wie die Musik Bachs, unerbittlich gleichmäßige Rhythmen, da beide auf derselben Grundlage aufgebaut sind."* [20]

In *La Création du monde* verwendet Milhaud nun ein Instrumentalensemble, das demjenigen des damaligen Jazz nachgebildet scheint: 2 Flöten, 1 Oboe, 2 Klarinetten, 1 Fagott, 1 Horn, 2 Trompeten, 1 Posaune, Klavier, viel Schlagzeug, 1 Saxophon, 2 Violinen, 1 Cello und 1 Kontrabaß, was einen sehr abgestuften, nirgends massiven Klang bewirkt. Der Anfang steht in D und gleicht dem Einleitungssatz zu einer Bachschen Kantate mit dem Unterschied, daß statt der Oboe das Saxophon seine klagende Weise verströmt. Schon bald mischen sich Posaunen-Glissandos, synkopierte Rhythmen der beiden Trompeten und das Schlagzeug dazu und bewirken eine diskrete, jedenfalls für heutige Ohren überhaupt nicht schockierende Kombination aus Bach und Jazz, die in der nachfolgenden Fuge noch überzeugender wird: Sie hat nämlich ein Jazzthema, das nacheinander vom Kontrabaß, der Posaune, der Trompete und der Klarinette gebracht wird auf dem wilden Hintergrund von Schlagzeug und Klavier, die als eine Art Continuo wirken. Die „alte Musik" des „Ahnherrn" Bach, wie ihn Debussy nannte, verbindet sich hier mit etwas ebenso Archaischem, Vorzeitlichem, als das der Jazz von Milhaud empfunden wurde, als er ihn 1922 in Harlem wieder antraf:

> *„Wir waren die einzigen Weißen dort. Die Musik, die wir hörten, war absolut anders als alles, was ich je vernommen hatte – eine wahre Offenbarung für mich. Gegen den Schlag der Trommeln kreuzten sich die melodischen Linien in atemberaubendem Kontrapunkt von gebroche-*

*nen und verschlungenen Rhythmen. Eine Negerin sang mit einer rau-*
*hen Stimme, die aus fernen Zeiten zu kommen schien, sich von Tisch*
*zu Tisch bewegend. Mit einem dramatischen und verzweifelten Aus-*
*druck wiederholte sie unablässig bis zur Erschöpfung denselben Re-*
*frain, dem das Orchester aus immer neuen Mustern der Melodien ei-*
*nen kaleidoskopischen Hintergrund wob. Diese authentische Musik*
*hatte ihren Ursprung zweifellos in den dunkelsten Elementen der Ne-*
*gerseele, in den Abgründen Afrikas. Der Eindruck war so überwälti-*
*gend, daß ich mich nicht losreißen konnte.*"[21]

Dann beschreibt Milhaud ein Instrumentalensemble, das fast ganz demjenigen zu seinem Ballett gleicht:

*„Von dieser Zeit an suchte ich oft Negertheater oder Tanzhallen auf.*
*In einigen ihrer Vorführungen waren die Sänger von einer Flöte, einer*
*Klarinette, zwei Trompeten, einer Posaune sowie von einer kompli-*
*zierten Vereinigung von Schlaginstrumenten, alle von einer Person ge-*
*spielt, von einem Klavier und einem Streichquartett begleitet.*"[22]

Damit wurde auch für Milhaud, der vom Jazz und zugleich von Bach beeinflußt wurde, die Reduktion der musikalischen Mittel Wirklichkeit, die
solistisch eingesetzten Instrumente spielen eine Musik von klarer Zeichnung ohne alle grellen Übertreibungen, denn genau so wie in der *Ge-*
*schichte vom Soldaten* gelingt auch in *La Création du monde* eine abge-
stufte Hierarchie der Klangfarben, die weit weg ist vom Mischklang des
Orchesters Debussys. Bach wird, wie schon erwähnt, der banalen Alltagsmusik der Großstadt angenähert, die aber wiederum doch nicht so ba-
nal ist, da sie von den fremd und rätselhaft wirkenden Schwarzen stammt.
Immer noch, wie in der deutschen Romantik, hat Bachs Musik trotz allem einen auratischen Schein, sie ist nahe und ferne zugleich.

*

Zu dem Bach-Heft der „*Revue musicale*" vom Dezember 1932 haben
verschiedene französische und ausländische Komponisten Stücke über
B-A-C-H beigesteuert, die eine sehr bezeichnende Auseinandersetzung
mit diesem Komponisten verraten: Albert Roussel schreibt ein Hommage
à Bach, eine Art Fughette mit einem witzigen, geistsprühenden Thema,

wo das H des Namens BACH keck in eine höhere Octave versetzt wird, was einen bewußt grellen Effekt gegenüber dem anfänglichen, tiefer liegenden B ergibt. Damit folgt er einer beliebten Tendenz des 20. Jahrhunderts, das solche sogenannten Querstände – den weitern statt den nahen Abstand zwischen den ansonst zusammengehörenden Tönen B und H – besonders pflegt; im 19. Jahrhundert, wo Schumann, Liszt und andere auch Stücke über BACH geschrieben haben, wäre das noch unmöglich gewesen:

Beispiel 1: A. Roussel, *Allegro non troppo*, Revue musicale, Dezember 1932.

HOMMAGE A J.S.BACH

Albert ROUSSEL

Alfredo Casella schreibt ein archaisierendes *Ricercare* mit strenger Stimmführung, das gegen den Schluß zu dann doch stark ins Akkordische übergeht, nachdem sich pausenlos und dumpf das B-A-C-H wiederholt hat. Die hier schon oft erwähnte, typisch französische Verbindung von Bach mit Trivialmusik findet sich in Francis Poulencs *Valse-Improvisation*:

Beispiel 2: F. Poulenc, *Valse-Improvisation*, Revue musicale, Dezember 1932.

à Wladimir Horowitz

# VALSE-IMPROVISATION
## III.

Francis POULENC
(1932)

Allegro vivace (commencer un peu au dessous du mouvement
puis presser progressivement jusqu'à la fin )

Als *Prélude à une fugue imaginaire* bezeichnet G. Francesco Malipiero sein Hommage, in dem die Töne B, A, C und H noch kühner als bei Roussel in den verschiedensten Octavlagen erscheinen, daneben spielt, wie bei Casella, das Akkordische eine wichtige Rolle. Das weitaus reichste und interessanteste Stück liefert Arthur Honegger, der alle Vorzüge der andern hier vertretenen Komponisten vereinigt: die Querstände, das Akkordische und das Ostinate, nur der Bezug zur Trivialmusik fehlt. Das mittlere der drei Stücke *Prélude-Ariose-Fughette* ist von einer ganz besonderen Kraft und Konzentration des Ausdrucks wie viele der langsamen Sätze zu Bachs Concerti, die auch über den sich pausenlos wiederholenden Begleitmustern eine ausdrucksvolle Melodie bringen:

Beispiel 3: A. Honegger, *Ariose,* Revue musicale, Dezember 1932.

## ARIOSO

Jeder dieser Komponisten verwandelt sich Bach auf seine Weise an, ehr-
fürchtiger Respekt vor dem Altmeister findet sich aber allein bei Poulenc
nicht, der auch in seinem Orgelkonzert und dem Gloria ganz weltliche
Töne anschlägt, gesteht er doch in einem kurz vor seinem Tode gegebenen Interview, daß ihn die romanische Kunst des Burgunds und Süd-
frankreichs immer besonders angezogen habe:

> „Ich liebe es, wenn sich der religiöse Geist klar an der Sonne ausdrückt
> mit demselben Realismus, den wir auf den romanischen Kapitellen se-
> hen können.“[23]

Der Vater Poulencs kam aus der Auvergne und war von einer freien Religiosität ohne alle Kleinlichkeit, die Mutter aber war Pariserin, was die salonhafte, genießerische Art dieser *Valse-Improvisation* über BACH erklären und entschuldigen kann. Im Grunde genommen spielt sich hier noch einmal fast derselbe Vorgang ab wie in Chabriers *Souvenirs de Munich*, wo die Motive des allerseits verehrten *Tristan* zu frivolen Tanzmelodien umfunktioniert wurden. Wieder soll ein beinahe über jeder Kritik stehender Komponist dem Alltag zurückgewonnen werden, wo er damals in Leipzig auch hingehörte.

*

In Strawinskys Werken erscheint Bach in vielen, den vorher beschriebenen Formen ähnlichen Weisen und doch wieder anders, vor allem anspruchsvoller und komplizierter, was auf den folgenden Seiten auszugsweise noch angedeutet werden soll: In der *Geschichte vom Soldaten* erklingt ein Choral, der protestantisches und katholisches Erbe mischt, ausgerechnet in dem Augenblick, wo sich die beiden Liebenden, die Prinzessin und der Soldat, endlich angehören und sich der Umschwung zum bösen Ende anbahnt. Auf diesem Scheitelpunkt der Handlung vermengt sich Profanes und Sakrales in einer so intensiven Art, daß sie unlösbar miteinander verquickt sind. Der optische Eindruck, die Umarmung der beiden Liebenden, und der akustische, der Choral, durchdringen und verstärken sich gegenseitig. Der Stilbruch, der Niveau-Unterschied, der noch bei Saint-Saëns zwischen Bach und Trivialmusik angemerkt werden mußte, fällt dahin, obschon, wie schon gezeigt wurde, auch hier in diesem Werk die Alltagsmusik ihr „Unwesen" treibt.

Das Ballett *Apollon musagète* scheint schon durch das reine Streichorchester der Barockmusik nahezustehen. Es beginnt tatsächlich im Stil einer französischen Ouvertüre, wie sie Lully ausgeprägt hat, mit punktierten Rhythmen, um dann aber nicht zu einer Fuge überzugehen, sondern zu einem virtuosen, fast mondän zu nennenden Allegro mit hüpfenden Passagen der ersten Violine und einer schmachtenden Melodie der Celli und Bratschen. Das zweite Bild beginnt mit der *Variation d'Apollon*, mit einem Solotanz, der zuerst nur von der Solovioline begleitet wird, die sich von ferne an die Bachsche Solosonate in g-moll für Violine zu erinnern vorgibt:

Beispiel 4: I. Strawinsky, *Apollon musagète*, Boosey + Hawkes, S. 8.

Second Tableau
## VARIATION D'APOLLON
(Apollon et les Muses)

Der Akkord, mit dem das Stück beginnt, ist derselbe wie bei Bach, nur diesmal in Dur, die folgenden Oktavparallelen passen aber nicht dazu, sie wären flagrante Fehler bei Bach und gehören eher in den Bereich virtuoser Musik aus dem 19. Jahrhundert. Die Sechzehntel und Zweiunddreißigstel, die Triller und verzierenden kleinen Noten treffen den Ton Bachs gut mit dem bedeutenden Unterschied aber, daß hier die Sechzehntel z. T. nicht in volle Viertel aufgehen und daß dadurch ein taktfreier, schwebender Zustand entsteht, der erst mit dem Eintritt eines bald graziösen, bald kitschig schmachtenden Tanzes behoben wird. Wieder steht Sublimes neben Banalem, das aber durch die beschriebenen rhythmischen Verhältnisse in einer spannnungsvollen Beziehung zueinander steht: Der Eintritt des Tanzes wird als Erlösung aus dem vorherigen, vorläufigen Zustand erlebt.

Die *Psalmensinfonie* (1930) konfrontiert Fugentechnik und Choral mit motorischen Rhythmen, doch das Ganze wirkt nicht disparat, sondern als die Einheit zwischen urtümlicher Hymnik und urtümlicher Rhythmik, wie sie schon das Ballett *Le Sacre du printemps* auszeichnet. Wie dort unterliegt man hier dem Eindruck, den halb weltlichen, halb religiösen Festlichkeiten einer lange versunkenen Kultur beizuwohnen, ein Eindruck, der sich in gewissen Werken der amerikanischen Zeit noch verstärken wird, vor allem im *Introitus* und den *Requiem canticles* (1965-1966), die aus den Trümmern eines syrischen Wüstenklosters heraufzuklingen scheinen, obschon oder gerade weil sie in der höchstmodernen Zwölftontechnik komponiert sind. Falsch wäre, was bei gewissen andern Künstlern durchaus ein Lob bedeutete, zu sagen, daß Strawinsky noch im hohen Alter mit jugendlichem Feuer komponiert habe. Nein! Das Faszinierende an diesen Stücken ist, daß das Greisenalter selbst, genauso wie in den spekulativen Spätwerken Bachs, mit eindringlicher Stimme zu sprechen beginnt, daß es wagt, das ihm Eigene, Besondere als einen integrierenden Teil menschlichen Lebens auszudrücken.

Noch 1955 bis 1956 hat sich Strawinsky Bach genähert auf eine Art und Weise, die den Verteidigern des unberührbaren, unerreichbaren Kunstwerks blasphemisch erscheinen mußte. Er bearbeitete nämlich die *canonischen Veränderungen über das Weynacht-Lied »Vom Himmel hoch da komm' ich her« vor die Orgel mit 2 Clavieren und dem Pedal*, die Bach 1746-1747 für die Aufnahme in die Mizlersche „Sozietät der musikalischen Wissenschaften" geschrieben hatte. Strawinsky orchestrierte das Werk, indem er viele der bei Bach durchlaufenden Linien in verschiedene Partikel von Klangfarben aufsplitterte, und ließ den Cantus firmus, der sich unentwegt durch das Gewirr der Kanonstimmen zieht, durch einen Chor singen. Aus dem schon von Bach als außerordenlich kunstvolles Stück angelegten Werk wurde ein noch gelehrteres, unzugänglicheres, denn Strawinsky fügte noch zusätzliche Kanons ein, die nun den reinen Bach-Stil durchbrechen und zu neuen, von Bach noch nicht geahnten Zusammenklängen führen, ohne das Ohr des Hörers zu verwirren. Wieder möchte man von „demolierter Mechanik" sprechen, doch der Sachverhalt ist subtiler, komplizierter. Das alte Stück Musik wird nicht zu einem modernen, was noch für das Verhältnis zwischen Pergolesis Musik und Strawinskys Veränderungen in Pulcinella zutraf, dem Werk werden nur Kommentare, Glossen beigefügt, so wie einem uralten Manuskript der Antike oder des Mittelalters ein Mönch zusätzliche Texte an den Rand schreiben konnte. Doch der Vergleich ist ungenügend, geschieht doch hier bei Strawinsky alles gleichzeitig. Bachs Werk und die Zusätze sind ineinander verwoben, so daß man eher von einem Palimpsest sprechen möchte, von der Überlagerung von zwei Texten, die gleichzeitig lesbar sind, obschon der eine, ältere undeutlicher ist. Vergangenes und Jetziges, Fernes und Nahes fallen in eines zusammen, die geschichtliche Distanz wird aufgehoben in einem Werk wie diesem, das zu Unrecht unter den Bearbeitungen in Strawinkys Werkkatalog figuriert, denn es gehört ihm ganz.

Anmerkungen:

1) Ch.-C. Saint-Saëns: Musikalische Reminiszenzen, mit einer Studie von Romain Rolland, Wilhelmshaven 1979, S. 141.
2) Ebenda, S. 142 f.
3) Ebenda, S. 143.
4) Ebenda, S. 143 f.
5) Ebenda, S. 196.

6) C. Debussy: Monsieur Croche, sämtliche Schriften und Interviews, Stuttgart 1974, S. 6.
7) Ebenda, S. 32.
8) Ebenda, S. 32.
9) Ebenda, S. 61.
10) Ebenda, S. 72.
11) E. Satie: Ecrits, réunis par Ornella Volta, Paris 1977, S. 92.
12) Ebenda, S. 217.
13) D. Milhaud: Noten ohne Musik, München 1962, S. 13.
14) Ebenda, S. 32.
15) Ebenda, S. 55.
16) Ebenda, S. 84.
17) Ebenda, S. 87.
18) Ebenda, S. 93.
19) Ebenda, S. 94.
20) Ebenda, S. 94 f.
21) Ebenda, S. 106 f.
22) Ebenda, S. 107.
23) F. Poulenc: Moi et mes amis, Genf-Paris 1963, S. 72.

# VII. Neue Formen des Theaters

Unübersehbar bahnte sich um 1890 eine Krise des Theaters in Paris an. Es war zugleich eine Krise der vom Autor intendierten Form eines Theaterstückes und eine solche der Wiedergabe schon bestehender Werke, was zu mannigfachen Experimenten theatralischer Darstellung führte. Die alten Librettisten, die nach bewährtem Muster des dramatischen Aufbaus den Komponisten Texte geliefert hatten, veralteten und machten neuen Versuchen Platz, wofür Debussys *Pelléas et Mélisande* wegweisend werden sollte, weil dort ein schon bestehender Text zu einem Sprechdrama von hohem literarischem Wert für eine Oper verwendet wurde, die nun keine Oper im traditionellen Sinne mehr war und auch nicht ein Musikdrama im Sinne Wagners, sondern ein nicht enden wollendes Rezitativ der Singstimmen, das an altchristliche Psalmodie oder an den damals wiederentdeckten Monteverdi erinnern mochte – wobei jedes Wort verständlich blieb –, über einem die Psychologie der Handlung nur andeutenden Orchester. Der Text, den schon Wagner aufwerten wollte, indem er seine Verse als Literatur betrachtete, gewann nun noch mehr an Wichtigkeit. Die Literaturoper, wie man diese neue Form bald nannte, manifestierte sich auch in Werken von Richard Strauss, in der *Salome*, die, wie *Pelléas*, einen schon bestehenden Dramentext, diesmal von Oscar Wilde, verwendet, und in *Elektra* nach einer von Hugo von Hofmannsthal stammenden Transkription der Sophokleischen Tragödie.

Zugleich mit der Aufwertung des Textes und einer neuen Haltung gegenüber dem Verhältnis zwischen Wort und Ton wurde auch die Regie und die Rolle der Bühnenbilder neu überdacht. Die alten Bühnenmaler, die ohne Beziehung zur jeweils zeitgenössischen Malerei wie Handwerker ihre Kulissen bemalt hatten, starben langsam aus, und richtige Kunstmaler wurden für diese Arbeit engagiert, Kunstmaler, die nun höchst persönliche und moderne Werke ablieferten, die in die Theatergeschichte eingehen sollten. Nach dem französischen Theater des Symbolismus kam vor allem Serge Diaghilev mit ganz neuen Lösungen dieses Problems, indem er für die Aufführungen seines Russischen Balletts Maler wie Picasso, Braque, Chirico, Delaunay, Derain, Ernst, Gris, Laurens, Matisse, Miro, Rouault, Utrillo und viele andere engagierte.[1] Die ganze Phalanx der jungen Maler, die seither Geschichte gemacht haben, wurde für das Theater eingesetzt. Man fand es plötzlich nicht mehr zu wenig attraktiv, den Hintergrund für eine Choreographie und eine meist neu dazu komponierte Musik zu erstellen, nachdem Wagner für den *Ring des Nibelungen* (1876) noch erfolglos versucht hatte, Böcklin als Mitarbeiter zu gewinnen. Eine neue Form des Gesamtkunstwerkes entstand unter dem Einfluß und der Initiative von Diaghilev, nicht ein Ganzes, wo sich alles im Strom der Musik in eins verschmelzen sollte wie bei Wagner, sondern eine theatralische Darbietung, wo das auf der Bühne Sichtbare und die Musik als gleichberechtigte Partner erscheinen, was oft zu wissentlich und willentlich herbeigeführten recht disparaten Produktionen führte.

Schon erwähnt wurden die von Debussy im Schatten Wagners gemachten, oft vergeblichen Versuche, musiktheatralische Werke zu schreiben, die, wären sie zu Ende geführt worden, höchst persönliche und jeweils einmalige Lösungen des Problems gebracht hätten: Ungefähr 1894 arbeitete er mit Paul Valéry an einem Ballett *Orphée,* das dann unter dem Titel *Amphion* schließlich von Honegger komponiert wurde. Unbekannt ist, ob schon Debussy daran gedacht hat, den Darsteller des Orpheus/Amphion auch einen Text sprechen zu lassen, also eine theatralische Mischform von Ballett und Melodrama zu schaffen, wie das später bei Honegger der Fall sein sollte, wo Ida Rubinstein, die Tänzerin, die ursprünglich auch am Russischen Ballett tätig war, den Text von Valéry rezitierte. 1907-1910 dachte Debussy zudem an eine *Histoire de Tristan* nach dem Roman von Joseph Bédier, wo ein Chor zu der getanzten Handlung den Text singen sollte, ein Konzept, das auf Strawinskys *Hochzeit* eingewirkt haben könnte, wo ein Chor mit Solisten – vier Klaviere und Schlagzeug – gleichzeitig mit den Tänzern auf der Bühne sichtbar ist. Texte von Bédier wurden erst viel später von Frank Martin vertont. 1900-1901 schrieb Debussy eine Bühnenmusik zu einigen der *Chansons de Bilitis,* die, begleitet von zwei Flöten, zwei Harfen und Celesta, rezitiert wurden, während die Handlungssituationen von Mimen durch Lebende Bilder verdeutlicht wurden: wieder eine Mischform des Theaters, deren Idee aber nicht von Debussy, sondern vom Autor der Gedichte, von Pierre Louÿs, stammte.

1911 entstand und wurde aufgeführt *Le Martyre de Saint-Sébastien*, ein Mysterienspiel von Gabriele d'Annunzio, in dem sich Sprechdrama, Melodrama, Tanz und Pantomime zu einer höchst hybriden Kombination zusammenfanden, die auf der Bühne nicht lebensfähig geblieben ist. Das Werk wird heute mit stark gekürztem Text als Oratorium im Konzertsaal gegeben. Auftraggeberin war, wie im Falle von *Amphion*, Ida Rubinstein, die ihre vielfältigen Begabungen in verschiedenen Werken zur Geltung brachte, wovon einige mit Angabe der Aufführungsdaten, wo Ida Rubinstein mitgewirkt hat, im folgenden noch erwähnt werden sollen: *La Tragédie de Salomé* mit Musik von Florent Schmitt (1919), *Antonius und Kleopatra* von Shakespeare mit Szenenmusik von Florent Schmitt (1920), *Istar* mit Musik von Vincent d'Indy nach einer Handlung des am Russischen Ballett als Bühnenbildner tätigen Léon Bakst (1924), *Orpheus*, Mimodrama mit Musik von Roger Ducasse (1926), *Persephone*, Melodrama und Ballett mit Text von André Gide und Musik von Strawinsky (1934) und *Semiramis*, Tanzgedicht von Paul Valéry und Arthur Honegger. Der Initiative von Ida Rubinstein, die als Mäzenin über nahezu unbegrenzte finanzielle Mittel verfügte, sind, wie leicht zu ersehen ist, bedeutende Werke zu verdanken, die höchst originelle, einmalige Formen des Theaters hervorbrachten, denn mit der Beziehung Wort – Ton und der Beziehung zwischen Bühnenbild und Handlung wurde auch die Rolle des Tanzes neu überdacht: Das klassische Ballett verlor zusehends an Bedeutung, und Tänzerinnen wie Isadora Duncan und Maud Allan, die Debussy den Auftrag zum ägyptischen Ballett *Khamma* gab, inspirierten sich an altgriechischen Bildwerken, um zu neuen Posen, Gesten und ganzen Bewegungsabläufen zu kommen. Berühmt wurde auch die Choreographie von Vaslav Nijinsky zu Debussys *Prélude à l'après-midi d'un faune*, die sich an antiken Reliefs orientierte und eine höchst eigenartige, oft gewollt steife Form des Tanzes hervorbrachte, die übrigens Debussy nicht gefiel. Wesentlich bleibt das Suchen nach neuen theatralischen Ausdrucksformen, das oft mißglückte, aber daneben zu Lösungen führte, die beispielgebend bis in unsere Zeit geblieben sind. Das moderne Theater, dessen ursprüngliche Kühnheiten heute oft nicht mehr bemerkt werden, da sie längst selbstverständlich geworden sind, wäre ohne jene Versuche und Konzepte nicht möglich geworden. Jedes Werk wird, wie erwähnt, zu etwas Einmaligem, zugleich aber wird das Theater als eine imaginäre Welt eigenen Rechts entdeckt, das nicht mehr die äußere Realität abzubilden hat wie während der Romantik und während des Naturalismus. Das Theater schafft neue Welten, die komplementär zu der schon bestehenden sind.

*

Viele Künstler – Musiker, Dichter, Maler und Choreographen – haben sich im Paris der Nachkriegsjahre mit neuen theatralischen Ideen beschäftigt. Unter ihnen gebührt Jean Cocteau ein besonderer Platz, weil er mit sicherem Gespür immer merkte, was in der Luft lag, was am besten ankam. Dabei scheute er auch die Konfrontation mit dem Publikum nicht, denn eine Uraufführung, die im Skandal, im Schreien, Pfeifen und Heulen des Publikums, unterging, war immer noch besser als eine mittelmäßig besuchte Aufführung mit gedämpftem Applaus zum Schluß. Die Leute mit Neuartigem schockieren, indem man ihnen das brachte, was sie im Grunde erwarteten, doch wegen engen Tabuvorstellungen bewußt nicht zu erhoffen wagten, – das bewirkt das, was der Franzose als einen „*succès de scandale*" bezeichnet, eine Mischung aus Erfolg und Skandal, wobei der Skandal wesentlich zum Erfolg beiträgt und bewirkt, daß seine Verursacher in die Geschichte eingehen.

Cocteau beschreibt die Entstehungsgeschichte des hier schon einige Male erwähnten Balletts *Parade* (1917), von dem zu sagen, daß Erik Satie sein Schöpfer sei, vollkommen unangebracht wäre, weil sich zwischen den gleichberechtigten Künstlern – Satie, Cocteau, Picasso und Massine – gruppendynamische Prozesse abspielten, die aus dem Ballett ein Gemeinschaftswerk machten, das nicht nur von Satie stammt – die Musik, isoliert gehört, wirkt eher enttäuschend –, sondern auch von Picasso, der mit den beiden Figuren der Manager zum erstenmal in der Theatergeschichte kubistische Figuren auf die Bühne brachte, während der Rest der Dekors, vor allem der Bühnenvorhang, in den Bereich der naiven Malerei gehört, wie sie mit dem aufkommenden Klassizismus Mode wurde genau so wie die Modetänze in der Musik. Cocteau beschreibt in einem Brief vom Frühling 1917 an den Redaktor der Revue „*Nord-Süd*" die Entstehungsgeschichte des Werkes, die es wert ist, hier vollständig aufgeführt zu werden:

*„Mein lieber Freund, Sie verlangen von mir einige Einzelheiten über*
*»Parade«. Hier sind sie in allzu eiliger Form. Entschuldigen Sie den*
*Stil. Jeden Morgen erreichen mich neue Beschimpfungen, einige von*
*sehr weit weg, denn die Kritiker empören sich gegen uns, ohne das*
*Werk weder gehört noch gesehen zu haben; da man aber Abgründe*
*nicht auffüllen kann, da man wieder bei Adam und Eva beginnen*
*müßte, fand ich es würdiger, nie zu antworten. Ich betrachte deshalb*
*mit demselben überraschten Blick den Artikel, wo man uns beleidigt,*
*den Artikel, wo man uns verachtet, den Artikel, wo die Nachsicht mit*
*dem Lächeln kämpft, den Artikel, wo man uns verkehrt* [gemeint ist:
aus Mißverständnis] *beglückwünscht. Gegenüber dieser Anhäufung*
*von Kurzsichtigkeit, Mangel an Kultur und Sensibilität denke ich an*
*die wundervollen Monate, wo Satie, Picasso und ich geliebt, gesucht,*
*entworfen, nach und nach dieses kleine Ding zusammengesetzt haben,*
*das so reich ist und dessen Taktgefühl gerade darin besteht, nicht ag-*
*gressiv zu sein. – Die Idee dazu kam mir während eines Fronturlaubs*
*im April 1915 (ich war damals bei der Armee), als ich Satie mit Viñes*
[Ricardo Viñes war ein berühmter Pianist, der viele Werke von Debussy und Ravel uraufführte] *die »Morceaux en forme de poire«* [Kla-
vierstücke von Satie] *vierhändig spielen hörte. Eine Art Telepathie in-*
*spirierte uns zu dem Wunsch, miteinander zu arbeiten. Eine Woche*
*später ging ich wieder zur Front und hinterließ Satie ein Paket von No-*
*tizen, von Skizzen, das ihm das Thema vom Chinesen, von der klei-*
*nen Amerikanerin und vom Akrobaten liefern sollte (es existierte zu-*
*erst nur ein Akrobat). Diese Hinweise hatten nichts Humoristisches.*
*Sie legten ganz im Gegenteil den Akzent auf die Weiterungen aus den*
*gegebenen Personen, auf das, was hinter der ausländischen Baracke*
*des Zirkus ist. Der Chinese scheute sich dort nicht, Missionare zu fol-*
*tern, das kleine Mädchen auf der Titanic unterzugehen, der Akrobat*
*mit den Engel auf Du und Du zu stehen. Nach und nach kam eine*
*Partitur zur Welt, wo Satie eine unbekannte Dimension entdeckt zu*
*haben schien, derzufolge man gleichzeitig die Parade und das innere*
*Drama hört. In der ersten Fassung existierten die Manager noch nicht.*
*Nach jeder Music-Hall-Nummer sang eine anonyme Stimme aus*
*einem Lautsprecher eine charakteristische Weise, die die Bedeutung*
*der handelnden Person zusammenfaßte. Als uns Picasso seine Skizzen*

zeigte, begriffen wir, daß es wichtig war, den drei Farblithographien [gemeint sind die drei Szenen mit dem Chinesen, der Amerikanerin und dem Akrobaten, die naiv wie in einer volkstümlichen Schilderei dargestellt waren] *unmenschliche, übermenschliche Personen gegenüberzustellen, die zuletzt die falsche szenische Realität würden, so weit, daß die wirklichen Tänzer zu Marionetten reduziert würden. Ich erfand deshalb die wilden, ungepflegten, vulgären, lärmigen Manager, die dem, was sie loben* [gemeint sind die Nummern der drei andern Personen] *schaden und die (was wirklich eintraf) den Haß, das Gelächter, das Schulterzucken der Menge auslösten durch die Fremdheit ihres Anblicks und ihrer Sitten. In diesem Stadium von »Parade« schrien drei Schauspieler, die im Orchester saßen, in Megaphone grobschlächtige Reklamesprüche wie auf den Plakaten KUB, während sich das Orchester installierte. Darauf in Rom, wohin wir mit Picasso zum Treffen mit Massine gingen, um Dekor, Kostüme und Choreographie zu koordinieren, stellte ich fest, daß eine einzelne Stimme im Dienste der Manager, auch verstärkt, schockieren, einen unerträglichen Mangel an Gleichgewicht bedeuten würde. Drei Stimmlagen pro Manager wären nötig gewesen, was uns zu sehr von dem Grundsatz der Einfachheit entfernt hätte. Damals ersetzte ich die Stimmen durch den Rhythmus der Beine während der Stille. Nichts befriedigte mich mehr als diese Stille und dieses Trampeln. Unsere braven Männchen* [gemeint sind die Manager] *glichen bald den Insekten, deren wilde Gewohnheiten der Film verrät. Ihr Tanz war ein wohl organisiertes Unglück, falsche Schritte, die sich fortsetzten, und die abwechselten mit der Disziplin einer Fuge. Weit davon entfernt, die Choreographie allzu einfach werden zu lassen, veranlaßte die mangelnde Bewegungsfreiheit unter den Aufbauten* [die Manager trugen riesige kubistische Konstruktionen über ihren Köpfen] *einen Bruch mit alten Gewohnheiten, die Suche nach Anregung nicht in dem, was sich bewegt, sondern in dem, um welches man sich bewegt, in dem, was mit der Schreitbewegung wegrückt* [die Aufbauten wackelten bei jeder Bewegung des Manager]. *Während der letzten Proben verwandelte sich das donnernde und sehnsüchtige Pferd, als die Kartonkünstler sein ungeschickt gemachtes Gerippe ablieferten, in einen Fiakergaul von Fantomas. Unser Lachkrampf und derjenige der Maschinisten bewogen Pi-*

casso, *ihm* [dem Pferd] *diese zufällige Silhouette zu belassen. Wir konnten nicht erraten, daß das Publikum eine der wenigen Konzessionen, die ihm gemacht wurden, so schlecht aufnehmen würde. Es blieben die drei Personen der Parade oder genauer die vier, da ich den Akrobaten in ein Akrobatenpaar umwandelte. Entgegen dem, was sich das Publikum vorstellt, sind diese Personen mehr an die kubistische Schule gebunden als die Manager. Die Manager sind Bestandteil des Dekors, sie sind Porträts von Picasso, die sich bewegen, und ihre Struktur selber verlangt eine spezifische Choreographie. Was die vier Personen betrifft, so handelte es sich darum, eine Folge von realen gewöhnlichen Gesten zu nehmen und sie in Tanz umzusetzen, ohne daß sie ihre realistische Kraft verlören, so wie sich ein Maler an realen Objekten inspiriert, um sie in Malerei zu verwandeln, ohne doch die Kraft der Volumen, der Materie, der Farben und der Schatten aus den Augen zu lassen. DENN DIE REALITÄT ALLEIN, AUCH WENN SIE GUT VERDECKT IST, BESITZT DIE TUGEND, UNS ZU RÜHREN. – Der Chinese zieht ein Ei aus seiner Haarflechte, ißt es, verdaut es, findet es wieder am Ende seiner Sandale, spuckt Feuer, brennt sich, trampelt, um die Funken auszulöschen usw. Das kleine Mädchen besteigt den Renner* [das vorher erwähnte Pferd], *macht eine Fahrt mit dem Zweirad, zappelt wie Filmfiguren, imitiert Charlot* [gemeint ist Charlie Chaplin], *verjagt mit dem Revolver einen Dieb, boxt, tanzt einen Ragtime, schläft ein, erleidet Schiffbruch, rollt sich auf dem Gras, nimmt einen Kodak, usw. . . . Die Akrobaten (werde ich gestehen, daß das Pferd einen Manager trug und daß dieser Manager, da er vom Pferde fiel, von uns am Vorabend der Aufführung kurz entschlossen abgeschafft wurde?) – die dümmlichen, wendigen und armen Akrobaten versuchten wir mit jener Melancholie des Zirkus vom Sonntagabend zu umgeben, mit der Melancholie des Vorstellungsendes, das die Kinder veranlaßt, in den Mantelärmel zu schlüpfen, während sie einen letzten Blick auf die Arena werfen. – Saties Orchester gibt all seine Anmut ohne Pedalwirkung* [ohne die melodischen Linien zu verhüllen]. *Es ist eine Drehorgel beladen mit Traum. Es wird den jungen Musikern, die der schönen impressionistischen Polyphonie müde sind, eine Türe aufstoßen. Hören Sie, wie das Orchester aus einer Fuge kommt und wie es sie wieder aufnimmt mit einer klassischen Freiheit.*

*Ich habe, sagte Satie bescheiden, einen Hintergrund zu gewissen Ge-*
*räuschen komponiert, die Cocteau unerläßlich fand, um die Atmo-*
*sphäre der Personen näher zu bestimmen. Satie übertreibt, aber tat-*
*sächlich spielten die Geräusche eine große Rolle in »Parade«. Materiel-*
*le Schwierigkeiten (wir bekamen unter anderem keine Preßluft) raub-*
*ten uns diese Ohrentäuschungen* [trompe-l'oreille], *Dynamo – Morse-*
*apparat – Sirenen – Expreß-Flugzeug – die ich ursprünglich verwende-*
*te wie die Augentäuschungen* [trompe-l'oeil] *Zeitung, Karnieß, fal-*
*sches Holz, das die Maler brauchen* [Anspielung an die Gewohnheit
der kubistischen Maler, reale Objekte in ihre Gemälde einzubauen].
*Kaum konnten wir die Schreibmaschinen zu Gehör bringen. – Das wä-*
*re die oberflächliche, formlose Erzählung über eine selbstlose Zusam-*
*menarbeit, die von Erfolg gekrönt wird trotz des einhelligen Zorns,*
*denn es ist wahr, daß die Generationen seit Jahrhunderten sich über*
*den Kopf des Publikums hinweg eine Fackel weitergeben, ohne daß ihr*
*Atem auslöschen würde.'*[2]

*Parade* von Satie, Cocteau, Picasso und Massine war ein Fanal, das die
turbulente Nachkriegszeit einleitete, die Sätze Cocteaus verraten etwas
von der Hetze und Erregung, die die noch einmal aus der Katastrophe des
Krieges Geretteten erfaßten. Quer zu stehen zu diesem Stück scheint die
vor dem langen Zitat gemachte Bemerkung, daß die Welten des Alltags
und des Theaters komplementär zueinander stünden, da hier doch offenbar die Realität des Alltags verherrlicht wird und die Bühne keine selb-
ständige Gegenwelt zu der Welt außerhalb des Theaters darstellt, doch
sind die ,,realen'' Handlungsmomente und die Geräusche von Schreibmaschinen und Dynamos nichts anderes als witzig und mutwillig in einen
neuen, provokant willkürlichen Zusammenhang montierte Fragmente,
wie die Zeitungsausschnitte, die aufgerauhte Oberfläche und das Holz in
den kubistischen Bildern. Dazu kommt noch, daß zwischen dem Publikum dieses Stückes, das aus Bürgern, Snobs und echten Kunstliebhabern
bestand, und der auf der Bühne gezeigten Welt der fahrenden Leute sich
eine Kluft auftut, die beide Welten, die reale und die dargestellte, in gleichem Maße fragwürdig macht. Die Künstler rund um Cocteau liebten die
Welt der billigen Bars, die sie zur mitternächtlichen Stunde als Arbeiter
verkleidet aufsuchten, um sich an dem ordinären Treiben und den wüsten

Klängen der dort gespielten Musik zu ergötzen, wobei man sich dann jeweils wieder zurückfand in die traute Geborgenheit, in der man die in der Unterwelt gemachten Eindrücke künstlerisch auswertete, so in dem Ballett *Le Boeuf sur le toit* (1920), auch von Cocteau, mit einer Musik – einem großen, brasilianisch gefärbten Rondo –, die von Milhaud schon vorher, ohne die Absicht einer szenischen Verwertung, geschrieben worden war. Bei der Uraufführung wirkten nicht professionelle Tänzer mit, sondern Clowns, unter anderem die drei berühmten Brüder Fratellini nebst andern heute nicht mehr so bekannten Darstellern. Damit war wieder die Beziehung zur außer- oder unterbürgerlichen Welt hergestellt, deren Dekors auf der Bühne von Raoul Dufy gemalt worden waren, der einen leichten, eleganten und kunstvoll skizzenhaften Pinselstrich liebte. Auch zum Teil skizzenhaft, aber doch wesentlich zusammenhängender als in der Schilderung von *Parade* sind hier von Cocteau Handlung und Bühnenbild beschrieben:

*,,LE BOEUF SUR LE TOIT ist eine grell erleuchtete Bar. Ein runder Wandschirm aus gelbem Holz verdeckt die rechtsseitige Kulisse. Die Ecke eines Billardtisches ragt über das linksseitige Ende der Kulisse hinaus, auf der ein granatrotes Tuch gemalt ist. Im linken Vordergrund ein Lehnsessel aus Leder. Im rechten Vordergrund ein Tisch. Tisch und Lehnsessel, die vor dem Vorhang sichtbar sind, künden wie eine Art Prolog die Grobheit des Dekors an. Sobald der Vorhang sich hebt, fügen sie sich in das Bühnenganze ein. Ein Ventilator an der Decke. Der Ventilator dreht langsam und wirft Schatten auf die Personen. Diese tragen Köpfe aus Karton, die dreimal so groß wie in Wirklichkeit sind. Sie handeln im Stile des Dekors. Sie sind ein Dekor, der sich bewegt. Sie führen im Zeitlupentempo, gegen die Musik schwimmend, mit der Unbeholfenheit von Froschmännern die Gesten aus, die wesentlich für ihre Rollen sind. Die Requisiten – Flaschen, Gläser, Trinkhalme, Zigaretten, Kreise, Untertassen – sind von der Größenordnung der künstlichen Köpfe. Am Fries des Vordergrundes, der mit vielfarbigen Fahnen bemalt ist, sind fünf Rauchringe aus Tüll aufgehängt, die vom Lehnsessel ausgehen und sich gegen das Zentrum bewegen. – Beim Aufgehen des Vorhangs: der Barman allein, ganz weiß, ganz rosa. Er schüttelt seine Becher hinter der Theke. Eine Zigarre so dick wie ein Torpedo brennt auf einem Tisch hinter dem Lehnsessel.*

Von links tritt der Negerboxer im himmelblauen Pullover auf, er kommt aus dem Billardsaal. Er verlangt einen Cocktail, läßt seine Muskeln spielen, fällt in den Lehnsessel, kreuzt die Beine und nimmt wieder seine Zigarre. Sofort werden die Rauchringe die seinigen. Ein hemdsärmeliges Negerlein kommt rückwärts aus dem Billardsaal. Es legt Kreide auf einen Billardstab auf. Der Boxer verlangt vom Barman, daß er ihm die schlecht ziehende Zigarre schneide. Der Barman schneidet mit einem Revolverschuß. Der Schuß wirft das Negerlein rückwärts um. Während des ganzen ersten Teils sieht man in den Kulissen Billard spielen, ein Bein sich heben, zielen, wie auf den amerikanischen Lithographien. – Es treten nacheinander auf: die dekolletierte Dame in roter Robe, sehr maniert, sehr kommun. Die rotköpfige Dame mit Papierhaaren, hübsch, von maskulinem Benehmen, ein wenig vornübergebeugt, die Hände in den Taschen. Der Herr in glänzendem Anzug, der seine Armbanduhr betrachtet und seinen Barhokker nicht vor seinem Abgehen verläßt. Ein scharlachroter Bookmaker mit Goldzähnen, der eine graue Melone trägt und eine Jagdkravatte, die von einer Perle von der Größe einer Gartenkugel zusammengehalten wird. – Diese ganze hübsche Gesellschaft richtet sich ein, macht ein Würfelspiel. (Das Würfelspiel zwischen dem Herrn und dem Bookmaker soll ein mechanisches Tableau sein, bestehend aus ihren Köpfen, dem Kopf des Barman hinter einer Zeitung mit Buchstaben von der Größe von Plakaten, aus den zwei Würfeln, die richtige Kartonschachteln sind, die sie [die Spieler] bewegen, indem sie sie um ihre Achse drehen.) Die elegante Dame pudert sich, entdeckt das Negerlein. Es klettert auf einen Hocker. Sie hebt es auf ihre Schultern und führt es weg in den Billardsaal. Die rotköpfige Dame durchquert die Szene, nimmt mit ihrem Arm die Rauchringe weg, leert sie um den Hals des Barmans und fixiert den Boxer. Der Boxer verläßt seinen Lehnsessel, um ihr zu folgen. Der Bookmaker beobachtet sie, wird zornig, trippelt, nähert sich auf leisen Sohlen, nimmt seine Perle und versetzt damit dem Neger, der zusammenbricht, einen Schlag auf den Kopf. Das Negerlein läßt seinen Billardstab, hilft dem Boxer, bettet ihn in den Lehnsessel, fächelt ihm mit einer Serviette Luft zu. – Kleiner Triumphtanz des Bookmakers. Tango der Frauen. Ein Pfiff. Das ist die Polizei. Alle zittern. Der Barman befestigt einen Anschlag: HIER WIRD NUR

*MILCH GETRUNKEN, versteckt Gläser, Flaschen, verteilt Milch-gläser und schlägt die Milch in einem Buttergefäß. – Der riesige Poli-zist steckt den Kopf herein. Er tritt auf. Er kontrolliert. Er nähert sich jedem, um den Geruch des Atems festzustellen. Er kostet von der Milch. Durch die bukolische Stimmung beeinflußt, tanzt er ein lie-benswürdiges Ballett. Während er in der Mitte mit der Anmut einer Ballerina dreht, bringt der Barman einen Hebebaum in Aktion. Der Ventilator kommt herab und enthauptet den Polizisten. Er wankt. Er sucht seinen Kopf, versucht ihn verkehrt wieder aufzusetzen und fällt tot um. – Nichts erstaunt das Nachtgelichter. Nach kurzen Vergnüg-lichkeiten, während denen das Negerlein, die Hand auf dem Herz, eine Romanze singt, bietet der Barman den Kopf auf einer Platte der rotköpfigen Dame dar, die ungerührt bleibt und in die linke Kulisse schaut. – Sie tanzt. Ihr Tanz ist eine Übertreibung der Tänze der Salo-me ganz im allgemeinen. Sie dehnt sich, sie raucht, sie schüttelt den Kopf des Polizisten wie einen Cocktail. Schließlich geht sie auf den Händen wie die Salome der Kathedrale von Rouen, umkreist den Kopf und verläßt, immer auf den Händen, die Bar, gefolgt vom Bookma-ker. – Bevor auch sie verschwindet, dreht sich die dekolletierte Dame um, entfernt die Rose, die der Herr im Anzug im Knopfloch trägt, und wirft sie dem Barman zu. Der Herr zahlt und beide gehen ab. – Der Boxer erwacht, erhebt sich, schwankt und geht seinerseits ab, gefolgt vom Negerlein, das sich weigert, den Barman zu bezahlen. – Allein geblieben, räumt der Barman auf. Er entdeckt den Körper des Polizi-sten. Er schleppt ihn, so gut es geht, zu einem Stuhl hinter dem Tisch. Der tote Körper sucht sein Gleichgewicht. Nachdem der Körper stille hält, bringt der Barman Türme von Untertassen, die er auf den Tisch setzt, und eine Flasche Gin, die er in den Körper leert. Er hebt den Kopf auf, preßt ihn zwischen die Schultern. Er kitzelt und hypnotisiert ihn. Der Polizist erwacht zum Leben. Da entrollt ihm der Barman eine drei Meter lange Rechnung."*[3]

Die hastig hingeworfenen Sätze geben viel von der Euphorie wieder, die nach dem Kriege Paris erfaßte. Die Poesie des krassen Alltags, wie sie hier beschrieben wurde, hofft darauf, daß gerade aus den vulgärsten Dingen eine neue künstlerische Offenbarung entstehen könnte, jedenfalls so for-muliert es Cocteau in der Vorrede zu *Les Mariés de la tour Eiffel* (1921),

151

einem Stück voll der banalsten Einfälle, die eben gerade dadurch bizarr und attraktiv werden. Jeder der Komponisten der Gruppe der Sechs – Germaine Tailleferre, Georges Auric, Arthur Honegger, Darius Milhaud und Francis Poulenc – hatte zu dem übermütigen, den Surrealismus vorausnehmenden Werk ein Musikstück geschrieben, wieder wie bei *Parade*, handelt es sich um eine in der Gruppe geleistete Arbeit, das einsame Genie der Romantik ist in der entzauberten Welt nach dem Krieg nicht mehr gefragt, sagt doch Cocteau:

> *„Das Geheimnis flößt dem Publikum eine Art Furcht ein. Hier verzichte ich auf das Geheimnis. Ich leuchte alles aus, ich unterstreiche alles. Leere des Sonntags, Menschenvieh, übernommene Redensarten, Dissoziation von Ideen in Fleisch und Blut, Wildheit der Kindheit, Poesie und Wunder des täglichen Lebens: das ist mein Stück, das die jungen Musiker, die es begleiten, so gut verstanden haben. (. . .) Der Dichter soll die Gegenstände und Gefühle aus ihren Schleiern und Nebeln lösen, sie sofort zeigen, die nackten und hastigen, die der Mensch nur mit Mühe wiedererkennt. Sie fallen ihm auf mit ihrer Jugend, als wären sie nie würdige Greise geworden. Das ist der Fall bei den Gemeinplätzen, den alten, mächtigen und allgemein akzeptierten, als ob es sich um Meisterwerke handelte, deren Schönheit und Originalität uns nicht mehr überrascht, da sie abgenützt sind. In diesem Schauspiel rehabilitiere ich den Gemeinplatz. Mir liegt es ob, ihn unter einem gewissen Gesichtswinkel darzustellen, damit er seine zwanzig Jahre wiederfindet.“* [4]

Daß diese Haltung viel mit derjenigen der jungen Musiker gemein hat, die die Trivialmusik, die Musik des Alltags in ihre Stücke aufnehmen, sie vielleicht deformieren, ihre Elemente isolieren, um ihre Struktur und ihren Ausdruck noch bewußter zu machen, ist Cocteau auch nicht entgangen:

> *„Die junge Musik befindet sich in einer analogen Situation. Es zeigt sich dort eine Klarheit, ein Freimut, eine gute Laune, die vollkommen neu sind. Der Naive täuscht sich. Er glaubt ein Orchester aus dem Café-concert zu hören. Sein Ohr begeht denselben Fehler wie der Blick, der keinen Unterschied sieht zwischen einem Stoffstück in schreienden Farben und demselben Stück, wenn es von Ingres kopiert worden ist. In den »Mariés« verwenden wir die volkstümlichen Elemente, die Frankreich bei sich zuhause verachtet, die es aber draußen bejaht,*

*wenn sie ein ausländischer Musiker ausschöpft. Glauben Sie zum Beispiel, daß ein Russe »Petruschka« auf dieselbe Art hören könnte wie wir? Außer dem Prestige dieses musikalischen Meisterwerkes findet er darin seine Kindheit, die Sonntage in Petrograd, die Lieder der Ammen.*"[5]

Strawinsky wird von Cocteau doch als einer der Ihren, als ein Wahlfranzose betrachtet, obschon er an andern Stellen heftig gegen ihn polemisiert, da er sich eine französische Musik und nicht eine russisch inspirierte für Frankreich wünscht. Die Verdienste von Diaghilev und Rolf de Maré, dem Leiter der „Ballets suédois", die *Les Mariés de la tour Eiffel* aufführten, weiß er aber zu würdigen, da sie gerade diese hier schon erwähnten Mischformen des Theaters, die mit andern Worten neue Formen sind, fördern und erfinden:

„*Mit Leuten wie Serge de Diaghilev und Rolf de Maré sehen wir nach und nach in Frankreich eine Art von Theater entstehen, die nicht das Ballett im strengen Sinne des Wortes ist, die ihren Platz nicht in der Opéra oder Opéra-comique oder auf irgendeiner Bühne des Boulevard-Theaters findet. Hier aber, am Rande, formt sich die Zukunft. Unser Freund Lugné-Poe, der um 1890 das symbolistische Theater gefördert hatte, stellt das fest und entsetzt sich darüber in einem seiner Artikel. Diese neue Art, die besser zur modernen Mentalität paßt, bleibt noch eine unbekannte Welt, die reich an noch zu machenden Entdeckungen ist. Eine Revolution, die den Forschern die Türe ganz weit öffnet. Die Jungen können dort weitersuchen, wo das Märchenstück, der Tanz, die Akrobatik, die Pantomime, das Drama, die Satire, das Orchester und das Wort alle zusammen wieder erscheinen unter einer vollkommen neuen Form; sie* [die Jungen] *werden ohne große finanzielle Mittel das auf die Bühne bringen, was die etablierten Künstler als Künstlerscherze bezeichnen, das aber nichts anderes ist als der plastische Ausdruck der Poesie.*" [6]

1922 brachte Cocteau eine freie und sehr gekürzte Fassung von Sophokles' *Antigone* heraus mit Bühnenbildern von Picasso und Musik von Honegger, die von 1924 bis 1927 vom Komponisten zu einer richtigen Oper ausgebaut wurde. Cocteau, der schon behauptet hatte, daß ein Wolkenkratzer ebenso schön sei wie ein griechischer Tempel, versuchte nun mit dieser Adaptation, die klassische Tragödie der Moderne anzupassen:

„Es ist verlockend, Griechenland vom Flugzeug aus zu fotografieren. Man entdeckt ganz neue Aspekte. Auf diese Weise habe ich »Antigone« übersetzen wollen. Im Vogelflug verschwinden große Schönheiten, andere tauchen auf; die Dinge rücken zusammen, es entstehen Blöcke, Schatten, Ecken, unerwartete Reliefs. Vielleicht ist mein Versuch ein Mittel, die Meisterwerke zu verlebendigen. Da wir schon so lange in ihnen wohnen, betrachten wir sie zerstreut, aber wenn ich einen berühmten Text überfliege, glaubt jeder, ihn zum erstenmal zu hören."[7]*

Die Parallele zu Strawinskys Haltung gegenüber Meisterwerken, die zwischen »Liebe und Respekt« zu wählen hat, fällt auf, ganz abgesehen davon, daß der Russe Cocteaus Fassung von König Oedipus vertonen sollte, wovon noch mehr im nächsten Kapitel die Rede sein wird. Wie Strawinsky sich eine ganz besondere Art der szenischen Verwirklichung vorgestellt hat, so auch hier Cocteau zu Antigone:

„Die äußerste Geschwindigkeit der Handlung soll die Schauspieler nicht daran hindern, deutlich zu artikulieren und sich wenig zu bewegen. Der Chor und der Koryphäe sind in eine sehr laut und sehr schnell sprechende Stimme zusammengefaßt, die tönt, als ob sie einen Zeitungsartikel läse. Diese Stimme kommt aus einem Loch im Zentrum des Dekors. Natürlich haben die Personen kein Gefolge. Der Vorhang hebt sich über die frontal zum Publikum stehenden Antigone und Ismene, die vollkommen unbeweglich sind."[8]

Für die Wiederaufnahme des Stückes im Jahr 1927 „rahmten fünf monumentale Jünglingsköpfe aus Gips den Chor ein. Die Tragöden trugen durchsichtige Masken in der Art von Fechtermasken, unter denen man die Gesichtszüge erriet und auf die luftige Gesichter aus weißem Messingdraht genäht waren. Die Kostüme wurden über schwarzen Trikots getragen, die die Arme und Beine bedeckten. Das ganze beschwor einen schmutzigen und königlichen Karneval, eine Familie von Insekten."[9]

Daß Cocteau als wichtiger Anreger und vielseitig begabter Künstler – er zeichnete auch und führte einige Male auch Regie – das Pariser Theaterleben um einiges reicher machte, leuchtet ein, obschon er vielleicht, wie schon erwähnt, nur die schon vorhandenen Tendenzen ausnutzte. Neben ihm waren noch viele Künstler tätig, die den »neuen Geist«, wie Satie sagen würde, verwirklichen halfen, unter ihnen auch Blaise Cendrars, der

Abenteurer und Vagabund, der mit Milhaud und Fernand Léger um 1923 an dem hier vom rein musikalischen Gesichtspunkt aus schon besprochenen Ballett *La Création du monde* arbeitete, ausgehend von der *Anthologie nègre* von 1920, in welcher der Schriftsteller in geheimnisvoll altertümlichem und feierlichem Französisch einen afrikanischen Mythos von der Entstehung der Welt darstellt:

,,*Das hat mich mein Vater gelehrt, der es von seinem Vater hatte, und das seit langem, langem, seit dem Urbeginn. Am Anfang der Dinge, ganz am Anfang, als nichts war, weder Menschen noch Tiere noch Pflanzen, noch Himmel und Erde, nichts, nichts, nichts, war Gott und er nannte sich Nzamé. Und die drei, die Nzamé sind, nennen wir Nzamé, Mébère und Nkwa. Und am Anfang machte Nzamé den Himmel und die Erde und er behielt den Himmel für sich. Über die Erde blies er, und unter der Wirkung seines Atems entstanden das feste Land und das Wasser, jedes an seinem Ort. Nzamé hat alle Dinge gemacht: den Himmel, die Sonne, den Mond, die Sterne, die Tiere, die Planzen, alles. Und als er alles, was wir heute sehen, vollendet hatte, rief er Mébère und Nkwa und zeigte ihnen sein Werk. – Was ich da gemacht habe, ist es gut gemacht? fragte er sie. – Ja, du hast es gut gemacht, so war ihre Antwort. – Bleibt noch etwas anderes zu tun? Und Mébère und Nkwa antworteten ihm: Wir sehen viele Tiere, doch wir sehen nicht ihren Herrn, wir sehen viele Pflanzen, doch wir sehen nicht ihren Meister. Und um all diesen Dingen einen Meister zu geben, bezeichneten sie unter allen Geschöpfen den Elephanten, denn er war weise, den Leopard, denn er war stark und schlau, den Affen, denn er war boshaft und wendig. Aber Nzamé wollte es noch besser machen und zu dritt machten sie ein Geschöpf, das ihnen ähnlich war: der eine gab ihm die Kraft, der andere die Macht, der dritte die Schönheit. Dann sprachen die drei: ,Nimm die Erde, du bist in Zukunft der Meister von allem, was ist. Wie wir hast du das Leben, alle Dinge sind dir untertan, du bist der Meister. (. . .)' Stolz auf seine Macht, seine Kraft und seine Schönheit – denn er übertraf in diesen drei Eigenschaften den Elephanten, den Leopard und den Affen – stolz auf seinen Sieg über alle Tiere, entwickelte sich dieses erste Geschöpf zum Bösen, es wurde hochmütig, wollte Nzamé nicht mehr anbeten und verachtete ihn. (. . .) Gott rief in seinem Zorn Nzalân, den Donner. (. . .) Und das*

*Feuer des Himmels verbrannte den Wald. (. . .) die Bäume brannten,*
*die Pflanzen, die Bananen, der Maniok, sogar die Erdnüsse. (. . .)*
*Aber Gott betrachtete die ganz schwarze Erde, ohne irgend etwas, leb-*
*los; er schämte sich und sann auf Besserung. Nzamé, Mébère und*
*Nkwa hielten Rat (. . .) und sie taten folgendes: auf den schwarzen,*
*von Kohle bedeckten Boden legten sie eine neue Schicht Erde; ein*
*Baum wuchs, wurde größer und größer, und wenn einer seiner Samen*
*zur Erde fiel, entstand ein neuer Baum, wenn sich eines seiner Blätter*
*löste, wurde es größer und größer, begann zu gehen und es war ein*
*Tier, ein Elephant, ein Leopard, eine Antilope, eine Schildkröte, alle,*
*alle. Wenn ein Blatt ins Wasser fiel, schwamm es, und es war ein Fisch,*
*eine Sardine, ein Blendling, eine Krabbe, eine Auster, eine Miesmu-*
*schel, alle, alle, alle. Die Erde wurde, was sie gewesen war, das was sie*
*noch heute ist. (. . .) Nzamé: wir machen wieder einen Menschen, die-*
*selben Beine, dieselben Arme, aber wir werden ihm den Kopf drehen*
*und er wird den Tod sehen. Und so wurde es gemacht. Dieser Mensch,*
*meine Freunde, ist wie ihr, ist wie ich. (. . .) aber Gott wollte ihn nicht*
*alleinlassen. Er sagte ihm: Mache dir eine Frau mit einem Baum. (. . .)*
*Als Nzamé den Mann und die Frau machte, hatte er sie aus zwei Tei-*
*len zusammengesetzt: den einen äußeren, den nennt ihr Gnoul, Kör-*
*per, und den andern, der im Gnoul lebt, nennen wir Nsissim, Seele.*
*(. . .) Nsissim macht den Schatten (. . .) Nsissim macht, daß Gnoul*
*lebt, Nsissim geht weg, wenn der Mensch tot ist, aber Nsissim stirbt*
*nicht. (. . .) So lange er im Gnoul ist, wißt ihr, wo er sich aufhält? Im*
*Auge. Ja, er weilt im Auge, und der kleine, glänzende Punkt, den ihr*
*in der Mitte seht, ist Nsissim.*"[10]

Cendrars selber, der Milhaud während der Vorarbeiten zu diesem Ballett
in die Unterwelt der Bars und Nachtlokale führte, hatte den Vorwurf, der
als selbständiges Stück Literatur schon seit einiger Zeit geschrieben worden war, ausgewählt. Die Bewunderung für den Jazz, den man als archaisch, urtümlich empfand, hatte aber ihren Vorläufer in der Bewunderung für die Negerplastik, die schon die Anfänge des Kubismus um 1910
befruchtet hatte. Gerade darauf bezogen sich Bühnenbild und Kostüme
von Léger, denn Milhaud schreibt:

*„Léger wollte sich der primitiven Negerkunst angleichen und Vorhang und Szenerie mit afrikanischen Götzenbildern bemalen, die Nacht und Dunkelheit ausdrücken sollten. Keine seiner Skizzen konnte ihm erschreckend genug sein. Er zeigte mir eine für den Vorhang, schwarz gegen dunkelbraunen Hintergund, die er verworfen hatte, weil sie zu hell und pastoral sei. Eine charmante Übertreibung: Am liebsten hätte er Häute benutzt, die Blumen, Bäume und Tiere jeder Art darstellen und die, mit Luft aufgepumpt, im Augenblick der Schöpfung sich wie Ballons in die Luft erheben sollten. Dieser Plan konnte aber nicht ausgeführt werden, da er eine komplizierte Maschinerie in jeder Ecke der Bühne für das Aufpumpen erfordert hätte, und außerdem würde das Zischen der Luft die Musik übertönt haben. Er mußte also damit zufrieden sein, sich von den Tierkostümen inspirieren zu lassen, wie sie afrikanische Tänzer während ihrer religiösen Riten tragen."*[11]

\*

Strawinskys Bühnenschaffen ist mit all den hier erwähnten und beschriebenen Werken durch vieles verbunden und doch in wesentlichen Punkten vollkommen verschieden. Daß *Antigone* von Cocteau und Honegger und *Oedipus Rex* wieder von Cocteau und Strawinsky geradezu Zwillingswerke sind, wurde schon erwähnt, doch muß die unvergleichbare Eigenart des zweiten Stückes im folgenden Kapitel dieses Buches noch näher dargestellt werden. Vom surrealistisch in Unordnung gebrachten Alltag von *Parade*, *Le Boeuf sur le toit* und *Les Mariés de la tour Eiffel* hat sich hingegen Strawinsky immer ferngehalten und dafür das verwunschene Land der russischen Märchen im *Fuchs* und der *Geschichte vom Soldaten* aufgetan, das in seiner launischen Verschrobenheit der Phantasie auch viel Mutwillen erlaubt. *La Création du monde* beschwört urzeitliche Mythen wie *Le Sacre du printemps*, ist aber doch um vieles milder und vermag nicht jene Unbedingtheit des Ablaufs zu erreichen wie eben der *Sacre* oder die überhaupt nicht russisch-folkloristisch gefärbte *Hochzeit*. Strawinsky scheint zudem als erster die Musik zu seinen Balletten so gebaut zu haben, daß sie ohne Veränderung auch im Konzertsaal gespielt werden kann, was seit ihrer Entstehung ständig geschieht. Die Musik zum *Feuervogel* paßt sich noch zu sehr der Handlung an, oder anders gesagt, die

Handlung hat noch nicht ganz jene letzte Prägnanz erreicht, damit die Musik in klar übersichtliche Formen gegliedert wäre. Deshalb gibt es eigens hergestellte Konzertsuiten von dieser Musik wie von derjenigen zu Ravels *Daphnis et Chloé*. Von *Le Sacre du printemps* an ist die Musik ohne Änderungen sowohl im Theater wie im Konzertsaal spielbar.

Strawinsky wurde vor allem durch seine Ballette berühmt und er versuchte nun die Vorteile, die diese Kunstgattung aufweist, auch auf seine anderen musikdramatischen Werke zu übertragen, die nur zum kleinen Teil wirkliche Opern, zur Hauptsache aber Mischformen sind, von denen schon die Rede war. Er und Diaghilev baten zum Beispiel die Nijinska, eine Tänzerin und Choreographin, die Regie zu der kleinen Oper *Mawra* zu übernehmen, doch scheiterte sie daran, daß die Sänger nicht *„an tänzerische Technik und Disziplin"* gewohnt waren *„und sich ihr nicht anpassen konnten"*[12]. Aus der Erkenntnis seine Lehre ziehend, daß ein Sänger, möge er noch so hervorragend sein, nicht unbedingt einen guten Schauspieler abgeben müsse, versuchte Strawinsky, die verschiedenen Funktionen einer Bühnenfigur zu trennen und dermaßen festzulegen, daß kein Dilettantismus, sondern nur noch perfektes Spezialistentum möglich war: In der *Geschichte vom Soldaten* übernimmt ein Erzähler die Aufgabe, die Geschichte darzulegen, während die Personen auf der Bühne tanzen oder pantomimisch ihre Gefühle ausdrücken. Zudem ist das Orchester wie in der *Hochzeit* auf der Bühne sichtbar, denn Strawinsky bemerkt dazu:

„(. . .) *ich habe immer einen Abscheu davor gehabt, Musik mit geschlossenen Augen zu hören, also ohne daß das Auge aktiv teilnimmt. Wenn man Musik in ihrem vollen Umfange begreifen will, ist es notwendig, auch die Gesten und Bewegungen des menschlichen Körpers zu sehen, durch die sie hervorgebracht wird. Es ist nun einmal so, daß jede musikalische Schöpfung einer Realisierung bedarf, oder anders ausgedrückt, sie verlangt nach einem Vermittler, der sie ausführt. Diese Tatsache läßt sich nicht umgehen, denn wollten wir dies, so würden wir der Musik nicht teilhaftig werden, und darum sollte man auch nicht versuchen, sie zu ignorieren und die Augen vor einer Tatsache zu schließen, die in der Natur der Tonkunst liegt."*[13]

Wieder unternimmt es damit Strawinsky, die Musik und ihre Wirkung zu entmystifizieren, wie schon früher dargelegt wurde. Im *Fuchs* sollen entweder „*Clowns, Tänzer oder Akrobaten*" die Bühnenrollen spielen, während die Sänger zusammen mit den Instrumentalisten getrennt von der ablaufenden, zirkusähnlichen Handlung aufgestellt sind.

Eine Rückwendung zur Spieloper vor Wagner bedeutet *The Rake's Progress* (1947-1951), das genau so wie *The Flood*, von dem nachher noch die Rede sein wird, aus der amerikanischen Zeit stammt, aber in den geistigen Zusammenhang mit den früheren Werken gehört. Seine Musik scheint sich mit Secco-Rezitativ, Recitativo accompagnato, Arie und Ensemble dem italienischen Mozart zu nähern und dem altmodischen Opernschlendrian Tür und Tor zu öffnen. Wieder wird der Tenor gleichsam aufgefordert, seine Hand zur Liebesbeteuerung auf das Herz zu legen oder bei Höhepunkten die Arme, das Gesicht gegen das Publikum, weit auszubreiten. Die Opernklischees scheinen überhand zu nehmen, doch die Abschieds- und Chorszenen, die Kirchhofszene und der Vaudeville zum Beschluß beschwören nicht einfach eine unverstellte Wiedergeburt von *Don Giovanni* oder *Cosi fan tutte*, obschon Strawinsky erklärte, das Libretto von Auden sei ebenso gut wie diejenigen da Pontes.[14] In Tat und Wahrheit ist dieser Operntext Literatur über Literatur, eine Paraphrase der Anakreontik des 18. Jahrhunderts, die sich wieder auf die Anakreontik der Antike bezog, genauso wie Strawinsky nach Adornos Worten „*Musik über Musik*" macht. Er wollte aber – und hier setzt nun der wesentliche Unterschied zu seinen „Modellen" ein – jede Arie, wie er Vladimir Nabokov gegenüber sagte, als ein „*festes Korsett*" verstanden wissen[15], das der Improvisation keinen Raum bieten kann. Zudem ist die Behandlung des Englischen prosodisch absichtlich falsch, eine künstliche Starre wird damit fühlbar, die Hand in Hand geht mit der Kälte der längst verjährten Handlungsschemata der klassischen Oper. Die Musik ist noch tonal, weist aber eine „*demolierte Mechanik*" auf, das Bedürfnis, sich als Hörer am Vertrauten zu ergötzen, wird immer gestört durch unerwartete Dissonanzen und eckige Rhythmen, warmblütige Naivität kommt nicht auf, da die Opernklischees musikalisch durch grotesk Marionettenhaftes denunziert werden.

In *The Flood* (1961-1962), dem letzten musikdramatischen Werk von Strawinsky, finden sich alle musikalischen und dramaturgischen Prinzipien von früher wieder. Das „*musikalische Spiel*" um die Erschaffung der Welt, den Sündenfall und die Sintflut mit der Erscheinung des versöhnenden Regenbogens zum Schluß entlehnt seinen Text mittelalterlichen englischen „mystery plays" aus York und Chester und der Genesis aus der Bibel. Es handelt sich hier um ein nahezu anonymes Material, das von Robert Craft zusammengestellt und auch ein bißchen modernisiert wurde; es läßt sich von ferne mit dem Latein des *Oedipus Rex* vergleichen. Der Erzähler erinnert an die *Geschichte vom Soldaten*, der Ausrufer, der die einzelnen in die Arche Noahs einziehenden Tiere aufzählt, gemahnt an die Zirkuswelt von *Parade* mit den Managern. Die Rollen des Noah und seiner Familie werden auch gesprochen, Übergänge vom Sprechen zum Singen, wie sie vor allem die beiden Opern von Alban Berg, *Wozzeck* und *Lulu*, kennen, werden vermieden, weil Sänger oft schlecht, mit zuviel Ton sprechen. Die Himmlischen singen: Gott als Zweieinigkeit wird von zwei tiefen – russischen – Bässen übernommen und damit vollkommen entmaterialisiert, er bleibt auch als Person unsichtbar. Die Engel sollen, nach Strawinsky, russischen Ikonen gleichen, und Luzifer ist ein hoher Tenor, doubliert von einem Tänzer, während der Bau der Arche und die Sintflut vom Ballett dargestellt werden. Wieder macht sich hier Strawinskys Absicht bemerkbar, nur Spezialisten ihres Faches zu verwenden und jede in einer Bühnenfigur vorhandene Mischung der Gattungen Sprechdrama, Oper und Tanz zu vermeiden. Das Stück war ursprünglich für das amerikanische Fernsehen bestimmt, und Strawinsky konzentrierte sich deshalb auf den Ablauf von kurzen, blitzartigen Szenen, den Werbespots, den sogenannten „commercials" vergleichbar. Dazu bediente er sich der ihm in den sechziger Jahren schon gut vertrauten Reihentechnik, er übernimmt kompositorisches Prozedere von Berg, Webern und Pierre Boulez, aber oft in einer recht sorglosen Art, die den Besuchern der Darmstädter Ferienkurse als reines Sakrileg vorkommen mußte: Nicht nur fehlen gelegentlich Reihentöne, auch im aesthetischen Bereich erlaubt sich Strawinsky Kühnheiten: Die Mechanik der Musik wird wieder demoliert, und hochstehende Stile, wie früher derjenige Bachs, werden trivialisiert. Der Fall Luzifers zum Beispiel wird von Musik im punktuellen Stil, von einzelnen Tönen, die den ganzen Tonraum durchmessen, begleitet, und die Tierstimmen werden von Holzbläser-Arabesken nachgeäfft, die an Boulez' *Flötensonatine* erinnern, ohne deren rhythmisch genau strukturierte Form erreichen zu wollen. Gottes Stimme schließlich wird untermalt von regelmäßigen Sechzehnteln der Großen Trommel, ungeachtet dessen, daß

Boulez in *Le Marteau sans Maître* dem Schlagzeug eine höchst differenzierte Rolle zugewiesen hat. Immer wieder bezieht sich Strawinsky auf die Avantgarde nach dem Zweiten Weltkrieg, aber ohne deren hohe Forderung nach ständiger Variation des musikalischen Materials in der Nachfolge der Wiener Schule Schönbergs ernst zu nehmen. Boulez' Flötenarabesken werden zurückgebildet auf ihren äußerlichen, aber nicht strukturellen Ursprung, nämlich auf die Vogelrufe in Werken von Olivier Messiaen, und die Krebsformen eines Berg und Webern finden eine verblüffend einfache Umsetzung ins Optische, schreibt doch Strawinsky für das Anschwellen und Zurückgehen der Flut eine Musik, die von der Mitte an rückwärts geht. Wie zu seiner Pariser Zeit bedient sich der ursprünglich russische Komponist aller Stile der westlichen Welt, in diesem Falle, in *The Flood*, auch der seriellen Technik, um sie umzubiegen und zu etwas eigenem zu machen.

Strawinskys Biographie beweist, mit welcher Intensität und Sachkenntnis er sich immer wieder an der Realisation seiner Werke beteiligte, aus denen er Dilettantismus und Zufall vertreiben wollte. Die Oper ist vielleicht wie keine zweite musikalische Gattung den Wechselfällen von Repertoire-Aufführungen ausgesetzt, eine Inszenierung verlottert, geht aus den Fugen schon bald, nachdem die Première stattgefunden hat, doch gerade das wollte Strawinsky vermeiden. Dadurch wurde er nicht gerade einer der führenden Opernkomponisten seiner Zeit – diese Bezeichnung wäre zu eng –, aber ein Reformator des musikdramatischen Genres im allgemeinen.

**Anmerkungen**

1) Les Ballets Russes. Serge de Diaghilev et la décoration théâtrale par N. Gontcharova, M. Larionov, Pierre Vorms, Belvès 1955.
2) J. Cocteau: Le Rappel à l'ordre, Paris 1948, S. 54 ff., französisches Original im Anhang.

3) J. Cocteau: Oeuvres complètes, Bd. VII, Paris 1948, S. 369 ff., französisches Original im Anhang.
4) J. Cocteau: Théâtre I, Paris 1948, S. 42 f.
5) Ebenda, S. 43.
6) Ebenda, S. 47.
7) Ebenda, S. 9.
8) Ebenda, S. 12.
9) Ebenda, S. 11.
10) B. Cendrars: Anthologie nègre, Paris 1947, S. 215 ff., französisches Original im Anhang.
11) D. Milhaud: Noten ohne Musik, München 1962, S. 114.
12) I. Strawinsky: Mein Leben, München 1958, S. 95.
13) Ebenda, S. 68
14) E. W. White: Stravinsky. The Composer and His Works, London 1966, S. 419.
15) Ebenda, S. 418.

## VIII. Ritual und Spiel

Strawinsky hatte eine ganz präzise Vorstellung von Bühnenbild und Regie seines *Oedipus Rex*, das der Partitur vorangestellte Vorwort mit einer Dekorationsskizze von Théodore Strawinsky, dem ältesten Sohn des Komponisten, erlaubt einen tiefen Einblick in das Werk, Bühnenbild und Regie können – so hat man den Eindruck – nicht je nach persönlichem Gutdünken und je nach Zeitgeschmack verändert werden.

Die erste Forderung, die im Vorwort erhoben wird, scheint ganz praktischer Natur zu sein, denn sie will eine optimale Wiedergabe und Verständlichkeit der Musik garantieren:

> *„Der Vorzug dieses Bühnenbildes besteht darin, daß jede Tiefe fehlt und die Stimmen nicht verhallen können. Die ganze Handlung spielt sich im Vordergrunde ab."*

Hinter diesen und andern praktischen Überlegungen, die Strawinsky gelegentlich auch in der *Chronik* macht, steckt aber mehr als nur die Gedanken eines mit der Bühnenwirklichkeit vertrauten Routiniers. Man kann ohne weiteres annehmen, daß Strawinsky wußte, wie dramatisch wirksam gerade das Singen von hinter der Bühne sein kann. Strawinskys nüchterne Worte verraten eine Aversion noch mehr gegen eine Verräumlichung der Musik als gegen die Verräumlichung des Schauplatzes. Wie viele große Wirkungen verdankt die Musik Wagners und Debussys gerade der Tatsache, daß sie bald aus der Tiefe herauf-, bald aus der Höhe und Ferne herunterzusteigen scheint! Dabei braucht es sich nicht um eine reale Stereophonie zu handeln, der Eindruck kann auch durch die verschiedenen Verwandtschaftsgrade der tonalen Zentren, die bald nah, bald fern zu sein scheinen, entstehen oder durch spezielle Instrumentationstechniken, die Strawinsky in seiner Musik bewußt vermeidet, um ihre Hauptlinien klar herauszuarbeiten.

Kälte und Nüchternheit der Bühne drücken sich auch in den Farben aus: im ersten Akt sonnenüberflutete Szenerie in Blau mit weißen Vorhängen, im zweiten Akt keine Vorhänge und schwarzer Hintergrund. Auf diesem

163

ist die Akropolis einer antiken Stadt mit Kreidestrichen angedeutet, was auch keine Tiefenwirkung erzeugt. Höchstens bei einem griechischen Relief der archaischen Zeit hat man denselben Eindruck, daß alles, was ursprünglich dreidimensional war, nun ganz in die Fläche gedrückt ist. Das Sophokleische Drama der klassischen Zeit Athens wird auch durch die Musik Strawinskys in eine dunkle Vorzeit zurückversetzt, die keine psychologische Differenzierung und Dynamisierung kennt. Die Individuen werden, da sie ohnehin starre Typen sind, bald vom allmächtigen Kollektiv verschlungen, was sich auch an ihrer Erscheinungsweise auf der Bühne zeigt. Die Protagonisten sollen – so will es Strawinsky – *„lebenden Statuen"* gleichen. Sie *„bewohnen"* ihre stilisierten Kostüme und Masken und bewegen nur gelegentlich Kopf und Arme. Auftritte und Abgänge werden zum Teil vermieden, indem man vor den Sängern Vorhänge zurückzieht oder wieder herunterfallen läßt. Kreons Wagen und Pferde sind, wie die Akropolis, auf den Hintergrund skizziert.

*„Im zweiten Akt müssen Verschwinden und Wiedererscheinen des Oedipus langsam und auf derselben Stelle mittels Versenkung bewerkstelligt werden. Oedipus muß in einer neuen Maske zurückkommen, die sein Unglück, das heißt seine Erblindung, kennzeichnet."*

Schon die griechischen Schauspieler der alten Tragödie trugen Masken, was zum einen Teil seinen praktischen Grund hatte: Ihre weit aufgerissenen Mäuler wirkten wie Schalltrichter, welche die Stimmen der Schauspieler im Halbrund des Theaters mühelos verständlich machten. Zum anderen Teil hatten die Masken auch eine kultische Bedeutung: Sie wurden ursprünglich zur Geisterbeschwörung und -austreibung benutzt, genau so wie in heute noch bestehenden, exotischen Kulturen. Die Masken haben aber noch eine andere, moderne Bedeutung, denn sie ergeben ein skulpturales, stilisiertes und überdimensioniertes Gesicht, in dem das Mienenspiel zur Fratze erstarrt. Es handelt sich sozusagen um inhibierten Ausdruck, hinter den hohlen Augen der Maske wartet oder lauert weiterhin „Ausdruck", doch dieser verleugnet sich, gibt sich nicht preis. Vladimir Jankélévitch trifft Strawinskys *Oedipus* genau, wenn er sagt:

*„Der Wille, nichts auszudrücken, ist die große Koketterie des 20. Jahrhunderts. Wenn die Grimasse der schmerzvolle Effekt der Gewalttätigkeit ist, so ist die Maske, als Abstraktion und Abwesenheit, das un-*

*bewegliche Gesicht der Ausdruckslosigkeit; die Folter bringt den Aus-*
*druck zum Grimassieren, indem sie an den Gesichtszügen reißt, doch*
*die Maske immobilisiert die Grimasse: als erstarrtes und gefrorenes*
*Gelächter überdeckt die Maske mit starren Zügen die mobilen und va-*
*riablen Züge des Lebendigen."*

(La volonté de ne rien exprimer est la grande coquetterie du vingtième
siècle. Si la grimace est le douloureux effet de la violence, le masque, en
tant qu'abstraction et absence, est le visage immobile de l'inexpression; la
torture, tirant les traits, fait grimacer l'expression, mais le masque immo-
bilise la grimace: ricanement figé ou rictus congelé, le masque superpose
des traits rigides aux traits mobiles et variables du vivant.)[1]

Ein Conférencier im Frack soll, laut Partitur, die Handlung „mit teil-
nahmsloser Stimme" in französischer Sprache am Anfang der einzelnen
Abschnitte kurz zusammenfassen. Wird wirklich die Handlung in einer
Form erzählt, die es einem Zuschauer mit einer minimalen klassischen
Bildung ermöglicht, dem Geschehen zu folgen? Wohl kaum. Bleibt also
nur die teilnahmslose Stimme des mondänen Conférenciers, die, wenn es
sich um Cocteau selber handelte, der gelegentlich den Text sprach, auch
leicht etwas affektiert Rhetorisches haben konnte. Das Pathos kehrt seine
leere Hülle hervor, indem der erhabene Ernst einer Handlung suggeriert
wird, die man halb vergessen hat, aber eigentlich kennen müßte. Damit
wird auch dem Publikum Teilnahmslosigkeit und Gleichgültigkeit gleichsam aufgedrängt.

Das Latein der gesungenen Partien eignet sich sehr gut dazu, das Statuen-
hafte und Großartige des Werkes zu betonen. Bezeichnend ist es nur, wie
es zu dieser Kurzfassung kam: Jean Cocteau verfertigte eine kurze Zu-
sammenfassung der Tragödie des Sophokles auf Französisch, die dann ein
Altphilologe ins Lateinische übertrug. Cocteau verfuhr also mit diesem
Drama ähnlich wie vordem mit *Antigone*, die ja, wie erwähnt, von Honegger vertont wurde. Doch das Latein, diese tote Sprache, unterdrückt
dazu noch jede Unmittelbarkeit und Weichheit, die sich im Französischen
hätten einschleichen können. Das Versteinerte der lateinischen Sprache
wird noch dadurch betont, daß jedes C als K ausgesprochen und geschrieben wird, was besonders hart und unerbittlich wirkt. Das Latein stellte
für Strawinsky sicher nicht ein verführerisches Klangmaterial dar, doch
braucht er es rein vom phonetischen Standpunkt aus, Betonungen will-

kürlich verschiebend und Worte durch Verstückelung karikierend. Manchmal kommt auch etwas fanatisch Beschwörendes in die Sprache, wenn Worte wie „*trivium*" und „*orakula*" unaufhörlich wiederholt werden. Diese bewirken aber kein kontinuierlich mitgehendes Verständnis des Handlungsverlaufes. Der Text beschwört, imponiert, suggeriert, und doch bleibt alles – mit dem Text auch die Musik – unnahbar und rätsel haft. Einige Wortspiele bleiben dem Zuhörer aber im Gedächtnis haften, wie: „*Liberi, vos liberabo*" oder: „*Ego exul exulto*" oder: „*Foedissimum monstrum monstrat*". Nicht ohne wissendes Lächeln wird man auch folgendes hören: „*Audituri te salutant*", was an den Gruß der Gladiatoren beim Einzug in die Arena erinnert: „*Ave Caesar, morituri te salutant*". Strawinskys Werk strahlt kraft seiner Kühle und Nüchternheit eine unbeugsame Autorität aus, und wer Autorität hat, wird bald auch über gewisse Dinge befehlend verfügen können. Es ist gerade diese Verfügungsgewalt, die bei des Komponisten Umgang mit der Sprache auffällt. Es handelt sich ja auch um eine tote Sprache, über die man besser verfügen kann als über eine lebende, die unter Umständen zähen Widerstand leisten würde.

Die emotionellen Höhepunkte sind vom Musikalischen her sehr eigentümlich gestaltet, sie lassen sich charakterisieren durch die Gegensätze Stupor und Panik. Das eine zeigt nahezu Erstarrung, das andere aufgeregte Aktivität an. Zwei dieser Höhepunkte zeichnen sich aus durch die fast vollständige Abwesenheit von Musik: Während Oedipus gefährlich nahe an die Erkenntnis seiner Schuld kommt, indem er sich an den alten Mann erinnert, den er beim Dreiweg auf der Reise von Korinth nach Theben erschlagen hat, hämmert nur die Pauke auf drei verschiedenen Tonhöhen herum. Man kann sich leicht vorstellen, zu was für musikalischen Konsequenzen diese gefährlich ahnungsvolle Ahnungslosigkeit des Oedipus bei einem andern Komponisten hätte führen können, der, wie es in der Romantik – und das nicht nur bei Wagner – üblich war, alle Mittel der Harmonik, Melodik und Rhythmik aufgeboten hätte, um die gewünschte psychologische Tiefenwirkung zu erzielen. Eine ähnliche Stelle ist der Augenblick, wo Oedipus die Zusammenhänge erkennt und in lakonischen Formulierungen alle seine schuldhaften Verirrungen zusammenfaßt: Nur noch die stockende Wiederholung eines einzelnen Akkordes stellt den Kommentar dar, den das Orchester dazu gibt.

Die an seltenen Stellen hervorbrechende Panik ist gerade als Folge der reprimierten Gefühle zu verstehen, Verdrängung erzeugt Gegendruck, der sich eruptiv entladen kann. Da ein differenziertes Gefälle des Ausdrucks fehlt, kann sein Ausbrechen leicht zerstörerisch wirken. Bezeichnend hierfür ist die Szene, wo ein Bote vom Selbstmord der Jokaste und von der Blendung des Oedipus berichtet. Solche Botenberichte sind immer wiederkehrende Topoi der klassischen griechischen Tragödie: Die eigentliche Handlung und jede aufgeregte Agitation werden hinter die Szene verbannt, dafür tritt ein Bote auf, der, sichtlich bewegt und mit schönem Pathos, das entsetzliche, sich überstürzende Geschehen mitteilt. Durch Cocteau und Strawinsky wurde dieser Topos nun tiefgreifend verändert. Zuerst wird der Botenbericht, wie alles übrige, dem Publikum als bekannt angekündigt, denn der Conférencier erklärt: *„Nun hören Sie den berühmten Monolog: Tot ist es, Jokastas göttlich Haupt."* (Et maintenant, vous allez entendre le monologue illustre: LA TETE DIVINE DE JOCASTE EST MORTE.) Diese Stelle setzt nicht nur die Kenntnis der Handlung voraus, sondern soviel klassische Bildung, daß die Erwähnung des Hauptes als „pars pro toto" bekannt und vertraut ist. Während der Worte des Conférenciers, die im folgenden den ganzen Bericht kurz zusammenfassen, setzt der Bote eine Doppeltrompete an seinen Mund und eine Fanfare von vier Trompeten tönt aus dem Orchester, als ob es sich um das Auftreten eines gefeierten Artisten im Zirkus handelte, was ja für die zwanziger Jahre mit den hier schon beschriebenen Stücken über und mit Clowns und Akrobaten typisch ist. Gerade dadurch wird der Geist der zu erwartenden erschütternden Erzählung negiert, diese findet aber in der Folge als Bravourleistung des lang gefeierten Schauspielers gar nicht statt, dreimal setzt der Bote mit dem berühmten Satz an, diesmal auf Lateinisch: *„Divum Jokastae kaput mortuum"*. In langgezogenen Tönen wird der Text Silbe um Silbe herausgeschmettert, vom Orchester durch pompöse „neapolitanische" Schleiferfiguren unterstützt, doch der Bote kann sich kein weiteres Wort mehr abringen, zum Stupor tritt eine Aphasie, die jede Mitteilung abwürgt. Der Chor übernimmt nun die Rolle des Erzählers, und damit bricht die Panik los, aber ein Menschenhaufen in Panik kann sich nicht mehr klar ausdrücken, so bleibt der Text, nicht nur der willkürlichen Betonung wegen, schwer verständlich. Es handelt sich um ein irres Reden auf den Rhythmus einer Tarantella, deren Rhythmus, mag er auch fremd in einer klassischen Tragödie stehen, die kopflose Verzweiflung wiedergibt, eine Verzweiflung, die sich bei der Plötzlichkeit der Katastrophe über die ganze Tragweite des Geschehenen noch nicht im klaren ist. Durch den Tanzrhythmus werden aber auch die Folgen des Schocks merkwürdig ritualisiert und in ihrer Wirkung aufgefangen. Dieser Veitstanz, diese Massenpsychose wird durch eine kultische Handlung, durch einen Beschwörungstanz, ins Kollektiv integriert, während er in einem autonomen Individuum nicht wieder gut zu machende Zerstörungen bewirken würde. Stupor und Panik drücken beide eine Abneigung gegen individuellen, differenzierten Ausdruck aus und erinnern an die archaisch griechischen Darstellungen des Hauptes der Medusa, dessen grinsende Fratze nach der Sage jeden Betrachter versteinerte.

In einem solchen Konzept der Ausdruckslosigkeit muß notwendigerweise dem Chor eine wichtige Rolle zufallen, der natürlich schon bei Sophokles wichtig ist, aber in einem andern Sinn als hier, wo es nicht darum geht, Gebete und Huldigungen an die Götter mit allen mythologischen Anspielungen wieder aufzunehmen, denn Strawinskys *Oedipus Rex* ist nicht ein Stück Archäologie, sondern authentische, moderne Archaik. So wie sich in der griechischen Tragödie der Protagonist im Verlaufe der Zeiten langsam von den kultischen Liedern und Tänzen löste, so drängen Cocteau und Strawinsky gerade eben diesen Protagonisten in die Reihen der Seinigen zurück, die nun als Volk und Allgemeinheit die wichtigste Rolle übernehmen. Das geht schon aus der Gestaltung des Botenberichtes hervor und aus vielen andern Einzelheiten gleichfalls: Bei Sophokles spricht am Anfang Oedipus zu seinen Landeskindern, ihm antwortet nicht der Chor als Ganzes, sondern ein Priester als dessen Wortführer, während bei Strawinsky am Anfang ein Chor steht, der gleich von dem alle treffenden Unheil, der Pest, singt. Die Protagonisten fechten auch nicht Wortkämpfe aus in der klassischen Form der Stichomythie, wo Rede und Gegenrede je ein Vers lang sind und sich unerbittlich ablösen. Das Starre dieses Wechsels würde eigentlich gut zu Strawinsky passen, doch würden die Individuen dadurch zu sehr in den Vordergrund gerückt. Die auftretenden Gestalten des Kreon und des Teiresias werden bei Strawinsky vom Chor, bei Sophokles von Oedipus begrüßt. Der eine betont das Kollektiv, der andere das Individuum, weil der beiden Künstler historische Stellung konträr ist: Sophokles' maßvollem Individualismus ging eine Zeit hierarchischer und mythischer Bindung voraus, während Strawinsky den hemmungslosen Individualismus des 19. Jahrhunderts zurückbiegt, wozu eine gewisse, hier schon charakterisierte Willensanstrengung nötig war, der aber keine Willkür anhaftet. Ihr geht die Erkenntnis voraus, daß jener Individualismus nur ein Trugbild war, daß der vereinzelte Mensch und Künstler zum Spielball unerklärlicher innerer Mächte wurde und durch die Entwicklung der modernen Technik auch von außen bedrängt wurde. Strawinsky und auch Cocteau geht es darum, diese Bedrohung bejahend zu bewältigen.

Cocteaus Umformung des griechischen Dramas geht aber nie so weit, daß er etwa den Streit zwischen Oedipus, Kreon und Teiresias, in den Jokaste eingreift, eliminieren würde, doch sind diese Gestalten, außer Teiresias, auf merkwürdige Weise karikiert: Dem Sänger des Oedipus werden geradezu kastratenhafte Höhen zugemutet, wenn er sich in seiner Eitelkeit als „*klarissimus Oedipus*" bezeichnet, und der wie immer vertrackten Prosodie der Gesangsstimme steht einschmeichelnd schaukelnde Bewegung der Klarinetten gegenüber. Kreons Hauptmotiv ist ein gebrochener Akkord, einem Posaunensignal ähnlich, mit dem er den Spruch des delphischen Orakels verkündet, worauf die rüstig und emsig fortschreitende Bewegung die Vermutung bestärkt, daß das Modell dieser Arie in der Klassik zu suchen wäre, etwa in der ersten Arie des Bartolo aus *Figaros Hochzeit* von Mozart, wo schon der Wille zum Karikieren manifest wurde, denn Bartolo ist nichts anderes als eine lächerliche, sich würdevoll gebende Figur, deren musikalische Motive alle Schablonen sind, die schon zu Mozarts Zeiten etwas Altväterliches an sich hatten. Besonders schockierend ist die Partie der Jokaste, die stark an Verdi erinnert mit ihrer Betonung des Gesanges und den nachschlagenden Akkorden des dienend begleitenden Orchesters, das nicht Seelenzustände psychologisierend ausmalt. Jokastes Rolle hat natürlich ganz den Ausdruck einer großartigen Tragödin, einer Primadonna, aber gerade in diesen hochdramatischen Gestus schleicht sich der Unernst ein durch die Stilparodie. Die Musik, ein verfremdeter Verdi, ist erhaben ernst und zugleich schauspielerisch eitel, sie hat nicht die Absicht, uns vergessen zu machen, daß es sich bei dem „*Opéra-Oratorio*" – wieder einer theatralischen Mischform, wie so oft bei Strawinsky und seinen Zeitgenossen – um ein Konzert in Kostümen und Kulissen, also im Grunde um ein Spiel handelt. Diese Distanziertheit ist typisch für die Solopartien, während der Chor unmittelbar und eindeutig monumental wirkt und ganz ernst genommen werden will.

*Oedipus Rex* ist nicht eine gelehrte Rekonstruktion des klassischen Dramas mit seiner engen Bindung an Kult und Mythos, und doch hat das Ganze etwas von einem unabänderlich ablaufenden Ritual. Diese Konzeption war damals, gegen Ende der zwanziger Jahre, nicht neu für Strawinsky, denn schon *Le Sacre du printemps* und die *Hochzeit* wurden durch eine ähnliche Haltung bestimmt. Das Kernstück des *Sacre* ist der Heilige Tanz, mit dem sich ein junges Mädchen in den Tod tanzt, um damit die Götter des kommenden Frühlings günstig zu stimmen. Allerlei kultische Handlungen und Wettkämpfe der Jugend von zwei Volksstämmen vervollständigen diese *Szenen aus dem heidnischen Rußland*, wie der *Sacre* im Untertitel heißt. Das Kollektiv ist die Hauptsache, ihm muß sich das Mädchen wie Oedipus opfern, damit die übrigen wachsen und gedeihen können. Dabei verliert dieses Ballett nichts von seiner Überzeugungskraft, wenn gänzlich auf russische Folklore in der Ausstattung verzichtet wird, was genau so auch für die *Hochzeit* gilt, die vollkommen unbeirrt abläuft und mit der Klage der beiden Mütter über den Verlust ihrer Kinder doch viel altes – und ewig junges – Brauchtum enthält. Den rituellen Verlauf der *Hochzeit* wollte Strawinsky ursprünglich durch mechanische Klaviere noch mehr betonen. Das Maschinelle, Ausdruckslose wäre dabei auf magisch beschwörende Art besonders ausdrucksvoll geraten, und die Tänzer hätten – höchst paradox – die starke Ausdruckskraft von toten Marionetten erlangt, so wie die „*lebenden Statuen*" des *Oedipus Rex* mit ihren starren Masken einen faszinierenden Anblick bieten. Die Handlung dieses Stückes hat auch etwas Mechanisches, sie ist eine „Machine infernale", die den unerbittlich voranschreitenden Prozeß der Wahrheitsfindung durchspielt, an dessen Ende der unglückliche König nur noch singen kann: „*Lux fakta est.*"

Ritual und Spiel sind die beiden hauptsächlichen Triebfedern von Strawinskys Schaffen im allgemeinen. Durch strenge und klar überschaubare Spielregeln versucht er seine Werke gegen zwei Seiten zu schützen, gegen den romantischen Subjektivismus der Interpreten und Kommentatoren von Musik, die fantasievoll, aber willkürlich mit ihrem Gegenstand umspringen und das Entgrenzende und Vage lieben, und gegen die moderne Welt, der ernste Musik ihrer Zeitgenossen zunehmend nebensächlicher und gleichgültiger wird. Gegen diesen Verfall trägt seine Musik oft die Maske des Ausdruckslosen und Schnöden, hinter der doch der Ausdruck seine ihm von allen Seiten entgegengebrachte Mißachtung überdauert.


**Anmerkung:**

1) V. Jankélévitch: La Musique et l'ineffable, Paris 1961, S. 57.

# IX. „Strawinsky demeure"

„*Strawinsky bleibt*", er wird seine seit 1910 in Paris errungene Bedeutung behaupten vor einer durch viele andere Erfahrungen kritischer gewordenen Nachwelt, so rief Pierre Boulez im Jahre 1951 aus. Doch dieses Bekenntnis zu dem russischen Komponisten – und es handelt sich um ein mit vielen Reserven relativiertes Bekenntnis – hat seine ziemlich lange Vorgeschichte, über die Antoine Goléa in seinem Buch *Begegnungen mit Pierre Boulez* berichtet, das einen Begriff davon geben kann, wie Strawinsky, der weiterhin in Kalifornien lebte, nach der Befreiung von Paris durch die Alliierten, auf ein unvorbereitetes, junges Publikum wirkte, ohne das Geschehen aus der Nähe beeinflussen zu können:

„*Die Befreiung Frankreichs und Europas vom Stiefel der Nazi während der letzten Monate von 1944 und der ersten Monate von 1945 fiel ganz natürlich zusammen mit der Befreiung der Musik von dem Joch, unter dem sie ihre Bedrücker festgehalten hatten, in Deutschland seit 1933, in Österreich seit 1938, in Frankreich und den anderen besetzten Ländern seit 1940. In Paris blieb das Radio der Freiheit seiner Pflicht nichts schuldig. Nur drei Monate nach der Befreiung von Paris wurden die ersten großen Konzerte des Orchestre National organisiert, im Théâtre des Champs-Elysées, unter der Leitung von Manuel Rosenthal und Roger Désormière, zu Ehren der Meister der zeitgenössischen Musik, die von den Nazi und ihren Mitläufern geächtet worden war. Einem Prokofieff gewidmeten Konzert folgt ein Hindemith gewidmetes Konzert. Und dann in der ersten Monaten von 1945 werden sieben Konzerte angekündigt mit allen Orchesterwerken von Strawinsky im Programm. »Der Feuervogel«, »Petruschka«, »Le Sacre du printemps« werden einem begeisterten Publikum zurückgegeben. Jeden Donnerstagabend ist der Saal der Champs-Elysées zum bersten voll. Man atmet auf, man applaudiert, man jubelt, wie man es nicht mehr tun konnte während 4 Jahren. Man findet seine Freunde wieder, die im Verborgenen gelebt hatten. Und man versenkt sich mit Ent-*

*zücken in die Musik, die – auch sie! – befreit worden war aus den Ge-*
*fängnissen der ästhetischen Gestapo. Und dann eines Abends – war es*
*im vierten, war es im fünften Konzert dieser unvergeßlichen Reihe? –*
*während der Aufführung der »Suite Norvégienne« von Strawinsky*
*waren plötzlich von der Höhe der Galerie des Theaters Schreie und*
*Rufe zu hören. Vom Parkett, von den Logen heben die Leute die Köp-*
*fe, um die Störefriede auszumachen. Es sind ganz junge Leute, die sich*
*so auffällig benehmen. Sie sind nicht sehr zahlreich, doch sie ersetzen*
*die große Zahl durch ihre zähe Energie. Beim folgenden Konzert be-*
*ginnen sie wieder mit derselben virulenten Art zu manifestieren wäh-*
*rend der Aufführung der »Danses concertantes«. Wer sind diese jungen*
*Leute und warum manifestieren sie? Überall in den musikalischen*
*Kreisen ist man erstaunt und stellt sich Fragen. Bald werden diese lär-*
*migen Zuhörer mit einem Spitznamen bedacht: man nennt sie die*
*‚messiaeniques‘: der Vokal ‚e‘ zwischen dem ‚a‘ und dem ‚n‘ des merk-*
*würdigen Spottnamens zeigt deutlich, daß sein Ursprung nicht ‚Mes-*
*sias‘ sondern ‚Messiaen‘ ist. Tatsächlich waren die Störenfriede rasch*
*erkannt worden, sie gehörten alle zur Harmonielehreklasse von Oli-*
*vier Messiaen am Conservatoire Nationale de Musique an der rue de*
*Madrid.“*[1]

Dreizehn Jahre später bekennt sich Boulez Goléa gegenüber zu dieser
Gruppe von jungen Leuten, die den für die andern unverständlichen
Lärm verursacht hatte, und er gibt auch den Grund für jene Manifestation
an: Man wollte gegen die neoklassischen Werke Strawinskys protestieren,
die man schwächer und weniger aufregend neu fand als den *Sacre*. In dem
Aufsatz von 1951, der eben gerade den Ausruf „*Strawinsky demeure*" als
Titel trägt, gibt Boulez eine Erklärung ab, wie er den *Sacre* als wichtigstes
Werk Strawinskys neu entdeckt hat und für seine eigene Kompositionstechnik fruchtbar zu machen verstand. Seine Ausführungen sind nicht ohne die bei ihm häufige Unerbittlichkeit gegenüber seinen Vorläufern,
schreibt er doch gleich zu Beginn:

*„Ein Urteil über das Oeuvre von Strawinsky fällen zu wollen, ist ein*
*verwirrendes und unnützes Unterfangen. Es wird immer deutlicher,*
*daß es, trotz ständiger Erneuerungen, um die er sich mit weniger*
*Glück als Desillusioniertheit bemühte, keinen Autor gibt, dessen Na-*
*me enger verbunden ist mit einem einzigen Werk, sagen wir: mit einer*

174

einzigen Reihe von Werken. *Strawinsky ist zu allererst der »Sacre«;* *»Petruschka«, »Der Fuchs«, »Die Hochzeit« und »Der Gesang der Nachtigall« bilden eine Konstellation, deren Wichtigkeit nicht geleugnet werden soll, aber deren Anziehungspunkt immer der »Sacre« bleibt, der vordem skandalös war, heute aber Anlaß zu einem Zeichentrickfilm ist* [Walt Disney hatte den Sacre in seinem Film Fantasia verwendet]*! Es ist merkwürdig, festzustellen, daß das Geschick der zwei großen ,Skandale' der zeitgenössischen Musik, das heißt vom »Sacre« und vom »Pierrot lunaire«, deutlich parallel ist: so wie der »Sacre« in der Meinung des Publikums DAS Phänomen Strawinsky bleibt, so bleibt in gleicher Weise »Pierrot lunaire« DAS Phänomen Schönberg. Wir können grosso modo dieser Meinung beipflichten, denn im einen wie im andern Fall gab es ein kaum größer zu denkendes Zusammenwirken zwischen den Möglichkeiten der musikalischen Sprache und der poetischen Kraft, zwischen den Ausdrucksmitteln und dem Ausdruckswillen.‟*[2]*

Boulez gibt dann einen kurzen Überblick über die Art und Weise, wie der *Sacre* bis nach dem Zweiten Weltkrieg beurteilt und aufgenommen wurde: *„Beim Hören dieser Partitur wird sofort klar, daß der »Sacre« außer der Einleitung in großen Zügen geschrieben ist, ich will sagen, daß er hauptsächlich sehr kontrastierende Flächen verwendet, eine globale Schreibweise. Dieser Eindruck ist nicht ungenau. Obschon er tatsächlich berechtigt ist, wegen der tonalen Strukturen des Werkes, verrät er sich paradoxer Weise durch die rhythmischen Konstruktionen. Was den Hörer des »Sacre« am meisten packt, sind die repetierten, massigen Akkorde, die kaum variierten melodischen Zellen, und gerade darin zeigt sich im höchsten Grade der Erfindergeist Strawinskys, den man sich 1913 nicht vorstellen konnte und der unerreicht blieb in den folgenden fünfundzwanzig oder dreißig Jahren. Man begnügte sich, die Satztechnik zu imitieren, die Unregelmäßigkeit und den Wechsel der Takte, ohne sich um irgendeine Realität ihrer Verwendung zu kümmern. Deshalb darf man nicht darüber erstaunt sein, daß der »Sacre« keinen wirklichen Einfluß ausübte, außer einer Tendenz zum Dionysischen und zur ,bösartigen' Musik, wie man sich ausdrückte, und das am meisten bekannte zeitgenössische Werk ist auch das Werk ohne Auswirkungen.‟*[3]*

Daß der *Sacre* schließlich doch noch seine Auswirkungen auf die Musik der Nachfolger Strawinskys hatte, ist nicht in erster Linie Boulez zu verdanken, sondern seinem Lehrer Messiaen, der ganz neue Vorstellungen von dem, was nun eigentlich Rhythmus sei, entwickelt hat. Jedenfalls waren sie noch in den fünfziger Jahren außerordentlich ungewöhnlich, weil die westliche Musik vor allem eine Tonhöhenmusik war, während die exotische Musik oft vom Rhythmus oder Timbre ausgeht. Man glaubte, der Rhythmus ergebe sich von selbst, wenn einmal die Tonhöhen in einer Reihe oder früher in einer Tonart geordnet worden seien. Hier setzte nun Messiaen ein, indem er nicht nur das, was man unter Rhythmus und rhythmischer Musik verstand, einer kritischen Prüfung unterzog, sondern auch den Rhythmus an die erste Stelle, vor die Tonhöhe, setzte:

*„Ich betrachte den Rhythmus als den ersten und wichtigsten Teil der Musik; ich denke, daß er wahrscheinlich vor der Melodie und Harmonie existiert hat, und ich habe schließlich auch eine Vorliebe für dieses Element."* [4]

Der Rhythmus sei sehr schwierig zu definieren, es handle sich vor allem um *„die Ordnung in der Bewegung"*, und Messiaen zerstört im folgenden einige im westlichen Menschen und Musikkenner selbstverständliche Vorstellungen vom Rhythmus:

*„Schematisch gesagt, verachtet eine rhythmische Musik die Wiederholung, die Viertaktigkeit und die gleichmäßigen Unterteilungen, sie inspiriert sich im allgemeinen an den Bewegungen der Natur, an Bewegungen von freien und ungleichmäßigen Zeitdauern (. . .). Die Klassiker im westlichen Sinne des Wortes sind schlechte Rhythmiker (. . .). In Bachs Musik gibt es harmonische Farben und außerordentliche kontrapunktische Arbeit, das ist wunderbar und genial, doch es gibt keinen Rhythmus. (. . .) Mozart dagegen ist ein außerordentlicher Rhythmiker. Was die Werke von Bach oder Prokofieff betrifft, so scheinen sie rhythmisch, gerade weil sie keinen Rhythmus haben. Dazu gibt es folgende Erklärung: man hört in diesen Werken eine unaufhörliche Folge von gleichen Tondauern, die den Hörer in einen Zustand seliger Zufriedenheit versetzen; nichts stellt sich seinem Puls, seinem Atem und dem Herzschlag entgegen, er ist deshalb ruhig, er empfängt keinen Schock, all das scheint ihm vollkommen ,rhythmisch'."* [5]

Nachdem Messiaen selbstverständlich den Jazz und die Marschmusik als unrhythmisch bezeichnet hat – er kann, ausgehend von seinen Prämissen, gar nicht anders urteilen –, kommt er wieder auf Mozart zu sprechen, dessen Musik außerordentlich reich an die Akzente immer wieder verlagernden Rhythmen sei, die sich aus einem Zusammenwirken von melodischen und harmonischen Elementen ergäben und die aus dem Wort, aus der Sprache entstehen. Bei Beethoven habe es weniger Rhythmen als bei Mozart – Messiaen kehrt also die landläufigen Vorstellungen, die man sich von den beiden Komponisten macht, gerade um –, doch finde man bei ihm den „*développement par élimination*" [6], der auf den Strawinsky des *Sacre* eingewirkt habe. Messiaen meint damit die bei Beethoven tatsächlich häufige Kompositionstechnik, ein Motiv, einen bestimmten, genau definierten melodisch-rhythmischen Abschnitt, im Verlaufe des Stückes immer kleiner werden zu lassen, ihn so zusammenzudrängen, daß die Intensität zunimmt und eine Steigerung entsteht, die von langer Hand geplant ist. Seine *5. Symphonie* ist voll von solchen Vorgängen, man denke vor allem an die Überleitung vom Scherzo zum Finale, wo das Pochen der Pauke immer eindringlicher wird und die Melodielinien der Violinen schließlich in ein jäh steigerndes Tremolo ausmünden.

Bevor Messiaen nun auf Strawinskys *Sacre* eingeht, kommt er noch auf Debussy zu sprechen:

> „*Wir haben über Debussy gesprochen wegen der Orchestration, wegen seiner Liebe zur Natur, dem Wind und dem Wasser (. . .). Indem er die Natur beobachtete, hat Debussy den beweglichen Charakter, die unaufhörlichen Wellenbewegungen begriffen, die er in seine Musik übertrug und deshalb war er einer der größten Rhythmiker aller Zeiten.*"[7]

Messiaen erklärt darauf, daß außer der bei Beethoven vorkommenden Verkleinerung der rhythmischen Einheiten auch eine Vergrößerung durchaus denkbar wäre, und er kreiert hier den vorher sonst nirgends vorkommenden Begriff der „*rhythmischen Personen*", indem er ganz anschaulich schildert, was er sich darunter vorstellt:

> „*Im System der rhythmischen Personen sind im Prinzip verschiedene Personen gegenwärtig. Stellen wir uns die Bühne eines Theaters vor, auf die wir drei Personen stellen: die erste handelt, sie handelt sogar auf brutale Weise, indem sie die zweite schlägt – die zweite wird be-*

*handelt, da ihre Handlungen von der ersten beherrscht werden – die*
*dritte Person schließlich steht außerhalb des Konfliktes und bleibt ta-*
*tenlos. Wenn wir dieses Gleichnis in das Reich des Rhythmus verpflan-*
*zen, erhalten wir drei rhythmische Gruppen: die erste, deren Tondau-*
*ern immer anwachsen – das ist die angreifende Person – die zweite, de-*
*ren Dauern immer abnehmen – das ist die angegriffene Person –, und*
*die dritte, deren Dauern sich nie ändern – das ist eine unbewegliche*
*Person."* [8]

Messiaen erklärt, dieses Verfahren in gewissen Abschnitten des *Sacre* gefunden zu haben, namentlich in der *Glorification de l'élue* und der *Danse
sacrale*, um später zu merken, daß Beethoven schon Ähnliches geleistet
habe. Die ersten Entdeckungen dieser Art habe er schon mit zweiund-
zwanzig Jahren gemacht, doch erst nach dem zweiten Weltkrieg habe er
seine Schüler, unter ihnen Boulez, in diese Technik eingeweiht. Auch
Messiaen, nicht nur Boulez, stellt fest, daß der *Sacre* lange Zeit nicht in
seiner vollen Bedeutung erkannt wurde:

*„Zur Zeit der Uraufführung hat der »Sacre« einen fürchterlichen*
*Skandal ausgelöst wegen seiner fremdartigen Choreographie, die für*
*die Pariser Zuschauer sehr revolutionär war. Der Skandal wurde auch*
*von der polytonalen Struktur des Werkes bewirkt oder eher durch sei-*
*nen dissonanten Charakter, der durch die von Strawinsky gebrauchten*
*enormen orchestralen Blöcke verstärkt wurde. Aber der Rhythmus*
*stand im Hintergrund, was sehr merkwürdig ist, denn er war das ge-*
*nialste Element der Partitur von Strawinsky, und seine unmittelbaren*
*Zeitgenossen, sogar die großen Musiker seiner Zeit, haben sich nicht*
*dafür interessiert."* [9]

Der *Sacre*, das gibt Messiaen zu, arbeitet aber auch mit gleichbleibenden
Tondauern, nicht alle Partien des Werkes zeigen die „rhythmischen Personen", deren Wirken, mag es nun auch sehr diskutabel sein und keines-
wegs in Strawinskys Absichten gelegen haben, vor allem für Messiaens ei-
genes Schaffen von Bedeutung geworden ist. Messiaen ging es gar nicht
darum, die objektive Wahrheit über die rhythmischen Strukturen jenes
Ballettes herauszufinden, er benützte es nur als eine Art Legitimation für
seine eigenen Werke. Die Wirkung von Kunstwerken – vor allem, was ihr
Fortleben in Werken der folgenden Generationen betrifft – ist nicht ab-
hängig davon, daß ihnen der jüngere Komponist vollkommen gerecht

wird, Kunstwerke pflanzen sich vielmehr durch Mißverständnisse fort, nicht durch inniges, sich selbst entäußerndes Verstehen. Messiaen hat den *Sacre* als eine Art Steinbruch benützt, aus dem er die ihm zusagenden Quadern herausschlug, um damit sein Haus zu bauen. Auf ganz andere Weise haben das noch andere, während der zwanziger Jahre schon, getan, unter ihnen vor allem Bohuslav Martinů, der 1923 nach Paris kam und sich sofort für dieselben Werke von Strawinsky wie später Boulez begeisterte. Sein Orchesterwerk *Half-Time* (1924) zeigt die Einflüsse Strawinskys und ist doch ein ganz eigenständiges Werk, das nur von dem tschechischen Komponisten, der Martinů im Grunde seines Wesens immer blieb, stammen konnte.

In seinem Aufsatz *Strawinsky demeure* geht Boulez auch genau den hier vorher beschriebenen Weg: indem er vom Werk des andern spricht, spricht er im Grunde nur von seinem eigenen. Ohne die tonalen Aspekte aus dem Auge zu lassen, beschäftigt er sich vor allem mit dem Rhythmus, was an einem kleinen Beispiel noch gezeigt werden soll. Die ersten drei Takte des berühmten Fagottsolos vom Anfang des Balletts unterteilt Boulez wie folgt:

Beispiel 1: *Sacre du printemps*, T. 1-3, in: P. Boulez, Relevés d'apprenti, Paris 1966, S. 82.

Indem er nun aber die Phrasierung der vier Abschnitte, die, rhythmisch ungleich, immer dieselben Töne wiederholen, außer Acht läßt und auch die kleinen Noten nicht berücksichtigt, kommt er zu folgendem Schema, das nun eine ganz regelmäßige Abfolge von Tondauern enthält:

Beispiel 2: P. Boulez: Relevés d'apprenti, Paris 1966, S. 84.

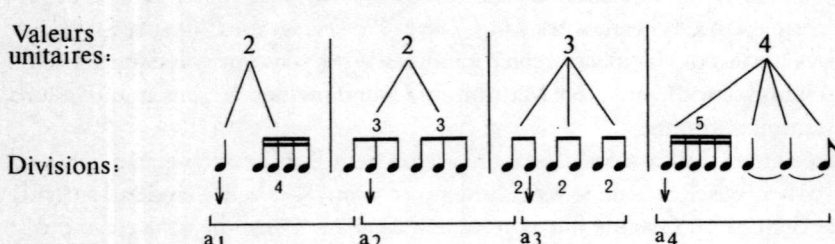

Diese Darstellung, so weit entfernt von Strawinsky als Ausgangspunkt sie auch ist, lädt die kombinatorische Phantasie nun wirklich zum Träumen ein. Symmetrien zeigen sich, Gesetzmäßigkeiten tauchen auf, die aus der ursprünglich in zögernder Wellenbewegung erscheinenden Melodie nicht herauszulesen waren: Der vierte Abschnitt erweist sich so als ungenaue Krebsform des ersten, die Sechzehntel sind einmal am Anfang, einmal am Schluß – einmal sind es vier Sechzehntel, einmal Quintolen, denen dazu noch ein fünf Achtel dauernder Ton folgt, um die Zahl 5 noch einmal in Erscheinung treten zu lassen. Die beiden mittleren Abschnitte enthalten je sechs gleiche Noten, die aber zuerst als Triolen, dann als Duolen auftauchen, wobei die Triolen zwei Viertel und die Duolen drei Viertel dauern. Die Zahlen 2 und 3 sind also ineinander verschränkt. Die Melodie, die Strawinsky verwendet, war ursprünglich ein litauisches Volkslied, das bei Kabalewsky in ganz regelmäßigem Viervierteltakt erscheint, dessen Banalität kaum zu überbieten ist. Strawinsky scheint nun mit Messiaen einig zu gehen in seiner Definition des Rhythmus, der hier aus unregelmäßigen und wegen der Fermaten nicht in fühlbare Pulsschläge zu unterteilenden Einheiten besteht, er hat etwas Naturhaftes, vegetativ Träumendes, das ihm mit dem Schema von Boulez wieder genommen wird. Dieser gibt in einem Postkriptum zu seinem Aufsatz noch eine Begründung für sein Vorgehen, das aus der Zeit seiner Entstehung heraus durchaus verständlich ist: Der von Schönberg formulierten Zwölftontechnik, die nur die Tonhöhen organisiert, soll eine gleichwertige und rationale Organisation des Rhythmus zur Seite gestellt werden, wie sie erstmals von Philippe de Vitry und Guillaume de Machaut im 14. Jahrhundert realisiert wurde. Boulez behauptet, *„daß die rhythmische Struktur"* jener Motetten *„der Niederschrift der Tonhöhen vorausgehe"*. Dieses Prozedere sei konträr zu allem, was in der westlichen Musik seit dem 17. Jahrhundert gemacht wurde.[10]

Tatsächlich geht nun nicht nur Messiaen, sondern auch Boulez vom abstrakten Rhythmus aus in der 2. und 3. Klaviersonate und in *Le Marteau sans maître,* wo das erste Stück, *Avant l'Artisanat furieux,* die gleichen regelmäßigen rhythmischen Unterteilungen zeigt wie sein hier abgedrucktes Schema zum *Sacre,* die dann auch wieder durch kleine Noten, mehr oder weniger dichte Akkorde und Temposchwankungen zum Fluktuieren gebracht werden, nur ist Boulez' Verfahren demjenigen von Strawinsky entgegengesetzt, jener geht von einem abstrakten Schema aus, dieser von einer schon existierenden Volksmelodie. Boulez und Strawinsky haben wiederum mit Messiaen gemeinsam, daß sie einen *„neuen Begriff von der Zeit"*[11] geben möchten, sie finden wie er den Weg heraus aus den regelmäßigen, pulsierenden Rhythmen der deutschen Klassik und Romantik, die sie nicht nur, wie Schönberg, durch ständiges Variieren immer verwickelter machen, sondern von Grund auf ganz neu konzipieren, um einen Begriff von etwas Magischem, Beschwörendem, Zeitlosem zu geben, das im *Sacre* so wie in den meisten Werken von Messiaen und Boulez zu spüren ist und auch in fernöstlicher Musik.

In einem seiner neuesten Werke, dem *Rituel, in memoriam Bruno Maderna* (1974/75) kommt Boulez ganz nahe an Strawinsky heran, nicht nur in der wohl überlegten, äußersten Vereinfachung der Struktur, sondern auch in dem betont rituellen Charakter der unbeirrt in verschiedenen Tempi gleichzeitig spielenden Orchestergruppen, deren Gang durch je einen Schlagzeuger geregelt wird. Der Dirigent gibt nur die auslösenden Signale, versucht nachher nicht mehr, bis zum nächsten Haltepunkt, in das Geschehen einzugreifen, das genau wie die hymnischen und wechselchörigen Teile des *Sacre* etwas von uraltem Brauchtum aus kaum mehr zu begreifender Vorzeit enthält. Viele der gespielten Tonfiguren evoluieren in parallel geführten Akkorden, wie sie Debussy häufig brauchte. Doch das ist nicht die einzige Beziehung zu diesem Komponisten: manchmal steht die Musik in einem komplexen Akkord still, der wie die inständige Anrufung einer Gottheit wirkt. Einer dieser Akkorde stammt nun aus Strawinskys *Symphonies pour instruments à vent* (1920), die dem Andenken Debussys gewidmet sind. Das Zitat ist höchst bedeutsam, es deutet an, daß neben der deutschen Musik eines Wagner, Schönberg, Webern, deren Rang nicht gemindert werden soll, eine andere, französische Tradition existiert, die von Debussy über Strawinsky bis zu Boulez reicht. Sie ist kosmopolitischer, dem Exotischen offener als die andere und vielleicht bestimmt, die Weltmusik zu werden, von der schon Boulez träumt, wenn er sagt: *„Il faut briser le cercle de l'occident"* (Man muß den Kreis der westlichen Welt aufbrechen).

**Anmerkungen:**

1) A. Goléa: Rencontres avec Pierre Boulez, Paris 1958, S. 9 f.
2) P. Boulez: Relevés d'apprenti, Paris 1966, S. 75.
3) Ebenda, S. 76.
4) C. Samuel: Entretiens avec Olivier Messiaen, Paris 1967, S. 65.
5) Ebenda, S. 65 ff.
6) Ebenda, S. 70
7) Ebenda, S. 70 f.
8) Ebenda, S. 72.
9) Ebenda, S. 74.
10) P. Boulez, a.a.O., S. 114 f.
11) C. Samuel, a.a.O., S. 216.

BILDTEIL

# Verzeichnis der Abbildungen

32 A. Honegger (Bibliothèque Nationale, Paris).
33 D. Milhaud (rechts) um den Eiffelturm tanzend (Bibliothèque Nationale, Paris).
34 F. Léger: Dekor zu ,,La Création du monde" (Bibliothèque Nationale, Paris).
35 Mistinguett, die von Cocteau gefeierte Sängerin und Tänzerin der Nachtlokale (Bibliothèque Nationale, Paris).

1  P. Picasso: Porträt von Strawinsky, 24. Mai 1920. (Französische Staatsmuseen).

2 M. Larionow: Kubistisches Porträt von Strawinsky (Mit freundlicher Erlaubnis von Th. Stravinsky).

3 A. Gleizes: Porträt von Strawinsky, 1914 (Archiv für Kunst und Geschichte, Berlin).

4 Strawinsky mit Debussy in dessen Heim, Avenue Bois de Boulogne (Bibliothèque Nationale, Paris).

5  J. Cocteau: Strawinsky und Picasso (Archiv für Kunst und Geschichte, Berlin).

6 J. Cocteau: Strawinsky spielt den „Sacre" (Archiv für Kunst und Geschichte, Berlin).

7 A. Benois: Strawinsky auf einer Wiese liegend (Archiv für Kunst und Geschichte, Berlin).

8 M. Larionow: Titelbild zur „Hochzeit" (Archiv für Kunst und Geschichte, Berlin).

9 Musiknoten von der Hand Strawinskys aus der „Danse sacrale" des „Sacre" verziert mit Bildern von Valentine Hugo (Archiv für Kunst und Geschichte, Berlin).

10 M. Larionow: Illustration zum ,,Fuchs'' (Archiv für Kunst und Geschichte, Berlin).

11 P. Picasso: Titelbild zum Ragtime (Archiv für Kunst und Geschichte, Berlin).

12 Serge Lifar als Apollo mit Musen in „Apollon musagète", (Bibliothèque Nationale, Paris).

13  P. Picasso: Kostümskizze zu ,,Pulcinella" (Französische Staatsmuseen).

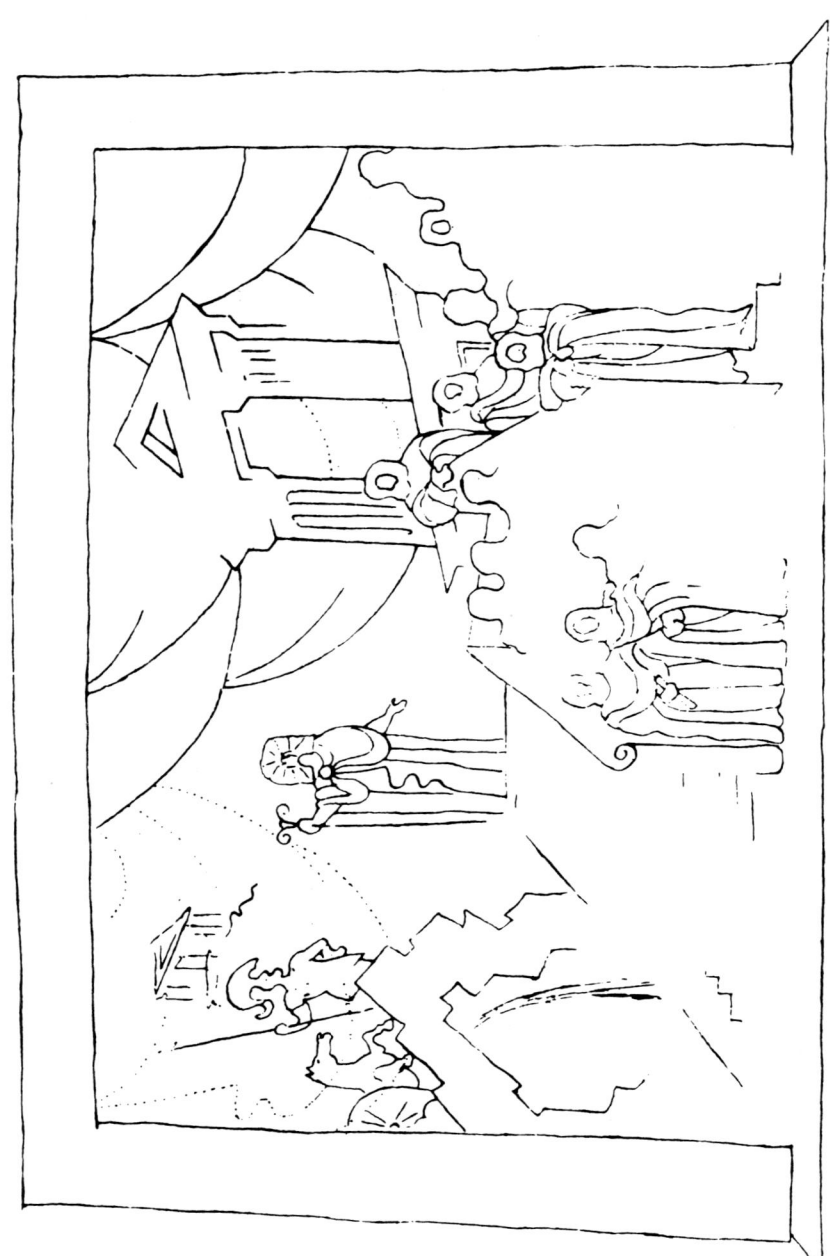

14 Th. Stravinsky: Skizze zu „Oedipus rex" (mit freundlicher Erlaubnis des Autors).

15  I. Strawinsky: Erste Partiturseite von „Oedipus rex" (Archiv für Kunst und Geschichte, Berlin).

16  P. Picasso: S. Diaghilev (stehend) mit A. Seligsberg (Französische Nationalmuseen).

17 M. Larionow: Diaghilev, Strawinsky und Prokofiev (von links nach rechts) (Archiv für
Kunst und Geschichte, Berlin).

18 J. Cocteau: S. Diaghilev (Archiv für Kunst und Geschichte, Berlin).

19 M. Larionow: Diaghilev (mit freundlicher Erlaubnis des Verlages Pierre Vorms).

20 V. Nijinsky als Petruschka (Bibliothèque Nationale Paris).

MAQUETTE POUR LE PREMIER TABLEAU DU "SACRE DU PRINTEMPS" *par Roerich*

21 N. Roerich: Skizze zum 1. Bild des „Sacre" (Bibliothèque Nationale, Paris).

MAQUETTE POUR LE DEUXIÈME TABLEAU DU "SACRE DU PRINTEMPS" par Roerich

22 N. Roerich: Skizze zum 2. Bild des „Sacre" (Bibliothèque Nationale, Paris).

N. Roerich. Portrait par A. Golovine.

23 A. Golovine: Porträt von N. Roerich (Bibliothèque Nationale, Paris).

24 V. Nijinsky als Faun in Debussys „L'Après-midi d'un faune" (Bibliothèque Nationale, Paris).

25 Nijinsky in ,,Jeux" von Debussy (Bibliothèque Nationale, Paris).

26 P. Picasso: E. Satie, 19. Mai 1920 (Französische Nationalmuseen).

27 Picasso malt mit Mitarbeitern den Vorhang zu „Parade" von Satie (Bibliothèque Nationale, Paris).

28  A. Frueh: E. Satie (Bibliothèque Nationale, Paris).

29 J. Repin: N. Rimsky-Korssakow (Archiv für Kunst und Geschichte, Berlin).

30 J. Cocteau und G. Auric (von links nach rechts) (Bibliothèque Nationale, Paris).

31 F. Poulenc (Bibliothèque Nationale, Paris).

32 A. Honegger (Bibliothèque Nationale, Paris).

33 D. Milhaud (rechts) um den Eiffelturm tanzend (Bibliothèque Nationale, Paris).

34 F. Léger: Dekor zu „La Création du monde" (Bibliothèque Nationale, Paris).

35 Mistinguett, die von Cocteau gefeierte Sängerin und Tänzerin der Nachtlokale (Bibliothèque Nationale, Paris).

# Texte in der Originalsprache aus dem I. und VII. Kapitel

**Jean Cocteau** (vgl. S. 45 ff.)

LE SACRE DU PRINTEMPS fut joué en mai 1913, dans une salle neuve, sans patine, trop confortable et trop froide pour le public accoutumé aux émotions coude à coude, dans une chaleur de velours rouge et d'or. Je ne pense point que le SACRE eût rencontré accueil plus correct sur une scène moins prétentieuse; mais cette salle de luxe symbolisait au premier coup d'oeil l'erreur mettant aux prises une oeuvre de force et de jeunesse et un public décadent. Public épuisé, couché dans les guirlandes Louis XVI, les gondoles de Venise, les divans moelleux et les coussins d'un orientalisme dont il convient de garder rancune au Ballet Russe.
A ce régime, on digère dans un hamac, on somnole; on chasse le vrai neuf comme une mouche; il dérange.
. . . . . . . . . . . . . . . . . . . . . . . . . . .
La pente naturelle du mauvais goût est déjà raide, mais depuis 1912, une fausse audace, tentant les uns et confondue par les autres dans une seule haine avec l'audace véritable, envahissait une innombrable catégorie d'esthètes mondains. Dilettantes et précieuses se crurent alors ,,de la chose" et il vint au monde une classe déclassée entre le mauvais goût sage pour quoi elle était faite et les nouvelles tables, hereusement hors de ses atteintes. Province pire que la province, au coeur même de Paris.
. . . . . . . . . . . . . . . . . . . . . . . . . . .
Peut-être serait-il curieux de rechercher, dans le bloc de l'oeuvre, la part qui revient à chacun des collaborateurs: Strawinsky musicien, Roerich peintre, Nijinsky choréographe.
Nous étions, musicalement, en plein impressionisme.
. . . . . Alors, soudain, au milieu de ces ruines charmantes, poussa l'arbre Strawinsky.
Toute réflexion faite, le SACRE est encore une ,,oeuvre fauve", une oeuvre fauve organisée. Gauguin et Matisse s'inclinent devant lui. Mais si le retard de la musique sur la peinture empêchait nécessairement le SACRE d'être en coincidence avec d'autres inquiétudes, il n'en apportait pas moins une dynamite indispensable. De plus, n'oublions pas que la collaboration tenace de Strawinsky avec l'entreprise Diaghilew, et les soins qu'il prodigue à sa femme, en Suisse, le tenaient écarté du centre. Son audace était donc gratuite. Enfin, telle quelle, l'oeuvre était et reste un chef-d'oeuvre; symphonie empreinte d'une tristesse sauvage, bruits de ferme et de champ, petites mélodies qui arrivent du fond des siècles, halètement de bétail, secousses profondes, géorgiques de préhistoire.
Certes, Strawinsky avait regardé les toiles de Gauguin, mais, se transposant, le faible registre décoratif était devenu un colosse. A cette époque, je n'étais pas au courant des moindres cotes de la gauche, et, grâce à mon ignorance, je pus jouir pleinement du SACRE à l'abri des petits schismes et des formules étroites qui condamnent la valeur libre et servent trop souvent de masque au manque de spontanéité.

Roerich est un peintre médiocre. D'une part, il costuma et décora le SACRE dans un sens qui n'était pas étranger à l'œuvre, mais de l'autre, il l'atténua par la mollesse de ses accents. Reste Vaslav Nijinsky . . . . . . . . . . . . . . . . . . . . . . . . . . . . . . . . . . . . . . .

Rentré chez soi, c'est-à-dire dans les Palace Hôtels où il campe, cet Ariel se renfrogne, compulse des in-folio et bouleverse la syntaxe du geste. (. . .) Ayant trop connu le triomphe de la grâce, il la repousse. Il cherche systématiquement à rebours de ce qui lui vaut sa gloire; pour fuir de vieilles formules, il s'enferme dans des formules nouvelles. Mais Nijinsky est un moujik, un Raspoutine; il porte en lui le fluide qui soulève les foules et il méprise le public (auquel il ne renonce pas à plaire). Comme Strawinsky, il métamorphose en force la faiblesse de ce qui le féconde; par tous ces atavismes, cette inculture, cette lâcheté, cette humanité, il échappe au danger allemand, au système qui dessèche un Reinhard.

J'ai réentendu le SACRE sans les danses; je demande à les revoir. (. . . . .) Le défaut consistait dans le parallélisme de la musique et du mouvement, dans leur manque de jeu, de contre-point. Nous y eûmes la preuve que le même accord souvent répété fatigue moins l'oreille que la fréquente répétition d'un seul geste ne fatigue l'œil. Le rire vint plus d'une monotonie d'automates que de la rupture des attitudes, et plus de la rupture des attitudes que de la polyphonie.

(. . . . .)

. . . . . . . . . . . . . . . . . . . . . . . . . . . . . . . . . . . . . . . . . . . . . . . . . . . .

Ces différents apports formaient donc un ensemble à la fois homogène et hétérogène et ce qu'il pouvait y avoir de défectueux dans le détail fut volatilisé, déraciné par des tempéraments irrésistibles.

Ainsi, connûmes-nous cette œuvre historique au milieu d'un tel tumulte que les danseurs n'entendirent plus l'orchestre, durent suivre le rythme que Nijinsky, trépignant et vociférant, leur battait de la coulisse.

Après cette ébauche de ce qui allait se passer sur la scène, prenons la petite porte de fer, et passons dans la salle. Elle est comble. Il y a là, pour un œil exercé, tous les matériaux d'un scandale: public mondain, décolleté, harnaché de perles, d'aigrettes, de plumes d'autruche; côté à côte avec les fracs et les tulles: les vestons, les bandeaux, les loques voyantes de cette race d'esthètes qui acclame le neuf à tort et à travers par haine des loges (les acclamations incompétentes de ceux-ci plus insupportables que les sifflets sincères de ceux-là). (. . . . . .) il faudrait signaler mille nuances de snobisme, sur-snobisme, contre-snobisme, nécessitant à eux seuls un chapitre.

(. . . . .)

La salle joua le rôle qu'elle devait jouer; elle se révolta tout de suite. On rit, conspua, siffla, imita les cris d'animaux, et peut-être se serait-on lassé, à la longue, si la foule des esthètes et quelques musiciens, emportés par leur zèle excessif, n'eussent insulté, bousculé même, le public des loges. Le vacarme dégénéra en lutte.

Debout dans sa loge, son diadème de travers, la vieille comtesse de Pourtalès brandissait son éventail, et criait toute rouge: ,,C'est la première fois depuis soixante ans qu'on ose se moquer de moi." La brave dame était sincère; elle croyait à une mystification.

. . . . . . . . . . . . . . . . . . . . . . . . . . . . . . . . . . . . . . . . . . . . . . . . . . . .

A deux heures du matin, Strawinsky, Nijinsky, Diaghilew et moi, nous nous empilâmes dans un fiacre et nous nous fîmes conduire au bois de Boulogne. On gardait le silence; la nuit était fraîche et bonne. A une odeur d'acacia nous reconnûmes les premiers arbres. Arrivés aux lacs, Diaghilew, matelassé d'opossum, se mit à marmotter en russe; je sentais Strawinsky et Nijinsky attentifs, et comme le cocher allumait sa lanterne, je vis des larmes sur la figure de l'impresario. Il marmottait toujours, lentement, infatigablement.

226

– Qu'est-ce? demandai-je.
– Du Pouchkine.
Il y eut un long silence, puis Diaghilew bredouilla encore une courte phrase, et l'émotion de mes deux voisins me parut si vive que je ne résistai pas à l'interrompre pour en connaître la cause.
– C'est difficile à traduire, dit Strawinsky, difficile en vérité; trop russe . . . trop russe . . . (. . . . .)
(. . . . .) Nous revînmes à l'aube. Vous n'imaginez pas la douceur et la nostalgie de ces hommes, et, quoi que Diaghilew ait pu faire dans la suite, je n'oublierai jamais, dans ce fiacre, sa grosse figure mouillée, récitant du Pouchkine au bois de Boulogne.
C'est de ce fiacre que date notre véritable amitié avec Strawinsky. (. . . . .)
. . . . . . . . . . . . . . . . . . . . . . . . . . . . . . . . . . . . . . . . . . . . . . . . . . . . .
. . . . . . . . . . . . . . . . . . . . . . . . . . . . . . . . . . . . . . . . . . . . . . . . . . . . .
. . . . . . . . . . . . . . . . . . . . . . . . . . . . . . . . . . . . . . . . . . . . . . . . . . . . .


**Jean Cocteau** (vgl. S. 145 ff.)

Printemps 1917

LA COLLABORATION DE ,,PARADE"
Lettre a Paul Dermée, directeur de la revue NORD-SUD.

Mon cher ami,
Vous me demandez quelques détails sur PARADE. Les voici trop en hâte. Excusez le style. Chaque matin m'arrivent de nouvelles injures, quelques-unes de fort loin, car des critiques s'acharnent contre nous sans avoir vu ni entendu l'oeuvre; et, comme on ne comble pas des gouffres, comme il faudrait reprendre à partir d'Adam et Eve, j'ai trouvé plus digne de ne jamais répondre. Je consulte donc du même oeil surpris l'article où on nous insulte, l'article où on nous méprise, l'article où l'indulgence le dispute au sourire, l'article où on nous félicite de travers.
En face de cette pile de myopies, d'incultures, d'insensibilités, je pense aux mois admirables où nous avons, Satie, Picasso et moi, aimé, cherché, ébauché, combiné peu à peu cette petite chose si pleine et dont la pudeur consiste justement à n'être pas agressive.

*

L'idée m'en est venue pendant une permission d'avril 1915 (j'étais alors aux armées), en écoutant Satie jouer à quatre mains avec Viñes ses MORCEAUX EN FORME DE POIRE. Une sorte de télépathie nous inspira ensemble un désir de collaboration. Une semaine plus tard je rejoignais le front, laissant à Satie une liasse de notes, d'ébauches, qui devaient lui fournir le thème du Chinois, de la Petite Americaine et de l'Acrobate (l'Acrobate était alors seul). Ces indiactions n' avaient rien d'humoristique. Elles insistaient au contraire sur le prolongement des personnages, sur le verso de notre baraque foraine. Le Chinois y était capable de torturer des missionnaires, la Petite Fille de sombrer sur le Titanic, l'Acrobate d'être en confidence avec les anges.
Peu à peu vint au monde une partition où Satie semble avoir découvert une dimension inconnue grâce à laquelle on écoute simultanément la parade et le spectacle intérieur.
Dans la première version les Managers n'existaient pas. Après chaque numéro de Music-

Hall, une voix anonyme, sortant d'une trou amplificateur, chantait une phrase type, résumant les perspectives du personnage.

Lorsque Picasso nous montra ses esquisses, nous comprîmes l'intérêt d'opposer àux trois chromos, des personnages inhumains, surhumains, qui deviendraient en somme la fausse réalité scénique jusqu'à réduire les danseurs réels à des mesures de fantoches.

J'imaginai donc les „Managers" féroces, incultes, vulgaires, tapageurs, nuisant à ce qu'ils louent et déchaînant (ce qui eut lieu) la haine, le rire, les haussements d'épaule de la foule, par l'étrangeté de leur aspect et de leurs moeurs.

A cette phase de PARADE, trois acteurs, assis à l'orchestre, criaient, dans des porte-voix, des réclames grosses comme l'affiche KUB, pendant les poses d'orchestre.

Dans la suite, à Rome, ou nous allâmes avec Picasso rejoindre Léonide Massine pour marier décor, costumes et chorégraphie, je constatai qu'une seule voix, même amplifiée, au service d'un des managers de Picasso, choquait, constituait une faute d'équilibre insupportable. Il eût fallu trois timbres par manager, ce qui nous éloignait singulièrement de notre principe de simplicité.

C'est alors que je substituai aux voix le rythme des pieds dans le silence.

Rien ne me contenta mieux que ce silence et que ces trépignements. Nos bonshommes ressemblèrent vite aux insectes dont le film dénonce les habitudes féroces. Leur danse était un accident organisé, des faux pas qui se prolongent et s'alternent avec une discipline de fugue. Le gêne pour se mouvoir sous ces charpentes, loin d'appauvrir le chorégraphe, l'obligerait à rompre avec d'anciennes formules, à chercher son inspiration, non dans ce qui bouge mais dans ce autour de quoi on bouge, dans ce qui remue selon les rythmes de notre marche.

Aux dernières répétitions, le cheval tonnant et langoureux, lorsque les cartonniers livrèrent sa carcasse mal faite, se métamorphosa en cheval du fiacre de Fantomas. Notre fou-rire et celui des machinistes décidèrent Picasso à lui laisser cette silhouette fortuite. Nous ne pouvions pas supposer que le public prendrait si mal une des seules concessions qui lui fussent faites. Restent les trois personnages de la parade, ou plus exactement les quatre, puisque je transformai l'Acrobate en un couple d'acrobates.

Contrairement à ce que le public imagine, ces personnages révèlent plus de l'école cubiste que nos managers. Les managers sont des hommes-décor, des portraits de Picasso qui se meuvent, et leur structure même impose un certain mode chorégraphique. Pour les quatre personnages, il s'agissait de prendre une suite de gestes réels et de les métamorphoser en danse sans qu'ils perdissent leur force réaliste, comme le peintre s'inspire d'objets réels pour les métamorphoser en peinture pure sans pourtant perdre de vue la puissance de leurs volumes, de leurs matières, de leurs couleurs et de leurs ombres.


CAR SEULE LA REALITE, MEME BIEN RECOUVERTE, POSSEDE LA VERTU D'EMOUVOIR.

Le Chinois tire un oeuf de sa natte, le mange, le digère, le retrouve au bout de sa sandale, crache le feu, se brûle, piétine pour éteindre les étincelles, etc.

La Petite Fille monte en course, se promène à bicyclette, trépide comme l'imagerie des films, imite Charlot, chasse un voleur au revolver, boxe, danse un rag-time, s'endort, fait naufrage, se roule sur l'herbe, prend un kodak, etc . . .

Les Acrobates (avouerai-je que la cheval portait un Manager et que ce Manager tombant de sa selle nous le supprimâmes bel et bien la veille du spectacle?), les Acrobates benêts, agiles et pauvres, nous avons essayé de les revêtir de cette mélancolie du cirque du dimanche soir, de

228

la retraite qui oblige les enfants à enfiler une manche de pardessus en jetant un dernier regard vers la piste.

L'orchestre d'Erik Satie donne toute sa grâce sans pédales. C'est un orphéon chargé de rêve. Il ouvrira une porte aux jeunes musiciens un peu fatigués de la belle polyphonie impressionniste. Ecoutez-le sortir d'une fugue et la rejoindre avec une liberté classique.

,,J'ai composé, disait modestement Satie, un fond à certains bruits que Cocteau juge indispensables pour préciser l'atmosphère de ses personnages." Satie exagère, mais les bruits jouaient en effet un grand rôle dans PARADE. Des difficultés matérielles (suppression de l'air comprimé entre autre) nous ont privés de ces ,,trompe-l'oreille", dynamo – appareil Morse – sirènes – express – aéroplane – que j'employais au même titre que les trompe-l'oeil, journal, corniche, faux bois, dont les peintres se servent.

A peine pûmes-nous faire entendre les machines à écrire.

Voici, bien informe, le récit superficiel d'une collaboration désintéressée que couronne le succès malgré la colère unanime, tant il est vrai que depuis des siècles les générations se passent un flambeau par-dessus la tête du public sans que son souffle parvienne à l'éteindre.

Jean Cocteau (vgl. S. 149 ff.)

## LE BOEUF SUR LE TOIT

est un bar éclairé brutalement. Un paravent contourné, en bois jaune, cache la coulisse de droite. L'angle d'un billard dépasse le portant de gauche sur lequel est peinte une draperie grenat. Au premier plan gauche, un fauteuil de cuir. Au premier plan droite, une table. Table et fauteuil, visibles devant le rideau, annoncent la grossièreté du décor comme une sorte de prologue. Ils prennent leur place dans l'ensemble dès que le rideau se lève. Ventilateur au plafond. Le ventilateur tourne lentement et jette des ombres sur les personnages. Ils portent des têtes de carton trois fois grandeur nature. Ils agissent selon le style du décor. Ils sont du décor qui bouge. Ils accomplissent chacun, ,,au ralenti", à contre-courant de la musique, avec une lourdeur de scaphandriers, les gestes essentiels à leur rôle.

Les accessoires: bouteilles, verres, pailles, cigarettes, craie, soucoupes, sont à l'échelle des têtes postiches.

A la frise du premier plan, peinte de drapeaux multicolores, sont suspendus cinq ronds de fumée en tulle qui partent du fauteuil es se dirigent vers le centre.

Au lever du rideau, le barman seul, tout blanc, tout rose. Il secoue ses gobelets derrière son bar. Un cigare, gros comme une torpille, brûle sur une table, derrière le fauteuil. Entre, par la gauche, le boxeur nègre au chandail bleu de ciel, venant de la salle de billard. Il commande un cocktail, essaye ses muscles, tombe dans le fauteuil, croise les jambes et reprend son cigare. Aussitôt les ronds de fumée deviennent les siens. Un négrillon, en bras de chemise, sort de la salle de billard, à reculons. Il met de la craie sur une queue de billard. Le boxeur demande au barman de couper son cigare qui tire mal. Le barman le coupe au revolver. Le coup fait tomber le négrillon à la renverse. Pendant tout la première partie on l'entrevoit jouer au billard en coulisse, lever une jambe, viser, comme dans les litographies américaines.

229

Entrent tour à tour: la dame décolletée, en robe rouge, très maniérée, très commune. La dame rousse, aux cheveux de papier, jolie, d'allure masculine, un peu voûtée, les mains dans les poches. Le monsieur en habit de moleskine, qui regarde son bracelet-montre et ne quitte plus son tabouret de bar jusqu'à sa sortie. Un bookmaker écarlate, aux dents d'or, qui porte un melon gris et une cravate de chasse maintenue par une perle de la taille d'une boule de jardin.

Tout ce joli monde s'installe, joue aux dés. (La partie de dés entre le monsieur et le bookmaker doit être un tableau mécanique composé de leurs têtes, de la tête du barman derrière un journal aux lettres d'affiche, des deux dés, véritables boîtes de carton qu'ils remuent en les faisant tournoyer sur l'axe.) La dame élégante se poudre, découvre le négrillon. Il grimpe sur un tabouret. Elle le charge sur son épaule et l'emmène dans la salle de billard. La dame rousse traverse la scène, enlève les ronds de fumée avec son bras, les vide autour du cou du barman et aguiche le boxeur. Le boxeur quitte son fauteuil pour la suivre. Le bookmaker les observe, se fâche, trépigne, approche à pas de loup, retire sa perle et en assène un coup sur la tête du nègre qui s'effondre. Le négrillon lâche sa queue de billard, assiste le boxeur, le couche dans la fauteuil, l'évente avec une serviette.

Petite danse de triomphe du bookmaker. Tango des femmes. Coup de sifflet. C'est la police. Tous tremblent. Le barman accroche une pancarte: ICI ON NE BOIT QUE DU LAIT, cache verres, bouteilles, distribue des bols et bat le lait dans une baratte.

Le policeman géant passe la tête. Il entre. Il toise. Il s'approche de chacun pour sentir les haleines. Il goûte le lait.

Influencé par l'esprit bucolique, il danse un ballet aimable.

Pendant qu'il tourne au milieu avec une grâce de ballerine, le barman actionne un levier. Le ventilateur descend et décapite le policeman. Il chancelle. Il cherche sa tête, essaye de la remettre à l'envers et tombe mort.

Rien n'étonne les noctambules. Après de courtes réjouissances où le négrillon chante une romance la main sur son coeur, le barman présente la tête sur un plateau à la dame rousse, indifférente et qui regardait dans la coulisse de gauche.

Elle danse. Sa danse est une charge des danses de Salomé en général. Elle s'étire, elle fume, elle secoue la tête du policeman à la façon d'un cocktail. Finalement, elle marche sur les mains comme la Salomé de la cathédrale de Rouen, fait le tour de la tête et, toujours sur les mains, quitte le bar, suivie par le bookmaker.

Avant de disparaitre à leur suite, la dame décolletée se détourne, enlève la rose que le monsieur en habit porte à la boutonnière, et la lance au barman. Le monsieur paye et ils sortent. Le boxeur se réveille, se lève, titube et sort à son tour, suivi du négrillon qui refuse de payer le barman.

Resté seul, le barman range. Il voit le corps du policeman. Il le traîne, tant bien que mal, jusqu'à une chaise, derrière la table. Le corps mort cherche son équilibre. Une fois le corps calé, le barman apporte des piles de soucoupes qu'il met sur la table, une bouteille de gin qu'il vide dans le corps. Il ramasse la tête, la lui enfonce entre les épaules. Il le chatouille et l'hypnotise. Le policeman ressuscite. Alors le barman lui déroule une addition de trois mètres.

**Blaise Cendrars** (vgl. S. 155ff.)

La légende des origines:
Voici ce que m'a appris mon père, lequel le tenait de son père, et cela depuis longtemps, longtemps, depuis le commencement!
A l'origine des choses, tout à l'origine, quand rien n'existait, ni hommes, ni bêtes, ni plantes, ni ciel, ni terre, rien, rien, rien, Dieu était et il s'appelait Nzamé. Et les trois qui sont Nzamé, nous les appelons Nzamé, Mébère et Nkwa. Et au commencement, Nzamé fit le ciel et la terre et il se réserva le ciel pour lui. La terre il souffla dessus, et sous l'action de son souffle naquirent la terre et l'eau, chacune de son côté.
　　Nzamé a fait toutes choses: le ciel, le soleil, la lune, les étoiles, les animaux, les plantes, tout. Et quand il eut terminé tout ce que nous voyons maintenant, il appela Mébère et Nkwa et leur montra son oeuvre:
– Ce que j'ai fait est-il bien fait? leur demanda-t-il.
– Oui, tu as bien fait, telle fut leur réponse.
– Reste-t-il encore quelqu'autre chose à faire?
Et Mébère et Nkwa lui répondirent:
Nous voyons beaucoup d'animaux, mais nous ne voyons pas leur chef; nous voyons beaucoup de plantes, mais nous ne voyons pas leur maître. Et pour donner un maître à toutes ces choses, parmi les créatures, ils désignèrent l'éléphant, car il avait la sagesse; le léopard, car il avait la force et la ruse, le singe, car il avait la malice et la souplesse.
Mais Nzamé voulut faire mieux encore, et à eux trois, ils firent une créature presque semblable à eux: l'un lui donna la force, l'autre la puissance, le troisième la beauté. Puis eux trois: ,,Prends la terre, lui dirent-ils, tu es désormais le maître de tout ce qui existe. Comme nous, tu as la vie, toutes choses te sont soumises, tu es le maître. (. . .)"

Nzamé, Mébère et Nkwa avait nommé le premier homme Fam, ce qui veut dire la force. Fier de sa puissance, de sa force et de sa beauté, car il dépassait en ces trois qualités l'éléphant, le léopard et le singe, fier de vaincre tous les animaux, cette première créature tourna mal; elle devint orgueilleuse, ne voulut plus adorer Nzamé et elle le méprisait. (. . .)

Dieu, tout colère, appelle Nzalân, le tonnerre. (. . .)

Et le feu du ciel embrasa la forêt. Les arbres brûlaient, les plantes, les bananiers, le manioc, même les pistaches de terre. (. . .)

Mais Dieu regarda la terre, toute noire, sans rien du tout, paresseuse; il eut honte et voulut faire mieux. Nzamé, Mébère et Nkwa tinrent conseil dans leur abègne, et ils firent ainsi: sur la terre noire et couverte de charbon, ils mirent une nouvelle couche de terre; un arbre poussa, grandit, grandit encore, et quand une de ses graines tomba par terre, un nouvel arbre naissait, quand une feuille se détachait, elle grandissait, grandissait, commençait à marcher, et c'était un animal, un éléphant, un léopard, une antilope, une tortue, tous, tous. Quand une feuille tombait à l'eau, elle nageait, et c'était un poisson, une sardine, un mulet, un crabe, une huître, une moule, tous, tous, tous. La terre redevint ce qu'elle avait été, ce qu'elle est aujourd'hui encore. (. . .)

Nzamé: nous referons un homme, un homme comme Fam, mêmes jambes, mêmes bras, mais nous lui tournerons la tête et il verra la mort. Et ainsi fut fait. Cet homme-là, mes amis, c'est comme vous, c'est comme moi. (. . .)

Mais Dieu ne voulut pas le laisser seul. Il lui dit: Fais-toi une femme avec un arbre.
En fabriquant [l'homme et la femme] Nzamé les avait composés de deux parties: l'une extérieure, celle-là, vous l'appelez Gnoul, corps, et l'autre qui vit dans le Gnoul et que nous appelons tous Nsissim (âme).
Nsissim, c'est ce qui qui produit l'ombre, c'est Nsissim qui fait vivre Gnoul, c'est Nsissim qui s'en va quand l'homme est mort, mais Nsissim ne meurt pas. Tant qu'elle est dans son Gnoul, savez-vous où elle demeure? Dans l'oeil. Oui, elle demeure dans l'oeil, et ce petit point brillant que vous voyez au milieu, c'est Nsissim.

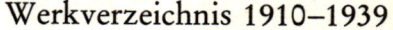

Werkverzeichnis 1910–1939

Weitere Angaben über Orchesterbesetzung, Erstausgaben, Standort des Autographs, Auf-
führungsdauer, Entstehungs- und Wirkungsgeschichte, revidierte Fassungen, Transkriptio-
nen, Textdichter und Textübersetzer nebst musikalischen Analysen finden sich in Eric W.
White: Stravinsky. The Composer and His Works, London 1966.

- *L'Oiseau de feu* (Der Feuervogel), Märchenerzählung in zwei Bildern nach dem russischen Märchen von M. Fokine, komponiert in St. Petersburg, November 1909 bis 18. Mai 1910, Rimsky-Korsakov gewidmet, UA: Russisches Ballett, Grand Opéra, Paris, 25. Juni 1910, Dirigent: G. Pierné. Drei Konzertsuiten: 1911, 1919, 1945.
- *Kanon* über eine russische Volksweise, komponiert 1965 über ein Thema aus dem „Feuervogel", UA: Toronto, 16. Dezember 1965, Dirigent: R. Craft.
- *Zwei Gedichte von Verlaine,* für Bariton und Klavier, komponiert in La Baule, Juli 1910, dem Bruder Gury gewidmet, 1951 instrumentiert.
- *Petruschka,* Burleske in vier Bildern von I. Strawinsky und A. Benois, komponiert in Lausanne, Clarens, Beaulieu, Rom von August 1910 bis 26. Mai 1911, A. Benois gewidmet, UA: Russisches Ballett, Théâtre du Châtelet, Paris, 13. Juni 1911, Dirigent: P. Monteux.
- *Zwei Gedichte von Balmont,* für hohe Stimme und Klavier, komponiert in Ustilug 1911, 1954 instrumentiert.
- *Zvezdoliki* (Der König der Sterne), Kantate für Männerchor und Orchester, komponiert in Ustilug von 1911 bis 1912, C. Debussy gewidmet, UA: Bruxelles, 19. April 1939, Dirigent: F. André.
- *Le Sacre du printemps* (Frühlingsweihe), Szenen aus dem heidnischen Rußland von I. Strawinsky und N. Roerich, N. Roerich gewidmet, UA: Russisches Ballett, Théâtre des Champs-Elysées, Paris, 29. Mai 1913, Dirigent: P. Monteux.
- *Trois Poésies de la lyrique japonaise* (Drei japanische Gedichte), für Sopran und Klavier oder Kammerorchester, M. Delage (I), F. Schmitt (II) und M. Ravel (III) gewidmet, UA: 14. Januar 1914, Société Musicale Indépendante, Paris.
- *Drei kleine Gesänge,* „Kindheitserrinnerungen", für Gesang und Klavier, komponiert 1906, endgültige Fassung komponiert in Clarens, Oktober bis November 1913, 1929 und 1930 in Nizza instrumentiert.
- *Le Rossignol* (Die Nachtigall), ein musikalisches Märchen von I. Strawinsky und S. Mitusow nach H. Chr. Andersen, 1. Akt komponiert in Ustilug 1908 bis Sommer 1909, 2. und 3. Akt in Clarens 1913 und Leysin 1914, UA: Russisches Ballett, Grand Opéra, Paris, 26. Mai 1914, Dirigent: P. Monteux.
- *Chant du Rossignol* (Gesang der Nachtigall), Symphonisches Gedicht aus dem 2. und 3. Akt von „Le Rossignol", vollendet in Morges am 4. April 1917, UA: Genf, 6. Dezember 1919, Dirigent: E. Ansermet.
- *Drei Stücke für Streichquartett,* komponiert in Salvan 1914, E. Ansermet gewidmet, UA: Winter 1915 bis 1916 durch das Flonzaley-Quartett.
- *Blumenwalzer,* komponiert in Clarens, 30. August 1914, UA: New York 1949 in einem von R. Craft organisierten Konzert.
- *Drei leichte Stücke,* für Klavier vierhändig, komponiert in Clarens 1914 bis 1915, A. Casella (I) E. Satie (II) und S. Diaghilev (III) gewidmet, UA: Lausanne, 8. November 1919 durch José Iturbi und den Komponisten.
- *Souvenir d'une marche boche* (Erinnerungen an einen deutschen Marsch), für Klavier, datiert Morges, 1. September 1915.
- *Berceuses de Chat* (Katzenwiegenlieder), für Alt und drei Klarinetten, konponiert in Clarens, Château d'Oex und Morges, 1915 bis 1916, N. Gontscharowa und M. Larionow gewidmet.
- *Renard* (Der Fuchs), eine burleske Geschichte über den Fuchs, den Hahn, die Katze und den Ziegenbock zum Singen und Spielen auf der Bühne, komponiert in Château d'Oex, Frühling 1915 und Morges 1916, der Fürstin E. de Polignac gewidmet, UA: Russisches

235

Ballett, Grand Opéra, Paris, 18. Mai 1922.
- *Fünf leichte Stücke*, für Klavier vierhändig, komponiert in Morges 1916 bis 1917, UA: Lausanne, 8. November 1919 durch J. Iturbi und den Komponisten.
- *Trois Histoires pour enfants* (Drei Geschichten für Kinder), für Gesang und Klavier, dem „jüngsten Sohn" gewidmet.
- *Walzer für Kinder*, für Klavier, komponiert in Morges ca. 1917.
- *Vier russische Bauernlieder*, für Frauenstimmen, UA: Genf 1917.
- *Les Noces* (Die Hochzeit), russische Tanzszenen mit Gesang und Musik, begonnen in Clarens 1914, beendet in Morges, 4. April 1917 (Klavierauszug), definitive Fassung vollendet am 6. April 1923 in Monaco, S. Diaghilev gewidmet, UA: Russisches Ballett, Théâtre de la Gaieté Lyrique, Paris, 13. Juni 1923, Dirigent: E. Ansermet.
- *Studie* für Pianola, komponiert in Morges und Les Diablerets 1917, UA: Aeolian Hall, London, 13. Oktober 1912.
- *Vier Studien* für Orchester, entstanden zwischen 1914 und 1918 in Morges aus den „Drei Stücken für Streichquartett", UA: Berlin, 7. November 1930.
- *Berceuse* (Wiegenlied), für Gesang und Klavier, seiner kleinen Tochter gewidmet, komponiert in Morges, 10. Dezember 1917.
- *Histoire du Soldat* (Die Geschichte vom Soldaten), zum Lesen, Spielen und Tanzen in zwei Teilen, W. Reinhart gewidmet, UA: Théâtre municipal de Lausanne, 28. September 1918, Dirigent: E. Ansermet.
- *Rag-time*, für elf Instrumente, komponiert in Morges 1918, UA: Aeolian Hall, London, 27. April 1920, Dirigent: A. Bliss.
- *Vier russische Lieder*, für Gesang und Klavier, komponiert vom 28. Dezember 1918 bis März 1919 in Morges.
- *Piano-Rag-Music*, komponiert in Morges, 28. Juni 1919, A. Rubinstein gewidmet, UA: J. Iturbi, Lausanne, 8. November 1919.
- *Drei Stücke für Klarinette Solo*, komponiert in Morges, 1919, W. Reinhart gewidmet, UA: Lausanne, 8. November 1919.
- *Pulcinella*, Ballett mit Gesang in einem Akt, Musik nach G. Pergolesi, komponiert in Morges, 1919 bis 20. April 1920, UA: Russisches Ballett, Grand Opéra, Paris, 15. Mai 1920, Dirigent: E. Ansermet.
- *Concertino*, für Streichquartett, komponiert in Carantec und Garches von Juli bis September 1920, dem Flonzaley-Quartett gewidmet.
- *Symphonies pour instruments à vent* (Symphonien für Bläser), komponiert in Carantec und Garches, vom Sommer 1920 bis 20. November 1920, C. Debussy gewidmet, UA: Queen's Hall, London, 10. Juni 1921, Dirigent: S. Kussewitzky.
- *Les cing doigts* (Die fünf Finger), für Klavier, komponiert in Garches bis 18. Februar 1921.
- *Acht instrumentale Miniaturen* für 15 Spieler, L. Morton gewidmet, UA: Los Angeles, 26. März 1962, Dirigent: R. Craft (nur die vier ersten Nummern), Toronto, 29. April 1962, Dirigent: der Komponist (alle Nummern). Instrumentation der „Cing doigts".
- *Mawra*, Opera buffa in einem Akt nach A. Puschkin, komponiert zwischen Sommer 1921 und 9. März 1922, die Ouvertüre entstand einige Wochen später in Monte Carlo, Marseilles und Paris, dem Andenken Puschkins, Glinkas und Tschaikowskis gewidmet, UA: Russisches Ballett, Grand Opéra, Paris, 3. Juni 1922, Dirigent: G. Fitelberg.
- *Oktett*, für Bläser, begonnen in Biarritz, Ende 1922, vollendet in Paris, 20. Mai 1923, UA: Kussewitzky-Konzerte, Grand Opéra, Paris, 18. Oktober 1923, Dirigent: der Komponist.

- *Konzert,* für Klavier und Bläser, komponiert in Biarritz von Mitte 1923 bis April 1924, Natalie Kussewitzky gewidmet, UA: Kussewitzky-Konzerte, Grand Opéra, Paris, 22. Mai 1924, Dirigent: S. Kussewitzky mit dem Komponisten als Solisten.
- *Serenade in A,* in vier Sätzen, für Klavier, komponiert von April 1925 bis Herbst, in Nizza, seiner Frau gewidmet.
- *Pater noster,* für gemischten Chor a capella, komponiert 1926.
- *Oedipus Rex,* Opern-Oratorium in zwei Akten nach Sophokles von I. Strawinsky und J. Cocteau, komponiert in Nizza vom 11. Januar 1926 bis 14. März 1927, UA: (als Oratorium) Russisches Ballett, Théâtre Sarah Bernhardt, Paris, 30. Mai 1927, Dirigent: der Komponist, (als Oper) Wien, 23. Februar 1928.
- *Apollon musagète,* Ballett in zwei Bildern, komponiert in Nizza zwischen Juli 1927 und Januar 1928, UA: Library of Congreß, Washington D.C., 27. April 1928, erste europäische Aufführung: Russisches Ballett, Théâtre Sarah Bernhardt, Paris, 12. Juni 1928.
- *Le Baiser de la fée* (Der Kuß der Fee), allegorisches Ballett in vier Bildern, „von der Muse Tschaikowskys inspiriert". UA: Ballett von Ida Rubinstein, Grand Opéra, Paris, 27. November 1928. Dirigent: der Komponist.
- *Divertimento,* Konzertsuite vom „Kuß der Fee", 1934.
- *Capriccio,* für Klavier und Orchester, komponiert in Nizza und Echarvines zwischen Dezember 1928 und September 1929, UA: Salle Pleyel, Paris, 6. Dezember 1929, Dirigent: E. Ansermet mit dem Komponisten als Solisten.
- *Psalmensymphonie,* für gemischten Chor und Orchester, komponiert in Nizza und Echarvines zwischen Januar und 15. August 1930, dem Ruhme Gottes und dem Boston Symphony Orchestra gewidmet, UA: (in Europa) Bruxelles, 13. Dezember 1930, Dirigent: E. Ansermet, (in den USA) Boston, 19. Dezember 1930, Dirigent: S. Kussewitzky.
- *Konzert in D,* für Violine und Orchester, komponiert in Nizza und Voreppe von Frühling bis Sommer 1931, UA: Berlin, 23. Oktober 1931, Dirigent: der Komponist mit S. Dushkin als Solist.
- *Duo Concertant,* für Violine und Klavier, in fünf Sätzen, komponiert in Voreppe vom Dezember 1931 bis 15. Juli 1932, UA: Berlin, 28. Oktober 1932 durch den Komponisten und S. Dushkin.
- *Credo,* für gemischten Chor a capella, komponiert 1932.
- *Persephone,* Melodrama in drei Bildern für Tenor, gemischten Chor, Kinderchor und Orchester, komponiert in Voreppe und Paris von Mai 1933 bis 24. Januar 1934, UA: Grand Opéra, Paris, 30. April 1934, mit Ida Rubinstein und dem Komponisten als Dirigent.
- *Ave Maria,* für gemischten Chor a capella, datiert 4. April 1934.
- *Konzert,* für zwei Klaviere, komponiert in Voreppe im Herbst 1931 und in Paris 1934 und 1935, UA: Paris, 21. November 1935 mit dem Komponisten und dem Sohn Sulima.
- *Jeu de cartes* (Das Kartenspiel), Ballett in drei Runden vom Komponisten und M. Malaiew, komponiert vom Sommer bis 6. Dezember 1936, UA: American Ballet, Metropolitan Opera House, New York, 27. April 1937, Dirigent: der Komponist.
- *Praeludium,* für Jazz-Band geschrieben in Paris (Dezember 1936) und New York (1937), UA: Los Angeles, 18. Oktober 1953, Dirigent: R. Craft.
- *Konzert in Es,* für Kammerorchester, komponiert in Annemasse (Frühling 1937) und Paris (29. März 1938), UA: Washington D.C., 8. Mai 1938, Dirigent: Nadia Boulanger.
- *Symphonie in C,* komponiert in Paris im Herbst 1938 (1. Satz), in Sancellmoz, Ende März 1939 bis August (2. Satz), Cambridge/Mass., Herbst und Winter 1939-1940 (3. Satz) und Beverly Hills, Hollywood, Sommer 1940 (4. Satz), dem Ruhme Gottes und dem Chicago Symphony Orchestra gewidmet, UA: Chicago, 7. November 1940.

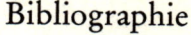

Bibliographie

# 1) Bücher von Strawinsky

- *Chroniques de ma vie*, 2 Bde., Paris 1935 und 1936, geschrieben in Zusammenarbeit mit Walter Nouvel.
  *Chronicle of my life*, London 1936, englische Übersetzung des obigen Werkes.
  *Erinnerungen*, Zürich-Berlin 1937, deutsche Übersetzung des obigen Buches (von R. Tüngel).
  *Mein Leben*, München 1958, z. T. identisch mit obigem Buch.
- *Poétique musicale:* sous forme de six leçons, Cambridge, Harvard University Press, 1942.
  Die Charles Eliot Norton-Vorlesungen, von 1939 bis 1940, geschrieben in Zusammenarbeit mit Roland-Manuel.
  *Poétique musicale*, Paris 1945 und 1952, neue, revidierte Fassung des obigen, die Ausgabe von 1945 bringt nicht das fünfte Kapitel, „Les Avatars de la Musique russe".
  *Poetics of Music*, Cambridge, Harvard University Press, 1947, New York 1956, englische Übersetzung des obigen von A. Knodel und I. Dahl, Vorwort von D. Milhaud.
- *Leben und Werk*, Zürich-Mainz 1957, Neudruck der Chronik und der Poetik zusammen mit „Antworten auf 35 Fragen", aus dem Amerikanischen übersetzt von M. Gräter.
- *Conversations with Igor Strawinsky*, von I.S. und R. Craft, New York 1959 und London 1959.
- *Memories and Commentaries*, von I. S. und R. Craft, New York 1960 und London 1960, die beiden Ausgaben sind nicht ganz identisch.
- *Stravinsky in Conversation with Robert Craft*, London 1962, ein Neudruck der beiden obigen Bücher.
  *Strawinsky: Gespräche mit Robert Craft*, Zürich 1961, Neudruck der beiden obigen Bücher in deutscher Übersetzung von M. Gräter, N.J. Schatz, G.W. Baruch und M. Hürlimann.
- *Expositions and Developments*, von I.S. und R. Craft, New York 1962, London 1962, die beiden Ausgaben sind nicht ganz identisch.
- *Dialogues and a Diary*, von I.S. und R. Craft, New York 1963.
- *Stravinsky, in Pictures and Documents*, von Vera Stravinsky und R. Craft, London 1979, eine reiche Sammlung von Briefen, Aufsätzen und Fotos.
- *Catherine and Igor Stravinsky, a Family Album*, von Théodore Stravinsky, London 1973, mit einem Vorwort von Th. S., v.a. Fotos aus der Zeit von 1882 bis 1920.
- *The Rite of Spring, Sketches*, London 1969, mit Beiträgen von F. Lesure, R. Craft und Dokumenten von I. Strawinsky.

# 2) Bücher über Strawinsky

- Paul Collaer: *Strawinsky*, Bruxelles 1930.
- Milein Cosman: *Stravinsky at Rehearsal*, London 1962.
- Herbert Fleischer: *Strawinsky*, Berlin 1931.
- Helmut Kirchmeyer: *Igor Strawinsky: Zeitgeschichte im Persönlichkeitsbild*, Regensburg 1958.

- Minna Ledermann (Hrsg.): *Stravinsky in the Theatre*, mit Beiträgen von M. Ledermann, J. Cocteau, E. Vuillermoz, J. Rivière, A. Levinson, C.F. Ramuz, A. Berger, I. Dahl, G. Balanchine, R. Craft, N. Nabokov, E. Ansermet, A. Copland usw., New York-London 1951.
- Heinrich Lindlar: *Igor Strawinskys sakraler Gesang*, Regensburg 1957.
- Pierre Meylan: *Une amitié célèbre: C.F. Ramuz/I. Stravinsky*, Lausanne 1961.
- Nicolas Nabokov: *Igor Strawinsky*, Berlin 1964.
- Théodore Strawinsky: *Le Message d'Igor Strawinsky*, Lausanne 1948.
  *The Message of I. S.*, London 1953, englische Übersetzung des obigen von R. Craft.
  *I. Strawinsky: Mensch und Künstler*, Mainz 1952, deutsche Übersetzung des obigen von H. Strobel.
- Hans Heinrich Stuckenschmidt: *Strawinsky und sein Jahrhundert*, Berlin 1957.
- Eric W. White: *Stravinsky: The Composer and His Works*, London 1966.

## 3) Sondernummern von Zeitschriften

- *La Revue musicale*, Paris, Dezember 1923.
- *Cahiers de Belgique*, Bruxelles, Dezember 1930.
- *La Revue musicale*, Paris, Mai/Juni 1930.
- *Dance Index*, vol. VI, nos. 10, 11, 12. New York 1945.
- *Tempo*, London, Sommer 1948.
- *Musik der Zeit*, Bonn 1952.
- *Feuilles musicales*, Lausanne, März/April 1962.
- *The Musical Quarterly*, New York 1962.
- *Tempo*, London, Frühling und Sommer 1962.

## 4) Kataloge und Bücher über das Russische Ballett

- *Les Ballets russes: S. Diaghilev et la décoration théâtrale*, mit Beiträgen von N. Gontscharowa, M. Larionow und P. Vorms, Belvès 1955.
- *Diaghilev: Les Ballets russes*, Paris 1979, Katalog zur Ausstellung in der Bibliothèque Nationale von F. Lesure. M. Kahane, J.-M. Nectoux usw.
- Boris Kochno: *Diaghilev et les ballets russes*, Paris 1970.
- *Opus Strawinsky*, Magazin der 30. Berliner Festwochen 1980, mit Beiträgen von Burde, Druskin, Ansermet, Stuckenschmidt usw. und Dokumenten von I.S.
- *Igor Stravinsky: La Carrière européenne*, Paris 1980, Katalog der Ausstellung im Musée d'Art moderne, mit einem Vorwort von F. Lesure.

## 5) Bücher über und von Komponisten um Igor Strawinsky

(für eine ausführlichere Bibliographie, die französischen Komponisten betreffend, konsultiere man Th. Hirsbrunner: *Debussy in seiner Zeit*, Laaber 1981.)

- René Dumesnil: *La Musique en France entre les deux guerres, 1919–1939*, Paris 1946 (mit einer ausführlichen Chronologie aller wichtigen in Paris aufgeführten Werke jener Zeitspanne).
- Rollo Myers: *Modern French Music, Its Evolution and Cultural Background from 1900 to the Present Day*, Oxford 1971.
- Laurence Davies: *The Gallic Muse: G. Fauré, H. Duparc, C. Debussy, E. Satie, M. Ravel, F. Poulenc*, London 1967.
- Jean Cocteau: *Le Rappel à l'ordre*, Paris 1948, mit Beiträgen zu E. Satie, I. Strawinsky, F. Poulenc, P. Picasso und vielen anderen.
- Paul Dukas: *Les Ecrits sur la musique*, Paris 1948, Musikkritiken von 1892 bis 1932.
- Theodor W. Adorno: *Philosophie der neuen Musik*, Frankfurt 1958 (über A. Schönberg und Igor Strawinsky).
- Erik Satie: *Ecrits*, réunis par O. Volta, Paris 1977.
- Rollo Myers: *Erik Satie*, Paris 1959.
- George Antheil: *Enfant terrible der Musik*, München 1960 (über die zwanziger Jahre in Berlin und Paris, kulturgeschichtlich interessant).
- Hans Heinrich Stuckenschmidt: *Maurice Ravel, Variationen über Person und Werk*, Frankfurt 1976.
- Arbie Orenstein: *Maurice Ravel, Leben und Werk*, Stuttgart 1978.
- Jean Roy: *Francis Poulenc*, Paris 1964.
- Francis Poulenc: *Moi et mes amis*, confidences recueillies par Stéphane Audel, Paris 1963.
- Darius Milhaud: *Noten ohne Musik*, München 1962 (außerordentlich faktenreiche Darstellung des kulturellen Lebens der Zwischenkriegszeit).
- Claude Samuel: *Entretiens avec Olivier Messiaen*, Paris 1967.
- Pierrette Mari: *Olivier Messiaen*, Paris 1965.
- Robert Sherlaw Johnson: *Messiaen*, London 1975.
- Antoine Goléa: *Rencontres avec Pierre Boulez*, Paris 1958.
- Pierre Boulez: *Relevés d'apprenti*, textes réunis et présentés par Paule Thévenin, Paris 1966 (Aufsätze über die Auseinandersetzung mit dem kulturellen Erbe, das die junge Generation der fünfziger Jahre antrat).
- Nicolas Nabokov: *Zwei rechte Schuhe im Gepäck. Erinnerungen eines russischen Weltbürgers*, München 1979.

# Diskographie

Das Verzeichnis der Schallplatten, das auch Kassetten einschließt (□), folgt dem Bielefelder-Katalog „Klassik" 1-1981. In alphabetischer Reihenfolge werden auch Werke aufgeführt, die nicht in die Pariser Zeit (1910-1939) gehören, da im Aspekteteil des vorliegenden Buches oft auch Perspektiven bis in die amerikanische Zeit geöffnet werden.

*Agon* Ballett für 12 Tänzer
Rosbaud/Sinf.-Orch. d. Südwestfunks Baden-Baden — Wer 50 002

*Anthem* (1962) für 4stimm. gemischten Chor a cappella
Alldis/John-Alldis-Chor London — Schw O 604

*Apollon Musagete* (1928; rev. 1947) Ballett
Ansermet/Orch. de la Suisse Romande — Dec 6.35 456 FK
Karajan/Berliner Philh. — DG 2530 065 IMS
Marriner/Academy of St. Martin-in-the-Fields — Dec 6.41 690 AN
Reichert/Ensemble 13 Baden-Baden — EMI 065-99 730
Stephani/Bach-Orch. Frankfurt — BM 1 2 04
Vlach/Tschech. Kammerorch. — Ar XH 28 584 K

— *Adagio*
Gilels — Ar M 86 200 K — Ar XH 88 230 K

*Ave Maria* Motette f. 4st. gem. Chor a cappella (1943 russisch/1949 lat.)
Alldis/John-Alldis-Chor London — Schw O 604
Bader/Philh. Vokalensemble Stuttgart — Cal CAL 30 406
Felgner/Bachchor Frankfurt — Cam LPM 30 042
Seebacher/Kammerchor L. Lechner — Chr SCGLX 73 839

*Beim Heiland von Tschigissy* Russ. Bauernlied
Ledesma/Ninos Cantores de Puebla — PR 70 114

*Berceuses du chat Nr. 1-4* (1915/16) Katzenwiegenlieder
f. Frauenstimme u. 3 Kl'netten (Ramuz)
Dawydowa/Michailow, Schelestow, Rubenstein — Ar 200 095-366
Dunand/Retchistzka/Collegium Academicum Genf — MXT VG 30 214

*Cantata* n. altengl. Texten d. 15./16. Jh.
Ancerl/Tschech. Philh. Chor — Ar XD 28 514 K
Blarr/Frauenchor d. Neanderkirche Düsseldorf/Musica sacra nova Düsseldorf —
— Schw O 606

*Capriccio* (1929; rev. 1949) für Klavier und Orchester
Haas/Fricsay/Rias-Symph.-Orch. Berlin — DG 2535 722
Ogdon/Marriner/Academy of St. Martin-in-the-Fields — TIS ZRG 674 AW

*Chansons Plaisantes (Pribaoutki) Nr. 1-4* f. Sopran u. 8 Instr. (Ramuz)
Dawydowa/Kammerensemble Moskau — Ar 200 095 366
Dunand/Retchistzka/Collegium Academicum Genf — MXT VG 30 214

*Circus-Polka für einen jungen Elefanten* f. Klavier/f. Orch.
Jarwi/Gr. Rdf.-Sinf.-Orch. d. UdSSR — DG 2530 637 IMS
Karajan/Berliner Philh. (+ □) — DG 2546 044
— DG 2530 267 IMS

245

*Concertino* (1952) für 12 Instrumente
Boston Symph. Chamber Players — DG 2530 551 IMS

*Concerto in D* (RE) 1946 für Streichorchester
Karajan/Berliner Philh. — DG 2530 267 IMS
Marriner/Los Angeles Kammerorch. — EMI 065-02588
Reichert/Ensemble 13 Baden-Baden — EMI 065-99 730
Wallez/Ensemble Instr. de France — BR EA 27 008
— MXT OA 7253

*Concerto in Es* (Dumbarton Oaks)
Marriner/Los Angeles Kammerorch. —EMI 065-02588

*Credo* Motette f. 4st. gem. Chor a cappella (1932 russ./ 1949 lat.)
Alldis/John-Alldis-Chor London — Schw 0 604

*Danses Concertantes*
Marriner/Los Angeles Kammerorch. — EMI 065-02588

*Divertimento* für Violine und Klavier
Perlman, Canino — EMI 065-02 644

*Double Canon Raoul Dufy in Memoriam* (1959) für Streichquartett
Ojstersek-Quartett — Schw 0 604

— (Bearb.)
Blarr — Schw 2 047

*Duo Concertant* für Violine und Klavier
Perlman, Canino — EMI 065-02 644

*Ein Wiegenlied* (1917) f. Singst. u. Klavier
Dawydowa/Ljubimow — Ar 200 095-366

*Elegie* Lento für Viola
Arad (+ □) — Tel 6.42 075 AP

*Elegie for J.F. Kennedy* (1964) für Bariton und 3 Klarinetten
Dorow/Ensemble Amsterdam — Tel 6.42 350 AW
Kimura/Instrumentalens. Strawinsky-Fest 1971
Düsseldorf — Sch 0 604

— Bearb.)
Blarr — Schw 2 047

*Epitaphium* (1959) f. d. Grabmal d. Prinzen Max Egon z. Fürstenberg; f. Flöte, Klarinette,
Harfe
Blarr/Instrumentalens. Strawinsky-Fest 1971
Düsseldorf — Schw 0 604

– (Bearb.)
Blarr — Schw 2 047

*Erinnerungen an meine Kindheit* 3. kl. Lieder (1913)
Dawydowa/Ljubimow — Ar 200 095-366

*Faun und Schäferin Op.* 2 le Faune et la Bergère
Jurenawa/Roshdestwensky/Gr. Rdf.-Sinf.-Orch. d. UdSSR — DG 2530 617 IMS

Rondelli/Romansky/Nürnberger Symph. — Colos 0 540

*Der Feuervogel* (1910) Ballett in 2 Akten
Ansermet/Orch. de la Suisse Romande
— Dec 6.35 456 FK (+ □) – Dec 6.42 422 AH
Boulez/New Yorker Philh. — CBS 76 418
— CBS 79 318
Davis/Concertgebouw-Orch. Amsterdam (+ □) – Ph 9500 637
Ozawa/Orch. de Paris — EMI 063-02 382 Q

– *(Klavierfassung)*
Strawinsky — Chr SCGLV 73 848
– *Suite Nr. 1*
Boulez/BBC Symph. Orch. — CBS 72 652

–*Suite Nr. 2* (1919)
Abbado/London Symph. Orch. ( + □) – DG 2530 537
Giulini/Chicago Symph. Orch. — EMI 063-02070
Kitaenko/Moskauer Philh. — Ar 200 281-366
Mata/Dallas Symph. Orch. — RCA RL 13 459 DX
Monteux/Conservatoire-Orch. Paris — Dec 6.42 237 AH
Muti/Philadelphia Orch. (+ □) – EMI 065 03 430
Ozawa/Boston Symph. Orch. — RCA 26.48 078 DX
Stokowsky/ Berliner Philh. (+ □) – EMI 037-80 859
Tschish/Gr. Rdf.-Sinf.-Orch. d. UdSSR Ar XH 28 584 K

– *Suite Nr. 3* (1945)
Bernstein/New Yorker Philh. — CBS 77 245
Wodiczko/Poln. Rdf.-Sinf.-Orch. — DC Muz 803

– *Danse Infernale*
Fiedler/Boston Pops Orch. (+ □) – DG 2535 604
Maazel/RSO Berlin — DG 2720 021 IMS

– *Tanz der Prinzessinnen*
Maazel/RSO Berlin — DG 2720 021 IMS

– *Wiegenlied*
Blarr — Schw 2 047

247

*Freund Dicksack* Russ. Bauernlied
Ledesma/Ninos Cantores de Puebla — PR 70 114

*Die fünf Finger* (Les cinq doigts) 8 leichte Fünftonstücke für Klavier

– *Nr. 1 Andantino*
Pambouktjian — FSM 53 3 12

– *Nr. 2 Allegro*
Pambouktjian — FSM 53 3 12

– *Nr. 3 Allegretto*
Pambouktjian — FSM 53 3 12

– *Nr. 4 Larghetto*
Pambouktjian — FSM 53 3 12

– *Nr. 5 Moderato*
Pambouktjian — FSM 53 3 12

*Die Geschichte vom Soldaten* (1918) (L'histoire du soldat)
Gobert, Striebeck, Meisel/Boston Symph. Chamber Players — DG 2530 489

Martinotti/Strumentisti Milano (+ □) – MXT An 6152

– *Konzert-Suite* (1919) für Kammerorchester
Mihaly/Budapester Kammerensemble — DC Hun 12 020
Pesek/Kammerharmonie Prag — Ar XH 28 584 K
Roshdestwensky/Staatl. Sinf.-Orch d. UdSSR — Ar Z 80 042 K
Schwalbe, Fryba, Hoogstoel, Helaerts, Longinotti,
Aubapan, Peschier — Dec 6.35 456 FK

– *Suite* (1920) f. Violine, Klarinette u. Klavier
Kavafian, Stoltzman, Serkin — RCA RL 12 449 AW
Leister, Kremer, Kontarsky — Ar 201 234-405

– *Gr. Choral*
Blarr — Schw 2 047

*Der Hecht* Russ. Bauernlied (Unterschale; dt.: Roth)
Ledesma/Ninos Cantores de Puebla — PR 70 114
Rutt/Mädchenchor Hannover — Cam LPM 30 056

*Herbst,* Russ. Bauernlied
Ledesma/Ninos Cantores de Puebla — PR 70 114

*In Memoriam Dylan Thomas* (1954) für Tenor, Streichquartett u. 4 Posaunen
Lecocq/Ojstersek-Quartett, Instrumentalens
Strawinsky-Fest 1971 Düsseldorf — Schw 0 604

248

*– Dirge-Canons*
Blarr  — Schw 2 047

*Japanische Lieder Nr. 1-3* (1912/13)
Carroll/Reimann  — Wer 60 056
Csengery/Mihaly/Budapester Kammerensemble  — DC Hun 12 020
Dawydowa/Kammerensemble Moskau  — Ar 200 095-366

*Das Kartenspiel* (1936/37) (Jeu de cartes) Ballett in 3 Teilen
Abbado/London Symph. Orch.  (+ ☐) – DG 2530 537
Strawinsky/Berliner Philh.  — Tel 6.42 331 AJ
Swetlanow/Staatl. Sinf.-Orch. d. UdSSR  — Ar XH 28 584 K

*Konzert für Klavier und Bläser* (1923/24; rev. 1950)
Fellegi/Fischer/Budapester Sinf.  — DC Hun 12 021

*Konzert für 2 Klaviere* (Concerto per due pianoforti soli)
Brendel, Zelka  — FSM 34 465
Klavierduo Kontarsky  (+ ☐) – DG 2530 964
 — Wer 60 003

*Konzert für Violine und Orchester in D* (1931)
Chung/Previn/London Symph. Orch.  (+ ☐) – TIS SXL 6601 AW
Perlman/Ozawa/Boston Symph. Orch.  (+☐) – DG 2531 110

*Der Kuß der Fee* (1928) (le baiser de la fée) Ballett in 4 Szenen
Ansermet/Orch. de la Suisse Romande  — Dec 6.35 456 FK

*– Divertimento* (1934) Suite für Orchester
Fricsay/Rias-Symph.-Orch. Berlin  — DG 2535 720

*Introitus T.S. Eliot in Memoriam* (1965) f. Männerchor u. Kammerensemble
Blarr/Vokalensemble Strawinsky-Fest 1971 Düsseldorf/Instrumentalens.
Strawinsky-Fest 1971 Düsseldorf  — Schw 0 604

*Lieder OP. 6 Nr. 1–2* (1907/08) f. Singst. u. Klavier (Gorodetzky)
Dawydowa/Ljubimow  — Ar 200 095-366

*Lieder* (1911) Zwei Lieder v.K. Balmont f. hohe Stimme u. Klavier
Carroll/Reimann  — Wer 60 056
Dawydowa/Ljubimow  — Ar 200 095-366

*Lieder* (1916) Drei Geschichten f. Kinder f. Singst. u. Klavier
Dawydowa/Ljubimow  — Ar 200-095-366

*– Nr. 1 Tilimbom*
Migenes/Stamm  (+ ☐) – Ar 200 553-366

249

*Lieder* (1947/1953) 3 Songs (Kochno n. Shakespeare)
Dawydowa/Ratzbaum, Michailow, Tolpygo — Ar 200 095-366
Dorow/Leeuw/Ensemble Amsterdam — Tel 6.42 350 AW

*Mavra* (1921/22) Oper buffa in 1 Akt nach Puschkin
Roshdestwensky/Jurenawa, Belobragina, Postavnitschewa,
Matuschina, Gutarowitsch/Gr. Rdf.-Sinf.-Orch. d. UdSSR   –DG 2530 617 IMS

— *Chanson Russe* (1937) für Violine und Klavier
Pasquier, Heisser — FSM 53 3 31
Perlman, Sanders — EMI 065-03 645

*Messe* (1948) für Chor und 10 Bläser
Ancerl/Tschech. Philh. Chor. — Ar XD 28 514 K
Bernstein/Trinity Boys Chor/Engl. Bach Festival
Chor u. Orch. — DG 2530 800 IMS
Preston/Chor d. Christuskirche Oxford/London Sinfonietta — TIS ZRG 720 AW

*Mouvements* (1959/60) für Klavier und Orchester
Fellegi/Fischer/Budapester Sinf. — DC Hun 12 021

*Les Noces* f. 4 Singst., 4 Klaviere, Schlagzeug u. Chor
Ancerl/Tschech. Philh. Chor/Tschech. Philh. Prag — Ar XH 28 854 K

Ansermet/Retchitzka, Devallier, Cuenod, Rehfuß/Horneffer, Peter, Rossiaud, Aubert/
Motettenchor Genf/Orch. de la Suisse Romande — Dec 6.35 456 FK

Bernstein/Mory, Parker, Mitchinson, Hudson/Argerich, Zimerman, Katsaris, Fran-
cesch/Engl. Bach Festival Chor u. Orch. — DG 2530 880 IMS

Faller/Staempfli, Montmollin, Dufour, Brodard/Pfister, Zanlonghi, Faller, Boss/Kam-
merchor v. La Chaux-de-Fonds/Schlagzeuggruppe d. Konservat. La Chaux-de-Fonds
— MXT VG 30 185

*Norwegian Moods* (1942) 4 Norwegische Impressionen
Jarwi/Gr. Rdf.-Sinf.-Orch. d. UdSSR DG 2530 637 IMS
Romansky/Nürnberger Symph. — Colos 0 540

*Oedipus Rex* Opern-Oratorium in 2 Akten nach Sophokles
Ancerl/Soukupova, Zlesak, Zidek, Berman, Kroupa, Haken, Desailly/Tschech. Philh.
Chor — Ar XD 28 514 K

Friscsay/Deutsch, Töpper, Haeflinger, Kuen, Engen, Sardi/Chor d. NDR Hamburg,
Rias-Kammerchor/RSO Berlin — DG 2535 723

*Orpheus* Ballett in 3 Szenen
Danon/Tschech. Philh. Prag — Ar XH 28 584 K

*Oktett* (1923; rev. 1952) für Bläser
Boston Symph. Chamber Players     – DG 2530 551 IMS
*The Owl and the Pussy-cat* (Lear [Die Eule u. d. Kätzchen])
Dawydowa/Ljubimow     – Ar 200 095-366
Radermacher/Schneider     – FSM 0 537/38

*Pastorale* (1907/08) Lied ohne Worte f. Solostimme u. Klavier
Ameling/Baldwin     – EMI 063-02 375
Dawydowa/Ljubimow     – Ar 200 095-366

*Für Solostimme und 4 Bläser* (1923)
Yakar/Blarr/Musica sacra nova Düsseldorf     – Schw 0 606

– *Für Solovioline und 4 Bläser* (1933)
Boston Symph. Chamber Players     – DG 2530 551 IMS
Kremer, Leister, Passin, Stempnik, Trog     – Ar 201 234-405

– *F. Violine u. Klavier*
Kavafian, Serkin     – RCA RL 12 449 AW
Pasquier, Heisser     – FSM 53 3 28

– *F. Orgel* Bearb.: Blarr
Blarr     – Schw 2 047

*Pater Noster* Motette f. 4st. Chor a cap. (1934 russ./1949 lat.)
Alldis/John-Alldis-Chor London     – Schw 0 604
Felgner/Bachchor Frankfurt     – Cam LPM 30 042
Rebella/Coro Polifonica Vallegia     – MXT Eco 610
Seebacher/Kammerchor L. Lechner     – Chr SCGLX 73 839

*Petruschka* (1911) Burleske in 4 Szenen
Ancerl/Tschech Philh. Prag     – Ar XH 28 584 K
Ansermet/Orch. de la Suisse Romande     – Dec 6.35 456 FK
Boulez/New Yorker Philh.     – CBS 79 318
    (+ □) – CBS 76 056
Dutoit/London Symph. Orch.     (+ □) – DG 2530 711
Fricsay/Rias-Symph.-Orch. Berlin     – DG 2536 720
Iwanow/Staatl. Sinf.-Orch. d. UdSSR     – DG 2530 611 IMS
Monteux/Conservatoire-Orch. Paris     – Dec 6.42 237 AH
Ozawa/Boston Symph. Orch.    (+ □) – RCA VL 42 318 AG – RCA 26.48 078 DX
Skrowaczewski/Minnesota Symph. Orch.     – FSM 31 103

– *Revid. Fassung* (1947) Vollst. Ballett
Bernstein/New Yorker Philh.     – CBS 77 245
Davis/Concertgebouw-Orch. Amsterdam     (+ □) – Ph 9500 447
Dohnanyi/Wiener Philh.     – Dec 6.42 405 AW
Levine/Chicago Symph. Orch     – RCA RL 12 615 AW

Mehta/New Yorker Philh.                                              (+ □) – CBS 35 823
Strawinsky                                                          (+ □) – CBS 79 330
*(Ausschnitte)*
Strawinsky/Columbia Symph. Orch.                                    (+ □) – CBS 73 885

– *Danse Russe*
Fricsay/Rias-Symph.-Orch. Berlin                                    – DG 136 304 IMS
Gilels                                          – Ar M 86 200 K – Ar XH 88 230 K
Steinberg/Tilson Thomas/Boston Symph. Orch.                         – RCA 26 41 209 AF

– *Sätze Nr. 1-3* (1921) für Klavier
Brendel                                                             – FSM 34 258
Gilels                                                              – AR K 28 323 K
Lively                                                              – DG 2535 009
Pollini                                         – DG 2740 229 – DG 2530 225
Ranki                                                          (+ □) – Tel 6.42 358 AW
Solokow                                                             – Ar K 28 226 K

– *Suite* (1947)
Giulini/Chicago Symph. Orch.                                        – EMI 063 02070
Stokowski/Berliner Philh.                                      (+ □) – EMI 037-80 859

*Piano-Rag-Music* (1919) (Arthur Rubinstein gewidmet)
Lively                                                              – DG 2535 009
Ranki                                                          (+ □) – Tel 6.42 358 AW

*Psalmen-Sinfonie* (1930; rev.: 1948)
Ancerl/Tschech Philh. Chor                                          – Ar XD 28 514 K
Ansermet/Choeur des Jeunes Lausanne, Chor v. Radio Lausanne/Orch. de la Suisse Ro-
mande                                                               – Dec 6.41 590 AN

Bernstein/Engl. Bach Festival Chor/London Symph. Orch.              – CBS 76 670
Fricsay/Chor d. St. Hedwigs-Kathedrale Berlin,
Rias-Kammerchor, Rias-Kinderchor/Rias-Symph.-Orch. Berlin          – DG 2535 707
Karajan/Chor d. Dt. Oper Berlin/Berliner Philh.                (+ □) – DG 2531 048
Wodiczko/Poln. Rdf.-Sinf.-Orch                                      – DC Muz 803

*Pulcinella* Ballett mit Gesang in 1 Akt mit Musik Pergolesis
Abbado/Berganza, Davies, Shirley-Quirk/London Symph. Orch.   (+ □) – DG 2531 087
Ansermet/Tyler, Franzini, Carmelli/Orch. de la Suisse Romande
                                        – Dec 6.41 577 AH – Dec 6.35 456 FK

– *Suite* (1922) für Orchester
Boulez/New Yorker Philh.                                            – CBS 76 680
Danon/Tschech. Philh. Prag                                          – Ar XH 28 584 K
Marriner/Academy of St. Martin-in-the-Fields                       – Dec 6.41 690 AN
(3. Satz)
Lehmann/Bamberger Symph.                                            – DG 136 304 IMS

- *Suite Italienne* (1932) Ital. Suite f. Violoncello (Violine) u. Klavier
  Bobesco, Pinowski — MXT DD 6011
  Kliegel, Maxsein — Tel. 6.42 528 AS
  Perlman, Canino — EMI 065-02 644
  Sherry, Serkin — RCA RL 12 499 AW

- *Suite* (1949)
  Schöner/Orch. d. Münchener Kammeroper — EMI 065 30 996

*Ragtime* (1918) für 11 Instrumente
  Boston Symph. Chamber Players — DG 2530 551 IMS
  Cerny/Tschech. Philh. Prag — DC Pan 110 278
  Mihaly/Budapester Kammerensemble — DC Hun 11 686

*The Rakes Progress* Oper (Auden und Kallmann)
- *Lullaby*
  (Bearb.)
  Blarr — Schw 2 047

*Renard* (1915/16) Burleske in 1 Akt
  Mihaly/Gulyas, Keönch, Polgar, Bordas/Budapester Kammerensemble
  — DC Hun 12 020

*Le Roi des Etoiles* (1911) f. Männerchor u. Orch.
  Tilson Thomas/New England Conservat. Chor/Boston Symph. Orch.
  (+ □) — DG 2535 222

*Russische Lieder Nr. 1-4* (1918/19) n. volkstüml. Texten
  Dawydowa/Ljubimow — Ar 200 095-366

*Le Sacre du Printemps* (1913) (Das Frühlingsopfer) Ballett
  Abbado/London Symph. Orch. — DG 2530 635
  Ancerl/Tschech. Philh. Prag — BM 1 6 09
  Ansermet/Orch. de la Suisse Romande — Dec 6.35 456 FK
  Bernstein/New Yorker Philh. — CBS 77 245
  Boulez/Cleveland Orch. — CBS 79 318 (+ □) — CBS 75 807
  Davis/Concertgebouw-Orch. Amsterdam — Ph 9500 323
  Fricsay/Rias-Symph.-Orch. Berlin — DG 2535 721
  Karajan/Berliner Philh. (+ □) — DG 2530 884
  (+ □) — DG 138 920 IMS
  Kobayashi/Budapester Philh. Orch. — DC Hun 11 841
  Metha/New Yorker Philh. — CBS 76 676
  Muti/Philadelphia Orch. — EMI 065-03 503
  Ozawa/Chicago Symph. Orch. — RCA 26 48 078 DX
  (+ □) — RCA GL 42 270 AG
  Skrowaczewski/Minnesota Orch. — FSM 31 108
  Solti/Chicago Symph. Orch. (+ □) — Dec. 6.41 848 AW
  Swetlanow/Stattl. Sinf.-Orch. d. UdSSR — Ar XH 28 584 K
  (+ □) Ar 202 011-250

Tilson Thomas/Boston Symph. Orch.                          (+ □) DG 2535 222
Wodiczko/Poln. Rdf.-Sinf.-Orch.                            – DC Muz 520

– *Ausschnitte*
Fricsay/Rias-Symph.-Orch. Berlin                           – DG 136 304 IMS
Mehta/New Philh. Orch. London                              (+ □) – CBS 73 885

*Scherzo A La Russe* (1943/44)
Jarwi/Gr. Rdf.-Sinf.-Orch. d. UdSSR                        – DG 2530 637 IMS

*Scherzo Fantastique op. 3* (1908; rev.: 1931)
Boulez/New Yorker Philh.                                   – CBS 76 680

*Septett* (1953)
Boston Symph. Chamber Players                              – DG 2530 551 IMS
Reichert/Ensemble 13 Baden-Baden                           – EMI 065-99 730
Serkin, Kavafian, Phillips, Sherry, Stoltzman, Routsch, Douglas
                                                           – RCA RL 12 449 AW

*Serenade in A* für Klavier
Ranki                                                      (+ □) – Tel 6.42 358 AW

*Sinfonie in C* (1940)
Karajan/Berliner Philh.                                    – DG 2530 267 IMS

*Sinfonie in 3 Sätzen* (1945)
Ansermet/Orch. de la Suisse Romande                        – Dec 6.41 590 AN
Mata/Dallas Symph. Orch.                                   – RCA RL 13 459 DX

*Sinfonien für Bläser* (1920)
Boulez/New Yorker Philh.                                   – CBS 76 680

– *(Bearb.)*
Blarr                                                      – Schw 2 047

*Sonate für Klavier* (1924)
Goebels                                                    – BM 1 5 24
Ranki                                                      (+ □) – Tel 6.42 358 AW

*Sonate für 2 Klaviere*
Klavierduo Kontarsky                                       (+ □) – DG 2530 964
                                                           – Wer 60 003
Stein, Stein                                               – Gar 40 127

*Stücke für Klarinette* (1919) 3 Stücke
Berkes                                                     – DC Hun 11 748
Fageus                                                     – DC Bis 062

| | |
|---|---|
| Klocker | – EMI 151-45 392/93 |
| Stoltzman | – RCA RL 12 449 AW |

*Stücke für Klavier zu 4 Händen*
– *Drei leichte Stücke*
Klavierduo Kontarsky — Wer 60 003

*(Bearb.)*
Blarr — Schw 2 047

– *Fünf leichte Stücke*
Klavierduo Kontarsky — Wer 60 003

*Stücke für Streichquartett* (1914) 3 Stücke
Dornbusch-Quartett — Dca 92 414
Dunand/Collegium Academicum Genf — MXT VG 30 214

– *Concertino*
Talich-Quartett — DC Pan 110 362

– *3. Satz Cantique* (f. Orgel: Blarr)
Blarr — Schw 2 047

*Suiten für kleines Orchester* Nr. 1-2
Schöner/Orch. d. Münchener Kammeroper — EMI 065-30 996

– *Nr. 1* (925) Andante/Napolitana/Española/Balalaika
Mata/Dallas Symph. Orch. — RCA RL 13 624 AS

– *Nr. 2* (1921) Marche/Valse/Polka/Galop/Mata/Dallas Symph. Orch.
— RCA RL 13 624 AS

*Tango* (1940) für Klavier (auch Bearbeitungen)
Lively — DG 2535 009
Ranki (+ □) – Tel. 6.42 358 AW

– *(Bearb.)*
Blarr — Schw 2 047

*Tres Sacrae Cantiones di Gesualdo* (1960) f. 6–7st. Chor a cap./
1. Da pacem/2. Assumpta est/3. Illumina nos
Alldis/John-Aldis-Chor London — Schm 0 604

*Die Wolke* (Puschkin)
Dawydowa/Ljubimow — Ar 200 095-366

*Zwei Geistliche Lieder* (instr. nach Hugo Wolf)
Lecoq/Blarr/Musica sacra nova Düsseldorf — Schw 0 060

# Personenregister

Adorno, Theodor W. 89, 111, 116, 159
Afanasiew, Nikolaj Jakowlewitsch 22
Allan, Maud, 143
d'Annunzio, Gabriele 143
Ansermet, Ernest 19 f., 22, 24 ff., 33 ff.
Antheil, Georges 61 ff.
Apollinaire, Guillaume, 21, 24
Aragon, Louis 53
Arnold, Billy 129
Auden, Wystan Hugh 159
Auric, Georges 10, 29 f., 111, 152.


Bach, Johann Sebastian 59, 66, 70, 78,
    101, 119 ff., 134 ff., 176
Bakst, Léon 60, 143
Balanchine, Georges 29, 32
Balmont 15
Bartók, Béla 12 f., 15, 20, 22, 24, 26 ff.,
    30 f., 33, 35, 37 ff., 50, 72, 105 f.
Beach, Sylvia 53, 61
Bédier, Joseph 142
Beethoven, Ludwig van 100, 104, 109
    123, 177
Béjart, Maurice 49
Benny, Jack 63
Benois Alexandre Nikolajewitsch 14 f.
Berg, Alban 9, 11, 14, 26, 28, 30 23,
    37 f., 100, 160 f.
Bloch, Ernest 34
Blumenthal, Felix 12
Böcklin, Arnold 142
Boosey and Hawkes 87, 137
Boulanger, Nadia 38 f.
Boulez, Pierre 30, 160 f., 173 ff., 178 ff.
Brahms, Johannes 99
Braque, Georges 142
Brayer, Jules de 43
Breton, André 29, 34, 53
Bromfield 53
Brussel, R. 13
Busoni, Ferreccio 27, 29


Calvocoressi, Michel Dimitri 48
Casella, Alfredo 20, 132, 134
Cendrars, Blaise 129, 154, 156
Cézanne, Paul 11, 16
Chabrier, Emmanuel 9 f., 58, 96, 136

Koechlin, Charles 70, 72, 127
Kolisch, Rudolf 89, 116
Kussewitzky, Serge 16, 26, 28, 33 f.


Lalo, Pierre 49
Laloy, Louis 16
Lamoureux, Charles 122
Lasso, Orlando di 66
Laurens, Edmond 142
Léger, Fernand 155 ff.
Lesure, François 71
Lifar, Serge 31 ff.
Liszt, Franz 9, 55, 69, 132
Loussier, Jasquer 129
Louys, Pierre 71, 142
Ludwig XVI, 45


Maschaut, Guillaume de 181
Magnard, Albéric 65
Mahler, Gustav 99
Malipiero, G. Francesco 134
Mallarmé, Stéphane 10
Manet, Edouard 9
Maré, Rolf de 153
Maritain, Jacques 113
Martin₃ Frank 142
Martin u, Bohuslav 179
Massenet, Jules 16
Massine, Léonide 24 f., 33, 49, 144,
    146, 148
Matisse, Henri 45, 142
Mendelssohn-Bartholdy, Felix 119 f.
Milhaud, Darius 10, 15 f., 18, 20 f.,
    23 ff., 27 ff., 33 f., 36 f., 39 f., 61 ff.,
    92, 126 ff., 149, 152, 155 f.
Miro, Juan 10, 16, 142
Mistinguett 6 (Jeanne Florentine
    Bourgeos) 58
Mizler, Lorenz Christoph 138
Monteverdi, Claudio 141
Mordkin 60
Mozart, Wolfgang Amadeus 120, 123,
    159, 169, 176 f.
Murat 27
Mussolini, Benito 38
Mussorgsky, Modest 12, 17 f., 27, 43,
    50

(Zusammengestellt
von Thomas Emmerig)